Weisheiten der Völker

Ägyptische Malerei, *Trauernde Witwe vor der* Mumie, Grab der Nebamun und Ipuki, Theben

Weisheiten der Völker

Sprichwörter
und Spruchweisheiten,
Märchen und Mythen,
Fabeln, Legenden und Poesie
aus dem Orient,
Asien, der Südsee, Amerika,
Afrika und Europa.

Ausgewählt
und herausgegeben von
Karl August Fritz

STÜRTZ VERLAG WÜRZBURG

Römische Wandmalerei, *Doppelbildnis des Paquius Proculus mit seiner Frau*, Fresko aus Pompeji

Inhalt

AMERIKA

Afrika

Europa

Literaturverzeichnis

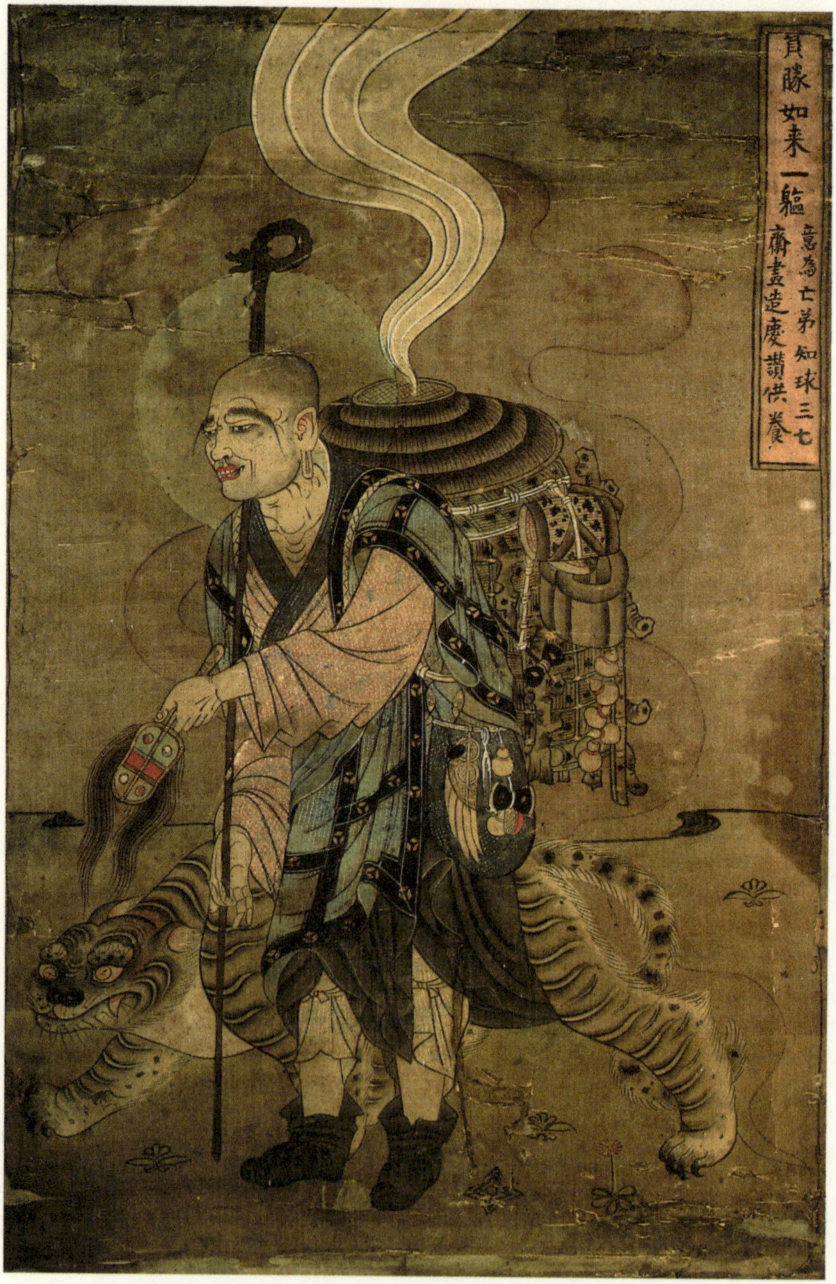

Chinesische Malerei, *Wandernder Mönch*, 9. Jh.

Weisheiten der Völker

„Ein Buch ist wie ein Garten, den man in der Tasche trägt."

Arabisches Sprichwort

Jeder Gärtner ist ein Liebhaber ganz bestimmter Blumen, Bäume und Sträucher und wird versuchen, einen schönen Garten nach seinen Vorstellungen zu gestalten und dabei Nutz- und Zierpflanzen gleichermaßen zu ihrem Recht zu verhelfen. Genauso wendet sich dieses Lesebuch an Liebhaber alter Mächen und klassischer Texte, ohne dabei den Anspruch auf Repräsentativität und Vollständigkeit zu erheben.

Die Mythen der alten Völker erzählen von Göttern, Geistern und Dämonen, vom Wirken göttlicher Kräfte, der Schöpfung der Welt und des Menschen. In den uns überlieferten Weisheistbüchern der alten Kulturen sind religiöse Glaubensvorstellungen genauso aufbewahrt wie praktische Ratschläge fürs Leben. Diese Anthologie versammelt aus allen wichtigen Epochen und Kulturkreisen beispielhafte Texte, die uns entweder durch ihre Poesie oder ihre inhaltliche Aussage heute noch ansprechen. Anonyme Sprichwörter und Redewendungen und Texte aus dem Märchen- und Mythenschatz der Völker wurden dabei ebenso berücksichtigt wie die Zitate und Sentenzen der alten Philosophen und Religionsstifter.

Während philosophische Aussprüche der Vorsokratiker jeweils namhaft zu machen sind, besitzt die Literatur Japans und Chinas, Indiens und Arabiens eine Vielzahl von Sprichwörtern und Spruchweisheiten ungeklärter Herkunft. Nicht aus jeder Kultur sind die gleichen Textgattungen überliefert, stets wurde aber versucht, die wesentlichen religiösen, philosophischen und poetischen Vorstellungen der verschiedenen Völker zu vermitteln. Die Übersetzer der bekannten und weniger bekannten Texte sind zum großen Teil namhafte Philologen und ihre meist im 19. Jahrhundert erstmals publizierten Sammlungen haben heute klassischen Rang. Manche Texte sind freie Übertragungen, die teilweise umfangreiche Vorlagen nacherzählend zusammenfassen. Die Bilder aus der Kunst der Völker illustrieren die einzelnen Kapitel und tragen dazu bei, weit entfernte Kulturkreise und längst vergangene Epochen wieder lebendig zu machen.

Der Herausgeber

Arabische Buchmalerei, *Die Schriften der lauteren Brüder* (*Rasâ'il Ikhwân as-Safâ*): *Der Schreiber* (Ausschnitt), 1287 n. Chr.

Orient

I. Ägypten

II. Assyrien-Babylonien

III. Judentum

IV. Arabien

I. Ägypten

Sonnengesang

„Die Welt liegt in Stille, denn der sie schuf,
ist zur Ruhe gegangen.
Im Morgengrauen aber leuchtest du wieder auf
und glänzest aufs neue als Sonne am Tage."

aus: Sonnengesang des Echnaton (um 1350 v. Chr.)

Noch heute wecken die Größe und Großartigkeit der ägyptischen Pyramiden und Tempel unsere grenzenlose Bewunderung. Die meisten Kulturgeschichten beginnen mit der Beschreibung des alten Ägypten, seiner Pharaonen und seinen erstaunlichen wissenschaftlichen Kenntnisse. Die Vielzahl der erhaltenen Zeugnisse bietet uns ein genaues Bild vom Wirken und Denken der Ägypter. Sie waren dem Leben zugewandt und verbanden mit der Sonne als der größten Gottheit keine personale Vorstellung, sondern sahen in ihr vielmehr das Symbol für die Urkraft des Lebens selbst.
Vom Tod ständig bedroht, kreist das religiöse Denken und Handeln der Ägypter um die Frage, wie man das ewige Leben erreichen könne. Man balsamierte die Leichen und glaubte, daß das vitale Leben im Jenseits fortdauere.
Mit dem Tod verbunden war auch der Mythos und Kult von Osiris, der ein sterbender und wieder zum Leben erwachter Gott ist. In jährlichen Feiern wurden die Wehklagen seiner Schwester und Gemahlin Isis wiederholt.
Von entzückender Frische und überraschender Lebendigkeit sind die vielen erhaltenen Liebeslieder, in denen die Sehnsucht und auch die Erfüllung des Liebesverlangens wortreich in verzierter oder schlichter Sprache besungen werden.
Die Lebensklugheit der Ägypter wird ihre zeitlose Gültigkeit bewahren, solange Menschen unter Gottes Sonne wandeln und danach fragen, wie man leben soll:

„Folge deinem Herzen, solange du lebst,
und tue nicht mehr, als man dir aufträgt.
Verkürze nicht die Zeit für deine Vergnügungen,
hör mal auf, dich um das Haus zu kümmern."

aus: Das Weisheitsbuch des Ptahhotep (um 2350 v. Chr.)

Die Erschaffung der Welt

Ägyptischer Schöpfungsmythos

Ich, Chepra, bin der Schöpfer alles dessen, was Leben in sich trägt, nachdem ich selbst in uralten Zeiten ins Leben trat. Selbst erzeugte ich mich aus dem Urwesen, mein Name ist Osiris, das Urwesen aus dem Urstoff. Ich war der Herr über alle Welt, und die ganze Welt war von mir erfüllt, denn ich war allein. Die Götter waren noch nicht entstanden. Es gab auch sonst noch keine anderen Geschöpfe und Wesen, ich war ganz allein, und ich erschuf alles, was erschaffen ist. Kein Wesen half mir, ich allein erschuf alles. Dann hob ich die ins Leben getretenen Wesen aus dem Urwasser, dem Zustande des Nichtseins empor, obwohl ich noch keinen festen Platz fand, darauf zu stehen. In meinem Herzen formte ich ein herrliches Urbild, den Uranfang legte ich für mich. So erschuf ich alles Lebendige, und es entstanden viele Wesen, die wiederum andere Wesen erzeugten. Ich spie die Gestalten von Schu und Tefent aus und wurde damit aus einem Gott zu einer dreifachen Gottheit, ja aus mir selbst kamen zwei Götter zum Leben. Schu und Tefent wurden aus dem Urwasser, aus mir selbst hervorgehoben, und dann entstand die Pflanzenwelt. Als ich weinte, entstanden die Menschen aus meinen Tränen. Schu und Tefent gaben Geb und Nuth das Leben, Geb und Nuth erweckten die anderen Götter, und diese riefen unzählige Wesen auf der Erde ins Leben. Sie alle rufen meinen Namen an, sie vernichten ihre Feinde, sie äußern Worte der Kraft.

Ü: A. Erman

Ägyptische Malerei, *Die Königin in Gebetshaltung*, Grab der Nefertari im Tal der Königinnen, Theben

Klage des blinden Harfners über die Vergänglichkeit

Geschlechter gehn vorüber,
Und andre bleiben, seit der Zeit der Vorfahren.
Die Götter, die einst waren, ruhen in ihren Pyramiden,
So auch die Edlen und Verklärten begraben in ihren
Pyramiden.
Die einst Häuser bauten – ihre Stätten sind nicht mehr,
Was hat man mit ihnen getan?
Ich habe die Worte des Imhotep und Dedefhor gehört,
Deren Sprüche man überall anführt –
Wie ist es mit ihren Stätten?
Ihre Mauern sind zerstört, ihre Stätten sind nicht mehr,
Als wären sie nie gewesen.
Keiner kommt wieder von dort, zu erzählen, wies ihnen geht,
Zu erzählen, wes sie bedürfen, unser Herz zu beruhigen,
Bis ihr dem Orte naht, an den sie gegangen sind.
Sei wohlgemut, laß das Herz vergessen,
daß man dich einst verklären wird.
Folge deinem Herzen, solange du lebst,
Leg Myrrhen auf dein Haupt und kleide dich in feines
Linnen,
Salbe dich mit den echten Wundern der Gottesdinge.
Vermehre dein Gutes, laß dein Herz nicht ermatten,
Folge deinem Herzen und deinem Vergnügen,
Verrichte deine Sachen auf Erden und quäle dein Herz nicht,
Bis jener Tag des Wehgeschreis zu dir kommt.
Der mit ruhendem Herzen, Osiris, erhört ihr Schreien nicht,
Und die Klagen erretten niemanden aus der Unterwelt.
Feire den frohen Tag, und werde sein nicht müde –
Siehe, niemandem ist vergönnt, seine Habe mit sich zu
nehmen,
Siehe, keiner, der fortgegangen ist, kehrt zurück!

Ü: A. Erman

Aus dem Gespräch eines Lebensmüden mit seiner Seele

Wenn du an das Begraben erinnerst, so heißt das Kummer, es heißt Tränen bringen, es heißt den Menschen traurig machen, es heißt den Menschen aus seinem Hause holen und auf den Hügel werfen. Nie gehst du wieder heraus, daß du die Sonne schauest.
Die da aus Granit bauten und die eine Halle mauerten im Grabbau, die Schönes leisteten in dieser schönen Arbeit – wenn die Bauherrn zu Göttern geworden sind, so sind ihre Opfersteine ebenso leer wie die der Müden, die auf dem Uferdamm starben ohne einen Hinterbliebenen, die Flut hat sich ein Ende von ihnen fortgenommen und ebenso die Sonnenglut, und die Fische des Ufers reden mit ihnen.
Höre auf mich, es ist gut für einen Menschen, wenn er hört: Folge dem frohen Tag und vergiß die Sorge!

Ü: A. Bertholet

Aus dem Streit des Lebensmüden mit seiner Seele

(*um* 2000 *v. Chr.*)

Heut steht der Tod vor mir
Wie die Genesung vor dem Kranken,
Der ausgehn soll nach seiner Krankheit.

Heut steht der Tod vor mir
Wie Duft von Myrrhen,
Wenn man unterm Segel sitzt im Winde.

Heut steht der Tod vor mir
Wie der Geruch von Lotosblüten,
Wenn man am Ufer sitzt der Trunkenheit.

Heut steht der Tod vor mir
Wie ein betretener Weg,
Wie eines Mannes Heimkehr aus dem Kriege.

Heut steht der Tod vor mir
Wie man sein Haus zu sehen wünscht
Nach langen Jahren der Gefangenschaft.

Ü: A. Erman

DAS LAND OHNE FEINDE

Was sie reden, wenn sie das Leben auf Erden groß preisen und die Totenstadt gering achten – wozu dient es, so gegen das Land der Ewigkeit zu handeln, das rechte und richtige, das ohne Schrecken ist? Ihm ist Streit ein Abscheu, und es gibt dort keinen, der sich gegen den anderen rüstet.

Dieses Land, wo es keine Feinde gibt – alle unsere Verwandten ruhen in ihm seit Urzeit, und die das sein werden in Millionen von Millionen von Jahren, die werden alle zu ihm kommen. Keiner hat in Ägypten verweilen können, und keinen gibt es, der nicht zu ihm käme. Die Zeit, die man auf Erden zubringt, ist nur ein Traumbild, und darum sagt man „willkommen" zu dem, der den Westen erreicht hat.

Ü: A. Erman

DIE LEHRE DES PTAHHOTEP

(um 2350 v. Chr.)

Sei nicht eingebildet auf dein Wissen
und verlasse dich nicht darauf, daß du ein Weiser seist,
sondern besprich dich mit dem Unwissenden
so gut wie mit dem Weisen.
Es gibt keinen Künstler,
der seine Vollkommenheit erworben hat,
denn die Grenzen der Kunst werden nie erreicht.
Vollkommene Rede ist verborgener als ein Malachit,
und doch kann man sie entdecken
bei den Mägden über den Mahlsteinen.

Folge deinem Herzen, solange du lebst,
und tue nicht mehr, als man dir aufträgt.
Verkürze nicht die Zeit für deine Vergnügungen,
hör mal auf, dich um das Haus zu kümmern.
Manch ein Vater (mit Kindersegen) hat Sorgen,
und was eine Mutter mit Kindern angeht,
so kann eine andere (kinderlose) glücklicher sein als sie.

Wenn du über Macht verfügst,
dann verschaffe dir Autorität
durch Kenntnisse und durch ruhiges Sprechen.
Teile Befehle nur aus, wenn es die Lage erfordert:
Wer herausfordert, kommt leicht in Schwierigkeiten.
Erhebe dein Herz nicht zu sehr,
damit es nicht gedemütigt wird,
Sei nicht stumm, vermeide,
daß du (deswegen) getadelt wirst.
Wenn du die Rede eines hitzigen Mannes beantwortest,
dann wende dein Gesicht ab, beherrsche dich.
Die Flamme des Heißherzigen breitet sich aus,
aber wenn ein freundlicher Mann kommt,
dessen Weg ist geebnet.
Wer den ganzen Tag mißmutig ist,
dem bereitet keiner einen frohen Augenblick;
wer aber den ganzen Tag nur lustig ist,
dem hält keiner das Haus in Ordnung.
Das Ziel wird so erreicht, wie man rudert:
Wenn man es verfehlt, strebt es ein anderer an.
Wer auf sein Herz hört, wird ein (guter) Machthaber.

Ü: H. Brunner

Tu eine gute Tat und wirf sie in die Flut

Ägyptische Spruchweisheiten

Unterweise keinen, der dir nicht zuhören will.

Antworte dem Wissenden, diene dem Unwissenden.

Erfolgreich arbeiten kann man nur als Wissender.

Jede Krankheit ist traurig;
aber der Weise versteht es, krank zu sein.

Sei nicht eingebildet auf dein Wissen
und verlasse dich nicht darauf,
daß du ein Weiser seist,
sondern besprich dich mit dem Unwissenden
so gut wie mit dem Weisen.

Weise ist, wer einen Freund sucht,
dumm, wer einen Feind sucht.

Wenn ein Weiser kein Gleichgewicht hält,
dann hat sein Wissen keinen Sinn.

Der ist noch kein weiser Mann,
der einem anderen den rechten Weg zeigt.

Man lernt das Herz einer Frau nie kennen,
sowenig wie den Himmel.

Der Charakter eines Mannes wird
bestimmt durch seine Familie.

Kein Freund stirbt einsam.

Liebe die Menschen,
dann werden die Menschen auch dich lieben.

Ägyptische Malerei, *Musikantinnen*, Grab des Nacht, Theben

Nimm nicht das Wesen eines Immer-Geschäftigen an.

Tu eine gute Tat und wirf sie in die Flut;
wenn das Wasser austrocknet,
wirst du sie wiederfinden.

Ein einziges gutes Ding steht für alles Gute,
ein winziges Bißchen steht für viel.

Betrink dich nicht zu oft,
damit du nicht den Verstand verlierst.

Wer das Gute fördert, mindert das Böse.

Dein Aufwand soll deinem Besitz entsprechen.

Wer glücklich ist in seinen Lebenstagen,
denkt in dieser Zeit an den Tod.

Mancher ist nie unterrichtet worden
und kann doch einen anderen unterweisen.

Du bist nicht ewig hier, um dich ändern zu können.

Werde musterhaft, ohne dabei zu übertreiben.

Betritt nicht das Haus eines anderen,
bevor er dich dazu auffordert und begrüßt.

Achte den anderen, dann wirst auch du geachtet werden.

Diene dem, der dir dient.

Unterbrich nicht einen, der sein Herz ausschüttet.

Keine Unterweisung kann erfolgreich sein,
wenn Widerwille vorliegt.

Wie gut ist es doch,
wenn ein Sohn annimmt,
was sein Vater sagt.
Es begleitet ihn bis ins hohe Alter.

Aus den „Heiteren Liedern zum Brautkranz"

Winden sind in ihm,
Vor denen man erhöht wird.

Ich bin deine Geliebte, die Beste.
Ich gehöre dir wie der Garten,
Den ich mit Blumen bepflanzt habe
Und mit allerlei süßduftenden Kräutern.

Lieblich ist der Kanal darin,
Den deine Hand gegraben hat,
Uns im Nordwind zu erquicken,
Ein schöner Platz zum Wandeln.

Deine Hand liegt auf meiner Hand.
Meinem Leib ist wohlgetan.
Mein Herz ist in Freude,
Weil wir zusammen gehen.

Deine Stimme zu hören, ist mir Süßwein.
Ich lebe davon, sie zu hören.
Jeder Blick, mit dem ich angesehen werde,
Nützt mir mehr als Essen und Trinken.

Ü: S. Schott

Aus den „Sprüchen der großen Herzensfreude"

(*um* 1300 *v. Chr.*)

Sie:
Es springt
eilig
mein Herz,
wenn ich an deine Liebe denke.

Es läßt mich nicht gehen wie einen Menschen.
Es ist
entwurzelt
an seinem Platz.

Es erlaubt nicht, daß ich mein Kleid nehme.
Meinen Fächer –
nehme ich nicht,
meine Augen –
bekommen keine Schminke,
Nicht salbe ich mehr mein Weibliches.

„Bleib nicht stehen, du erreichst
die Residenz",
sagt es zu mir
jedesmal, wenn ich an ihn denke.

„Sei mir nicht, mein Herz, töricht,
warum bist du töricht? Sitz ruhig!
Der Bruder kommt zu dir,
das Auge vieler Männer ebenso.

Laß doch nicht die Leute sagen von mir:
Diese Frau
ist in die Liebe gestürzt.
Bleib fest, sooft du an ihn denkst.
Mein Herz, laufe nicht davon."

Ü: H. Kischkewitz

Die beiden Brüder

Es waren zwei Brüder, Anpu und Bata, die glücklich und in Frieden zusammen lebten. Der Ältere, Anpu, war verheiratet; Bata wohnte im Hause seines Bruders. Ihm war „das Los des jüngeren Bruders" zugefallen: er mußte die grobe Arbeit verrichten. Er tat sie gerne und gut, und so hatte er im ganzen

Lande nicht seinesgleichen; der Geist eines Gottes war in ihm. Bata hütete das Vieh auf der Weide, und abends kehrte er, beladen mit allerlei Früchten des Feldes, mit Milch und Holz nach Haus zurück. Dann ging er in den Stall und legte sich zum Schlafen nieder, um gleichzeitig auf das Vieh achtgeben zu können.

Eines Tages sprach sein Bruder zu ihm: „Die Zeit zum Pflügen ist gekommen, richte ein Gespann Rinder her, denn morgen wollen wir beginnen." Bata tat, wie ihm befohlen, und so arbeiteten die beiden Brüder tagaus, tagein einträchtig zusammen auf dem Felde.

Als sie nun einmal auf dem Acker waren, zeigte es sich, daß sie nicht genug Saatgut bei sich hatten. Anpu schickte daher seinen Bruder nach Hause, damit er frisches Saatgetreide hole. Als Bata in das Haus trat, fand er Anpus Frau, wie sie dasaß und sich ihr Haar flocht. Er bat sie, ihm Saatgetreide zu geben. Sie aber sagte: „Hole es dir selbst, ich bin beschäftigt." Er ging in den Stall, belud sich mit soviel Korn, als er tragen konnte, und schickte sich an, wieder fortzugehen. Sie sah ihn und fragte: „Wieviel hast du mitgenommen?" Er antwortete: „Ich trage drei Säcke Weizen und zwei Säcke Gerste auf meinen Schultern." Sie bewunderte seine Kraft, umschlang ihn und versuchte, ihn mit sich zu ziehen, denn sie empfand Liebe zu ihm. Er aber wurde zornig und sprach: „Wie kannst du so etwas tun? Du bist für mich wie eine Mutter, und dein Mann ist für mich wie ein Vater, ich will das nicht. Aber ich verspreche dir, daß ich deinem Mann kein Wort davon sagen werde." Und er nahm seine Last wieder auf den Rücken, ging zu seinem Bruder, und beide arbeiteten zusammen bis zum Abend.

Anpu kam zuerst nach Hause, indessen Bata noch bei dem Vieh blieb. In der Regel sorgte Anpus Frau dafür, daß das Licht brannte, wenn er heimkam; dann pflegte sie Wasser über seine Hände zu gießen, damit er sich wasche. Diesmal aber war das Haus dunkel, sie lag auf einer Bank, verwirrt und verstört, als ob sie krank sei. Und als Anpu fragte, was ihr denn fehle, sagte sie: „Als dein Bruder Korn holte und mich allein antraf, wollte er mich verführen; ich aber habe

Ägyptische Malerei, *Junge Leute mit Pfeilen*, Grab des Kenamun, Theben

mich geweigert und gesagt: ‚Wie kannst du nur? Bin ich nicht zu dir wie eine Mutter, und ist dein Bruder nicht zu dir wie ein Vater?‘ Da fing er an, mich zu schlagen, aus Furcht, ich würde es dir erzählen. Wenn du ihn nun am Leben lässest, so mache ich meinem Leben ein Ende.“ Auf diese Worte hin geriet Anpu dermaßen in Zorn, daß er ein Messer ergriff und sich hinter die Stalltür stellte, um den Bruder bei seiner Rückkehr zu überfallen.

Endlich kam Bata mit dem Vieh. Er schritt hinter den Kühen her, und kaum hatte die erste Kuh den Stall betreten, rief sie Bata zu: „Gib acht! Dein Bruder steht hinter der Stalltür und hat ein Messer in der Hand; mach, daß du fortkommst!“ Bata hörte die Warnung der Kuh und sah unter der Stalltüre die Füße seines Bruders. Er floh; aber sein Bruder verfolgte ihn. Da betete Bata zu Re und flehte ihn an: „O Herr, der du richtest über die Gerechten und über die Ungerechten, hilf mir!“ Re erhörte sein Gebet und ließ zwischen ihm und seinem Bruder ein großes und tiefes Gewässer entstehen, das von Krokodilen wimmelte, so daß Anpu ihn nicht einholen konnte.

Bata rief ihm zu: „Bleibe stehen, bis es hell wird; dann will ich mit dir aufs Gericht gehen, und du sollst die Wahrheit erfahren. Aber ich werde nie mehr in deinem Hause wohnen, sondern fortgehen in den Zedernwald.“ Als die Sonne aufging, erblickten sie einander, und Bata sprach zu seinem Bruder: „Du verfolgst mich, um mich mit List zu töten, ohne mir erst Gelegenheit zu geben, mich zu verteidigen!“ Und er berichtete, was zwischen ihm und seines Bruders Frau geschehen war.

Darauf nahm er ein scharfes, hartes Blatt aus dem Schilf und brachte sich eine blutende Wunde bei; so verlor er seine männliche Kraft. Und er sprach zu seinem Bruder: „Ich gehe nun in den Zedernwald und lege mein Herz in die Blüte einer Zeder; wird sie umgehauen, so fällt mein Herz zu Boden, und wenn du kommst, es zu suchen, wirst du sieben Jahre brauchen, bis du es findest. Hast du es aber gefunden, so lege es in eine Schale mit kaltem Wasser, dann werde ich zu neuem Leben erwachen.“ Darauf verließ er ihn und begab

sich in das Zederntal. Sein Bruder aber kehrte heim, tötete sein Weib und warf ihren Leichnam vor die Hunde.
Nun wohnte Bata im Zedernwald; tagsüber ging er auf die Jagd, und am Abend legte er sich unter die Zeder, in der sein Herz verborgen war, zum Schlafen nieder. Nach einiger Zeit baute er sich ein Schloß und wohnte darin. Eines Tages ging er hinaus und begegnete den Göttern, die den Wald besichtigten. Da sprachen die Götter ihn an: „O Bata, wohnst du hier allein? Anpu hat sein Weib getötet, er hat eingesehen, daß sie euch betrogen hat." Die Götter verspürten Mitleid mit ihm und Re befahl dem Schöpfergott Chnum, ihm ein Weib zu erschaffen, damit er nicht länger allein wohne. Da formte ihm Chnum eine Frau, schöner als jede andere im Lande, und verlieh ihr göttliche Wesensart. Doch als die sieben Muttergöttinnen kamen und sie sahen prophezeiten sie: „Sie wird eines gewaltsamen Todes sterben."
Bata ahnte, daß er seine Frau nicht ausreichend vor Gefahren beschützen könne, und warnte sie, das Schloß zu verlassen, damit das Meer sie nicht raube. „Denn", sagte er, „ich kann dich nicht beschützen, ich bin nur ein Weib, genau wie du!" Aber als Bata einmal auf die Jagd gegangen war, verließ seine Frau dennoch das Schloß, um sich im Zederntal zu ergehen. Plötzlich ergriff das Meer eine ihrer Locken und trug sie über die Wogen nach Ägypten. Die ägyptischen Gelehrten sprachen: „Diese Locke gehört einer Tochter des Re, die von göttlicher Art ist." Man brachte die Locke dem Pharao, und der sandte Boten aus, die Frau zu suchen, der diese nach herrlicher Salbe duftende Locke gehöre. Da eilten die Boten nach allen Himmelsrichtungen; doch unverrichteterdinge kehrten sie wieder. Jene Boten aber, die in den Zedernwald gegangen waren, kamen nicht zurück; denn Bata hatte sie alle getötet außer einem; den hatte er verschont, damit er dem Pharao Bericht erstatte.
Alsbald sandte der Pharao aufs neue Boten aus, darunter auch eine Frau, der er allerlei Kostbarkeiten mitgab. Dieser gelang es, Batas Frau nach Ägypten zu bringen, und das ganze Land empfing sie mit Jubel. Der Pharao nahm sie auf, erhob sie zu seiner Lieblingsfrau und fragte sie, wie es um

ihren Mann stehe. Sie antwortete, daß er sterben müsse, wenn man die Zeder umhaue, in der sein Herz verborgen sei. Ein neuer Trupp zog aus, schnitt die Blüte ab, die Batas Herz barg, und Bata fiel tot zu Boden.
Um diese Zeit begab sich Anpu in das Zederntal, um Batas Herz zu suchen, und fand Bata tot auf seinem Bette liegen. Sein Herz jedoch fand er nicht. Drei Jahre verbrachte er damit, es zu suchen, bis er es unter der Zeder entdeckte, unter der sein Bruder zu schlafen pflegte. Das Herz hatte die Gestalt einer Beere angenommen. Er nahm die Beere mit sich, legte sie in eine Schale kalten Wassers und wartete. Als das Herz sich vollgesogen hatte, begann Bata an allen Gliedern zu zittern und blickte seinen Bruder an, während sein Herz noch in der Schale lag. Anpu ergriff die Schale, gab Bata von dem Wasser zu trinken, und als das Herz wieder an seinem Ort saß, wurde Bata der gleiche, der er ehedem gewesen war. Sie plauderten miteinander, und Bata erklärte, daß er sich nun in einen großen Stier verwandeln werde. Kaum hatte er dieses Wort ausgesprochen, da wurde er zum Stier, und Anpu setzte sich auf seinen Rücken. So begaben sie sich zum Könige von Ägypten. Der freute sich über die Maßen, den Stier zu sehen, brachte ihm zwei kostbare Opferspenden dar und sprach: „Hier ist ein großes Wunder geschehen!"
Der König ließ Anpu einen hohen Preis für den Stier zahlen, und mit Ehrungen überhäuft zog Anpu heim in sein Dorf. Bata jedoch besuchte bald danach in Stiergestalt seine frühere Frau, die in der Küche an der Arbeit war, und sagte zu ihr: „Du siehst, ich lebe noch!" Sie erkannte ihn nicht und fragte: „Wer bist du denn?" „Ich bin Bata", rief er aus, „du hast mich damals umbringen lassen, aber hier bin ich wieder!" Da erschrak die Frau heftig. Eilig verließ sie die Küche und ging zum Pharao; sie überredete ihn, den Stier töten zu lassen, damit sie von seiner Leber essen könne.
Während des großen Opferfestes, das auf Befehl des Königs veranstaltet wurde, schüttelte der Stier seinen göttlichen Nacken und ließ zwei Blutstropfen neben den Türpfosten des Palastes fallen. Aus diesen Blutstropfen wuchsen zwei Perseabäume.

Der König ließ die beiden Bäume umhauen, und siehe! – als sie gefällt wurden, da flog der Königin ein Splitter in den Mund; sie verschluckte ihn, und er kam in ihr zu neuem Leben. Bata selbst wurde aus ihr aufs neue geboren. Als der Knabe herangewachsen war, wurde er Unterkönig von Äthiopien und später König. Bata aber ließ die Frau, die zugleich seine Mutter war, töten, und so bewahrheitete sich die Prophezeiung der sieben Muttergöttinnen, daß sie eines gewaltsamen Todes sterben werde. Bata ist mehrere Jahre König gewesen, und dann wurde sein Bruder sein Nachfolger.

Ü: R. Jockel

II. ASSYRIEN-BABYLONIEN

DES HIMMELS SCHRANKEN

„Wo haben jemals begriffen der Götter Wandel die Menschen?
Der gestern noch lebte, heut' ist er tot.
Im Augenblick singt und spielt er, im Nu heult er wie ein Klagender.
Wie das Helle und die Dunkelheit ist verschieden ihr Wille."

Klage eines frommen Fürsten

Das Gedicht von Gilgamesch ist das bedeutendste Werk der babylonischen Literatur und die vielleicht gewaltigste Dichtung des alten Orients. In dem auf 12 Resten aus dem Tontafel-Archiv in Ninive erhaltenen Lied wird von den Abenteuern des König von Uruk und seiner vergeblichen Mühe, das ewige Leben zu erringen, erzählt. Auf der 11. Tafel ist der älteste Bericht von der Sintflut festgehalten. Man kann davon ausgehen, daß das babylonisch-assyrische Schrifttum älter ist als das etwa zur gleichen Zeit aufgezeichnete der Ägypter. Es greift in seinen Anfängen über den altorientalisch-semitischen Kulturkreis hinaus und reicht in seinen Wurzeln auf die viel früheren, nichtsemitischen Sumerer zurück. Von ihnen haben die Babylonier und Assyrer die religiösen Anschauungen und die heiligen Schriften übernommen und in ehrfürchtiger Treue weitergepflegt. Manche erst zur Zeit König Assurbanipals (668–626 v. Chr.) in Keilschrift notierten Stücke stammen wohl aus dem 3. vorchristlichen Jahrtausend und sind damit die ältesten Aufzeichnungen menschlichen Dichtens und Denkens. Sie haben, vermittelt durch die Griechen und die Schriften des Alten und Neuen Testaments, nicht unwesentlich auf das Abendland eingewirkt.

Aus den Zeugnissen spricht eine tiefe Ehrfurcht des Menschen vor dem Wirken der geheimnisvollen Mächte. Die

Assyrische Wandmalerei, *Löwenjagddarstellung* (Ausschnitt), um 740 v. Chr., Palast des Til Barsip

Ordnung der Welt ist eindrucksvoll am gestirnten Himmel und dem geordneten Lauf der Himmelskörper abzulesen. So verwundert es nicht, daß in Babylon Astronomie und Astrologie ihren Anfang nahmen. Mit ihrer Hilfe wollte man den Willen der Götter erfahren, um ihren geheimnisvollen Willen im Leben handelnd zu erfüllen. So belehrt bereits Gilgamesch seine Kinder: „*Deinem Feinde vergilt nichts Böses, dem, der dir Böses zugefügt, vergilt Gutes*", denn „*die Herzensneigung ist es, was der Gottheit zukommt.*"

Gilgamesch

Dem Epos nacherzählt

Gilgamesch war König und Herr von Uruk. Er besaß übermenschliche Kräfte, kannte die tiefsten Geheimnisse und verrichtete große Taten. Die Zeit vor der großen Flut ward er kund, unermeßlich waren sein Wissen und seine Weisheit. Einen weiten Weg ging er in die Ferne, leidensvoll war seine lange Wanderung, beschwerlich die Fahrt. Gilgamesch war zu einem Drittel Mensch, zu zwei Dritteln Gott, und er suchte das ewige Leben. Ein großer Herrscher war Gilgamesch, die Mauern von Uruk ließ er erbauen, alle übertraf er – aber ewiges Leben fand er nicht.

Wie ein Tyrann herrschte er über Uruk, und als die Götter Kenntnis davon bekamen und die gequälten Untertanen sie um Hilfe baten, erschuf die Muttergöttin Aruru dem Gilgamesch in Enkidu ein Ebenbild, daß es ihn im Zaume halte. Enkidu tat ungebärdig wie ein wildes Tier, sein Leib war von Haaren bedeckt. Er lebte bei den Tieren auf dem Felde und fraß Gras wie das Vieh.

Einst erblickte ein Jäger Enkidu, und vor Schreck erstarrte sein Herz. Er eilte zu seinem Vater und rief: „Unter den Tieren ist ein Wesen, das mir Schrecken einjagt. Gewaltig stark ist es, ich wage mich nicht heran. Es läßt mich nicht jagen – was soll ich tun?" Da riet ihm der Vater, zu Gilgamesch zu gehen und ihn zu bitten, er möge ihm ein Mädchen mitgeben, das den Tiermenschen verführe; dann würden ihn die Tiere meiden.

So eilte der Jäger zu Gilgamesch, und der gab ihm ein Mädchen mit, das er Enkidu bringen sollte. Er führte sie an die Wasserstelle, wohin Enkidu zu kommen pflegte. Sobald das Mädchen ihn erblickte, warf sie ihr Kleid ab, und ergab sich dem Unhold. Sieben Tage lang behielt er sie bei sich, dann ward er ihrer überdrüssig und gesellte sich wieder den Tieren zu, die aber vor ihm zurückwichen. Da ließ sich Enkidu zu Füßen des Mädchens nieder. Sie riet ihm, mit ihr nach Uruk zu Gilgamesch zu gehen. „Ihr beide", so sprach sie, „ihr seid ja mehr Götter denn Menschen, ihr gehört zueinander." Enkidu war bereit; inzwischen war nämlich in ihm der Plan gereift, seine Kräfte mit Gilgamesch zu messen und selbst König von Uruk zu werden.

So machten sie sich auf den Weg. Unterwegs kam dem Mädchen der Gedanke, daß Enkidu menschlicher aussehen müsse. Sie nahm ihr Oberkleid ab und legte es ihm an, damit sein haariger Körper bedeckt sei. Dann führte sie ihn zu den Hirten und zeigte ihm, wie sie aßen, damit er auch dieses ordentlich lerne. Aber Enkidu blieb lieber bei seiner Gewohnheit, Gras zu fressen wie die Tiere und, anstatt wie ein Mensch zu trinken, seinen Durst an den Eutern der Kühe zu löschen. Doch es gelang ihr schließlich, ihm beizubringen, wie man Brot ißt und Bier trinkt, bis er Gefallen daran fand, auch seinen haarigen Körper betastete und einsah, daß er so nicht bleiben könne. Er salbte sich mit Öl wie ein Mensch und bekam allmählich ein menschliches Aussehen. Sie begegneten einem Manne, und der erzählte ihnen vom Leben der Menschen und von der Ordnung der Gemeinschaft; er erzählte, daß jeder Mann seine eigene Frau habe und die Geschlechter nicht in wilder Paarung lebten.

Die beiden gelangten nach Uruk, und sobald sie sich auf dem Marktplatz sehen ließen, liefen die Bürger der Stadt zusammen und fanden, daß Enkidu, wenn er auch kräftiger gebaut sei, doch an Gestalt dem Gilgamesch recht ähnlich sehe. „Er kommt vom Felde", sprachen sie ängstlich, „und lebte mit den Tieren; sicher wird er der Stärkere sein!" Sie fürchteten sich wie kleine Kinder.

Sowie Gilgamesch die ungeschlachte Gestalt des wilden Enkidu sah, entbrannte der Kampf. Sie packten einander und brüllten auf wie wilde Stiere, Türpfosten zerschmetterten sie, und es gab großen Lärm. Zuletzt erlag Gilgamesch dem Wildling, doch Enkidu war ritterlich, und beide wurden Freunde. Enkidu erkannte Gilgamesch als König von Uruk an, und der führte ihn zu seiner Mutter und bat sie: „Nimm diesen Starken an Sohnes statt an, er ist mächtig wie der Himmel. Er hat weder Vater noch Mutter, er wurde als Wildling in der Steppe geboren." Da nahm Gilgameschs Mutter Enkidu als Sohn an und sprach zu ihm: „Du bist mein Sohn, heute habe ich dich geboren. Ich bin deine Mutter, dieser ist dein Bruder!"

Diese freundlichen Worte rührten Enkidu so, daß ihm die Tränen in die Augen traten; doch Gilgamesch fühlte, wie unbehaglich ihm zumute sein mußte, er ahnte, daß Enkidu seine ungestüme Kraft in der Stadt nicht ausleben könne und sich nur schwer eingewöhnen werde. Darum machte er ihm einen verlockenden Vorschlag: im Zedernwald wohne ein dämonisches Wesen, der Halbgott Chumbaba; er brülle wie die Sintflut, Feuer speie sein Mund. „Den wollen wir töten!" Enkidu aber fürchtete den Dämon, er meinte, jener sei unüberwindlich, weil der Gott Enlil ihm den Zedernwald zur Bewachung anvertraut habe. Da beschloß Gilgamesch, nur mit einem Beil bewaffnet ohne Enkidu zu gehen, und trieb seinen Spott mit ihm, er fürchte wohl den Tod, dabei wisse er doch genau, daß er ohnehin sterben müsse, denn das ewige Leben hätten die Götter doch nur sich selber vorbehalten.

Da ließ Enkidu sich überreden, mit Gilgamesch gegen Chumbaba auszuziehen, und beide begaben sich zu einem guten Waffenschmied, der ihnen riesige Waffen schmiedete: Beile, Schwerter, Keulen. Jeder trug sechshundert Pfund Waffen – so schwer waren diese.

So marschierten sie zum Stadttor hinaus, wo die Bewohner von Uruk sich versammelt hatten, um den beiden Helden zum Abschied zuzujubeln. Gilgamesch sprach zu ihnen: „Ich ziehe aus zum Kampf gegen den Riesen Chumbaba, von dem alle Welt spricht; ich werde ihm zeigen, wer ich bin, und das Land soll von meinem Ruhme widerhallen!" Die Ältesten Uruks warnten jedoch: „Du bist noch jung, Gilgamesch, daher weißt du nicht, was du tust, und unterschätzest die Gefahr. Unmöglich ist es, Chumbaba zu widerstehen!" Aber Gilgamesch kniete nieder, hob die Hände zu der Sonnengottheit Schamasch empor und flehte ihn um eine glückliche Rückkehr an.

Darauf ließ er sich die Waffen umhängen, und von den Segenswünschen des Volkes begleitet zogen sie davon. Das Volk rief Gilgamesch nach, er möge Enkidu vor sich hergehen lassen, der kenne den Zedernwald, wo Chumbaba hause; er könne ihn warnen, wenn Gefahr drohe. Auch Enkidu sprach ihm Mut zu und gelobte, voranzugehen. Gilgamesch aber wollte zuvor noch seine Mutter aufsuchen. Er teilte ihr seine Absicht mit und bat sie, bei Schamasch Fürsprache für ihn einzulegen, damit er seinen Plan mit Erfolg segne und ihn unversehrt wieder zurückbringe.

Die Mutter war bekümmert über das Vorhaben ihres Sohnes,

Assyrisches Wandgemälde, *Zwei Schreiber, der linke mit Pergament für die aramäische Schrift, der rechte mit Tontafeln für die Keilschrift,* Gouverneurspalast von Tell Achmur

legte ihr königliches Gewand an, gürtete sich, setzte die königliche Haube auf, besprengte sich mit geweihtem Wasser, opferte Weihrauch, stieg hinauf auf das Dach ihres Palastes und hob dort bittend die Hände zu Schamasch empor. Sie sprach eine Beschwörungsformel und befahl Gilgamesch in die Obhut der Mondgöttin Sin und der Sterne. Darauf machten sich die beiden Helden schwerbewaffnet auf den Weg; sie kamen schnell voran, und zu einem Weg von anderthalb Monaten brauchten sie nur drei Tage. Sie erreichten den Rand des Zedernwaldes, wo Chumbaba einen Wächter aufgestellt hatte. Wiederum sank Gilgamesch der Mut, Enkidu aber ermunterte ihn: „In Uruk hast du gesagt: wir wollen Chumbaba töten! Warum zögerst du jetzt? Chumbaba trägt in der Regel sieben Mäntel, durch die keine Waffen hindurchdringen. Gerade jetzt hat er sechs davon abgelegt, jetzt ist er verwundbar!" Und sogleich stürmte er auf den Wächter los, der jammernd flüchtete und Chumbaba herbeirief. Gilgamesch jedoch war todmüde und fiel in Schlaf; er hatte unheilverkündende Träume. Chumbaba fand dann im Kampf mit Enkidu und Gilgamesch den Tod, wie sehr er auch um sein Leben bat und versprach, Gilgamesch als Knecht zu dienen.

Nachdem Enkidu und Gilgamesch Chumbaba besiegt hatten, fällten sie die heilige Zeder und kehrten nach Uruk zurück. Die Göttin Ischtar, die ein Auge auf Gilgameschs Schönheit geworfen hatte, trachtete danach, ihn in ihren Tempel zu locken und seine Geliebte zu werden. Sie versprach ihm allerlei herrliche Dinge: in einem goldenen Wagen von Sturmwinden gezogen solle er dahinfahren; Könige und Fürsten sollten seine Füße küssen, die Erträge des ganzen Landes sein Eigen werden und Ziegen und Schafe Zwillinge und Drillinge werfen. Ischtar, die Göttin der Fruchtbarkeit, konnte das versprechen, es stand in ihrer Macht. Schroff wies Gilgamesch ihre Liebesbeteuerungen zurück. Er hielt ihr vor, wie es sechs ihrer früheren Geliebten erging, die ohne Ausnahme ihren schändlichen Künsten zum Opfer gefallen seien; er schalt sie eine schlechtschließende Tür, einen Schuh, der seinen Besitzer drücke,

Erdpech, das die Hände besudele, einen undichten Wasserschlauch und noch anderes mehr. „Wenn ich mich auf deine Reden einließe", schloß er, „dann erginge es mir ebenso übel wie all den anderen. Dafür danke ich!"
Ischtar kochte vor Wut; sie stieg zum Himmel empor zu ihrem Vater Anu und zu ihrer Mutter Antum und beklagte sich bitterlich über Gilgameschs Betragen. Doch Anu bewahrte die Ruhe und erwiderte: „Du hast ihn wohl herausgefordert? Ihm deine Liebe angeboten? Stimmt das? Dann hast du es dir selbst zuzuschreiben, wenn er dir all deine Zauberkünste vorhielt!" Ischtar aber gab das Spiel noch nicht so schnell verloren und drohte: „Vater, schaffe mir den Himmelsstier herbei, damit er Gilgamesch töte! Und weigerst du dich, so werde ich die Türen der Unterwelt zertrümmern und die Toten heraufführen, daß sie die Lebenden fressen!" Schwer lastete diese Drohung auf Anu. Wenn Ischtar in Zorn geriet, war sie fähig, sieben Jahre Hungersnot herbeizurufen und alles Wachstum auf Erden verdorren zu lassen. Aber auch Ischtar war sich dessen wohl bewußt, daß sie vorsichtig sein mußte. Sie versprach, hinreichend für Getreide zu sorgen und Gras für das Vieh bereitzuhalten, wenn ihr Vater ihr den Himmelsstier überließe.
Da gab Anu nach und schenkte ihr den Stier – welcher Vater kann je seiner erwachsenen Tochter etwas versagen? –, und sie nahm das gewaltige Tier an einer Kette mit auf die Erde hinunter nach Uruk. Dort verbreitete sein Erscheinen furchtbaren Schrecken unter der Bevölkerung, denn sogleich fielen sechshundert Männer seinem Schnauben zum Opfer. Dann stürzte er sich auf Enkidu. Der packte ihn bei den Hörnern, aber der Stier schüttelte ihn ab. Da rief Enkidu Gilgamesch zu Hilfe, und indessen er den Stier am Schwanze festhielt, schlug ihm Gilgamesch den Kopf ab. Dann schnitten sie ihm das Herz aus dem Leibe, legten es ehrfurchtsvoll Schamasch zu Füßen und warfen Ischtar ein Stück Stierfleisch ins Gesicht. Und die Leute sangen in den Straßen Uruks:

„Wer ist der Herrlichste unter den Männern?
Gilgamesch ist der Gewaltigste unter den Männern."

Nach einem großen Freudenfest im Palast legten sich Gilgamesch und Enkidu zum Schlafe nieder. Enkidu träumte, die Götter hätten seinen Tod bereits beschlossen, weil er mit Gilgamesch Chumbaba und den Stier getötet und obendrein die heilige Zeder gefällt habe. Bald lag Enkidu schwer krank darnieder und hatte weitere Träume. Ein Mann erschien ihm, der hatte ein seltsames Aussehen und forderte ihn auf, mitzugehen in das Land ohne Rückkehr, ins Reich der Toten, wo es finster ist, wo die Bewohner Lehm essen und wie Vögel mit Federn bekleidet sind, wo die Kronen auf dem Boden liegen und die Göttin Ereschkigal über alle Toten herrscht. Enkidu merkte daraus, daß er nun sterben müsse. Der Kummer quälte ihn, tatenlos und ohne Ruhm sein Ende erwarten zu sollen, statt als Held draußen im Kampfe zu fallen.

Gilgamesch rief die Ältesten und Vornehmsten von Uruk an Enkidus Sterbebett und erzählte ihnen von den großen Taten, die sie beide gemeinsam vollbracht hatten. Als er dabei die Hand auf des sterbenden Bruders Herz legte, fühlte er, daß es zu schlagen aufgehört hatte. Da brüllte er einem Löwen gleich und warf sich trauernd und schreiend über die Leiche Enkidus, raufte sich die Haare und zerfetzte sein Gewand. Fassungslos trauerte Gilgamesch sieben Tage und sieben Nächte mit herzzerreißender Klage über den Tod seines Freundes und Bruders. Und die Angst packte ihn, daß ihm dasselbe Schicksal bestimmt sein könne, und er bäumte sich wild auf gegen den Gedanken des drohenden Sterbens. Gilgamesch wollte nicht sterben.

Da gedachte Gilgamesch seines Ahnen Utnapischtim, der dem Tode entgangen und nicht gestorben war. Die Götter hatten ihn an die Mündung der Ströme versetzt, und dort wollte Gilgamesch ihn nun besuchen und fragen, wie auch er dem Tode entrinnen könne.

Lange mußte Gilgamesch wandern, viele Prüfungen mußte er bestehen, und beschwerlich war sein Weg. Durch undurchdringliche Finsternis hindurch kam er schließlich in den Garten der Götter. Der stand voller Bäume, auf denen statt der Früchte Edelsteine hingen. Gilgamesch durch-

schritt diesen herrlichen Garten und gelangte an ein Meer. Dort saß die Göttin Siduri auf ihrem Throne. Sie erschrak, flüchtete in ihr Haus und verriegelte es von innen, da sie Gilgamesch für einen bösen Geist hielt. Als er aber drohte, er werde das Tor einschlagen, öffnete sie und stand ihm Rede und Antwort.
Gilgamesch erzählte Siduri von seinen Taten, von seinem verstorbenen Freund Enkidu und von dessen Tod. Auch sprach er ihr vom Ziel seiner Wanderung und fragte nach dem Wege zu Utnapischtim. Siduri warnte ihn; noch niemand außer dem Sonnengott Schamasch habe je das große Meer überschritten, das Wasser des Todes; so könne auch Gilgamesch nicht hinüber und zu Utnapischtim gelangen. Sie fügte hinzu:

„Das Leben, das du suchst,
du wirst es niemals finden;
die Götter bestimmten den Tod
dem Menschen zum Ende des Lebens,
als einst sie den Menschen erschufen.
Das Leben behielten sie sich!"

Siduri riet Gilgamesch, er solle doch lieber das Leben genießen, solange er es noch habe, er möge Feste feiern und sich mit Tanz und Musik vergnügen, denn gar zu bald, ach, komme der Tod. Aber Gilgamesch kannte kein Zurück und hörte kaum auf ihre Worte. Unverrückbar stand ihm sein Ziel vor Augen: Utnapischtim und das ewige Leben. Als Siduri dies erkannte, hatte sie Mitleid mit ihm und wies ihm den Weg zu Urschanabi, dem Fährmanne Utnapischtims.
Gilgamesch gelangte zu Urschanabi und erzählte auch ihm seine Geschichte und seine Absicht. Und Urschanabi ließ sich herbei, ihm zu helfen. Beide setzten in einem Boot über das Wasser des Todes und landeten am jenseitigen Ufer. Indessen stand dort Utnapischtim und sah ihrer Überfahrt in stummer Verwunderung zu. Er wußte nicht, ob es ein Gott oder ein Mensch sei, der da auf diesem Wege zu ihm komme. Nach der Landung erzählte Gilgamesch

Utnapischtim seine Geschichte. Er schilderte ihm den Tod des Freundes und wie sehr er selbst Angst vor dem Tode habe.
Wenig tröstlich klang Utnapischtims Antwort: „Das ewige Leben ist dem Menschen nicht bestimmt. Dem irdischen Leben ist eine begrenzte Frist gesetzt, ewig ist nur der Tod für den Menschen. Schon bei der Geburt wird über den Tod beschlossen, und keiner kann seinem Ende entrinnen." Da entgegnete ihm Gilgamesch: „Und du? Du siehst nicht viel anders aus als ich, und doch bist du dem Tode nicht verfallen! Warum soll dies nicht auch mir gelingen?"
Da erzählte Utnapischtim, wie er das ewige Leben erhalten habe. Es war nach der großen Flut geschehen, in der die Menschheit vernichtet worden war: „Nachdem die ganze Welt verödet war, stieg Ea zu mir und meinem Weibe in die Arche, segnete uns und sprach: ‚Zuvor war Utnapischtim nur ein Mensch; von nun an sollen er und sein Weib uns Göttern gleich sein. Sie sollen wohnen an der Mündung der Ströme!' Dann brachten die Götter uns hierher. Doch wer vermag die Götter zu bewegen, mit dir ein Gleiches zu tun?"
Utnapischtim wollte Gilgamesch helfen. Gilgamesch solle sieben Tage und sieben Nächte wachen, um zu zeigen, daß er des ewigen Lebens fähig sei. Denn ewig leben heiße ewig wachen, nie müde werden, nie schlafen. Da setzte sich Gilgamesch in ruhende Stellung nieder und versuchte, die Probe zu bestehen. Doch wie sehr auch Utnapischtim und sein Weib versuchten, ihn durch magische Mittel wach zu halten – er wurde doch schläfrig und müde, und bald übermannte der Schlaf ihn vollends. Damit hatte er die Probe nicht bestanden und die Möglichkeit verspielt, das ewige Leben doch noch zu erlangen. Utnapischtim aber war ärgerlich und sprach zu seinem Weibe, indem er auf den Schlafenden deutete: „Das ist nun der Mann, der ewiges Leben begehrt!"
Am siebenten Tag weckte Utnapischtim Gilgamesch und sorgte dafür, daß dieser sich wusch und neue Kleider anlegte. Dann verabschiedete er ihn: „Ich will dir ein Geheimnis offenbaren. Es wächst ein dorniges Kraut, das sticht wie

die Dornen einer Rose. Kannst du dich dieses Krautes bemächtigen, dann kehre getrost nach Hause zurück!"
Gilgamesch begab sich mit Urschanabi auf den Rückweg. Mitten auf dem Meere sprang er aus dem Boot Urschanabis, tauchte bis zum Grunde des Meeres zu Apsu hinunter, zum Ort des verborgenen Lebens, und von dort holte er sich das Kraut, von dem Utnapischtim gesprochen hatte. Der Name dieses Krautes aber war: Als Greis wird wieder jung der Mensch! Damit tauchte er wieder zu Urschanabis Boot empor und erreichte so wohlbehalten das Ufer, um von dort nach Uruk zurückzukehren. In Uruk wollte er das Kraut mit allen Menschen teilen, damit alle im Alter wieder jung würden und so dem Sterben entgingen.
Unterwegs kam Gilgamesch an einem Teich vorbei, und es gelüstete ihn, darin zu baden. Und er legte das Kraut mit seinen Kleidern am Ufer des Teiches nieder und badete. Eine Schlange aber roch den Duft des Krautes und kam herbeigekrochen. Sie fand das Kraut bei Gilgameschs Kleidern, nahm es weg und fraß es. Alsbald warf sie ihre Haut ab und verjüngte sich. Als aber Gilgamesch vom Baden kam und sich ankleidete, merkte er, daß das Kraut verschwunden war. Da wurde er zunächst zornig und dann sehr traurig. Er brach in lautes Jammern aus, denn nun war auch die letzte Möglichkeit, den Tod zu umgehen, dahin. Seine lange und mühsame Wanderung war vergeblich gewesen, und er kehrte unverrichteterdinge als Sterblicher nach Uruk zurück. Weinend betrat er seine Stadt.
Eines Tages erschien Gilgamesch der Geist seines toten Freundes Enkidu und sprach zu ihm: „Warum sitzest du so traurig? Wenn du zu mir kommen willst, darfst du kein reines Hemd anziehen, dich nicht mit Öl salben und keine Waffen mitbringen, sonst umringen dich sofort alle, die von deinen Waffen getötet worden sind. Keine Schuhe darfst du tragen, Weib und Kind darfst du nicht zum Abschied küssen." Da bat Gilgamesch die großen Götter Enlil, Sin und Ea, Enkidu zu erlauben, daß er aus der Unterwelt heraufsteige. Enlil und Sin hörten nicht auf die Bitte und gaben keine Antwort, aber Ea wies Nergal, den Gatten Ereschkigals und Herrn des

Assyrische Wandmalerei aus dem Kar Salmanassar in Til Barsib/Achmar, Mitte des 8. Jh. v. Chr.

Totenreiches, an, Enkidu heraufzubringen.
So waren Enkidu und Gilgamesch wieder zusammen. Sie umarmten einander vor Freude, und Gilgamesch bat Enkidu, ihm zu erzählen, wie es ihm drunten im Lande ohne Wiederkehr ergehe. Und Enkidu antwortete: „Ich kann es dir nicht sagen, mein Freund, ich kann es dir nicht sagen. Würde ich es dir sagen, so müßtest du den ganzen Tag weinen. Gewürm frißt meinen Leib wie ein altes Kleid!" Darauf mußte Enkidu mit Nergal wieder in die Unterwelt zurückkehren, und auch für Gilgamesch schlug die Stunde des Todes. Gilgamesch mußte sterben, er hatte das ewige Leben vergeblich gesucht, denn die Götter haben es sich selbst vorbehalten, und der Menschen Los ist, dahinzugehen von dieser Welt.

Ü: R. Jockel

Das Leben vor Gott

(aus dem Gilgamesch-Epos)

Utnapischtim belehrt seine Kinder:
Deinem Feinde vergilt nicht Böses,
dem, der dir Böses zufügt, vergilt Gutes!
deinem Feinde laß Gerechtigkeit widerfahren;
Gib Speise zu essen und Trank zu trinken;
strebe nach Wahrheit, versorge und erweise Ehre!
So freut sich sein Gott über einen solchen Mann;
es gefällt Schamasch, und er vergilt ihm mit Gutem ...
Verleumde nicht, sondern rede Freundliches;
Böses sprich nicht, sondern rede Gutes!
Wer verleumdet und Böses redet, dem wird Schamasch
vergelten,
er wird nach seinem Kopfe trachten.
Reiße deinen Mund nicht auf, hüte deine Lippen!
Was du in deinem Innern hast, sprich es nicht gleich aus!
Wenn du jählings sprichst, möchtest du es (vielleicht)
später zurücknehmen,
Schweigen zu lernen, darauf solltest du deinen Sinn richten.
Täglich huldige deinem Gotte
mit Opfer, Gebet und würdigem Weihrauch.
Gegen deinen Gott sollst du Herzensneigung haben;
Das ist es, was der Gottheit zukommt.
Gebet, Flehen und auf das Angesicht fallen
sollst du täglich darbringen.
Dann werden deine Kräfte gewaltig sein,
und im Überschwange wirst du mit Gott auf rechtem Wege sein.
Bei deiner Unterweisung schau auf die Tafel:
Gottesfurcht erzeugt Wohlergehen,
Opfer verlängert das Leben,
und Gebet löst die Sünde.
Wer die Götter fürchtet, den verachtet auch sein Gott nicht;
Wer die Anunnaki fürchtet, verlängert sein (Leben).
Mit Freund und Genossen rede nichts (Schlechtes),
Gemeines rede nicht, (sprich) Gutes.

Ü: A. Jeremias

III. JUDEN

ALLES HAT SEINE ZEIT

„So sah ich denn, daß nichts Besseres ist, als daß ein Mensch fröhlich sei in seiner Arbeit; denn das ist sein Teil. Denn wer will ihn dahin bringen, daß er sehe, was nach ihm geschehen wird?"

Der Prediger Salomo

Stärker noch als in Babylon und Ägypten ist die hebräische Literatur religiös bestimmt. Durch das Alte Testament sind uns die heiligen Schriften der Juden wohlvertraut. Besonders die Lobgesänge der Psalmen zeigen tiefes Gefühl und bezeugen die Andacht vor Gott in sprachlicher Vollendung.
Die von alters her im Morgenland beliebte Spruchdichtung hat mit den Salomo zugeschriebenen Weisheitsbüchern Aufnahme in den Kanon der Bibel gefunden. Voller sinnlicher Andeutungen und poetischer Wortspiele ist das Hohelied. Zumindest teilweise ist es auch weltliche Dichtung, die nicht nur allegorisch die Liebe zwischen Gott und seinem Volk zum Ausdruck bringt.
Sagen und Legenden aus den unzähligen Rabbinerschulen wurden vor allem in Osteuropa überliefert. Von hier stammen auch die sinnreichen jiddischen Sprichwörter und Redensarten voller Anspielungen und leiser Ironie:

„Wenn man Gott immer nur für das Gute danken sollte, bliebe gar keine Zeit mehr, sich über das Schlechte zu beklagen."

Der Prediger Salomo

Das 1. Kapitel

1. Dies sind die Reden des Predigers, des Sohnes Davids, des Königs zu Jerusalem.
2. Es ist alles ganz eitel, sprach der Prediger, es ist alles ganz eitel.
3. Was hat der Mensch für Gewinn von all seiner Mühe, die er hat unter der Sonne?
4. Ein Geschlecht vergeht, das andere kommt; die Erde bleibt aber ewiglich.
5. Die Sonne geht auf und geht unter und läuft an ihren Ort, daß sie wieder daselbst aufgehe.
6. Der Wind geht gen Mittag und kommt herum zur Mitternacht und wieder herum an den Ort, da er anfing.
7. Alle Wasser laufen ins Meer, doch wird das Meer nicht voller; an den Ort, da sie her fließen, fließen sie wieder hin.
8. Es sind alle Dinge so voll Mühe, daß es niemand ausreden kann. Das Auge sieht sich nimmer satt, und das Ohr hört sich nimmer satt.
9. Was ist's, das geschehen ist? Eben das hernach geschehen wird. Was ist's, das man getan hat? Eben das man hernach wieder tun wird; und geschieht nichts Neues unter der Sonne.
10. Geschieht auch etwas, davon man sagen möchte: Siehe, das ist neu? Es ist zuvor auch geschehen in den langen Zeiten, die vor uns gewesen sind.
11. Man gedenkt nicht derer, die zuvor gewesen sind; also auch derer, so hernach kommen, wird man nicht gedenken bei denen, die darnach sein werden.
12. Ich, der Prediger, war König über Israel zu Jerusalem.
13. und richtete mein Herz, zu suchen und zu forschen weislich alles, was man unter dem Himmel tut. Solche unselige Mühe hat Gott den Menschenkindern gegeben, daß sie sich darin müssen quälen.

14. Ich sah an alles Tun, das unter der Sonne geschieht; und siehe, es war alles eitel und Haschen nach Wind.
15. Krumm kann nicht schlicht werden, noch, was fehlt, gezählt werden.
16. Ich sprach in meinem Herzen: Siehe, ich bin herrlich geworden und habe mehr Weisheit denn alle, die vor mir gewesen sind zu Jerusalem, und mein Herz hat viel gelernt und erfahren.
17. Und richtete auch mein Herz darauf, daß ich erkennte Weisheit und erkennte Tollheit und Torheit. Ich ward aber gewahr, daß solches auch Mühe um Wind ist.
18. Denn wo viel Weisheit ist, da ist viel Grämens; und wer viel lernt, der muß viel leiden.

Das 3. Kapitel

1. Ein jegliches hat seine Zeit, und alles Vornehmen unter dem Himmel hat seine Stunde.
2. Geboren werden und sterben, pflanzen und ausrotten, was gepflanzt ist,
3. würgen und heilen, brechen und bauen,
4. weinen und lachen, klagen und tanzen,
5. Steine zerstreuen und Steine sammeln, herzen und ferne sein von Herzen,
6. suchen und verlieren, behalten und wegwerfen,
7. zerreißen und zunähen, schweigen und reden,
8. lieben und hassen, Streit und Friede hat seine Zeit.
9. Man arbeite, wie man will, so hat man keinen Gewinn davon.
10. Ich sah die Mühe, die Gott den Menschen gegeben hat, daß sie darin geplagt werden.
11. Er aber tut alles fein zu seiner Zeit und läßt ihr Herz sich ängsten, wie es gehen solle in der Welt; denn der Mensch kann doch nicht treffen das Werk, das Gott tut, weder Anfang noch Ende.
12. Darum merkte ich, daß nichts Besseres darin ist denn fröhlich sein und sich gütlich tun in seinem Leben.

13. Denn ein jeglicher Mensch, der da ißt und trinkt und hat guten Mut in aller seiner Arbeit, das ist eine Gabe Gottes.
14. Ich merkte, daß alles, was Gott tut, das besteht immer: man kann nichts dazutun noch abtun; und solches tut Gott, daß man sich vor ihm fürchten soll.
15. Was geschieht, das ist zuvor geschehen, und was geschehen wird, ist auch zuvor geschehen; und Gott sucht wieder auf, was vergangen ist.
16. Weiter sah ich unter der Sonne Stätten des Gerichts, da war ein gottloses Wesen, und Stätten der Gerechtigkeit, da waren Gottlose.
17. Da dachte ich in meinem Herzen: Gott muß richten den Gerechten und den Gottlosen; denn es hat alles Vornehmen seine Zeit und alle Werke.
18. Ich sprach in meinem Herzen: Es geschieht wegen der Menschenkinder, auf daß Gott sie prüfe und sie sehen, daß sie an sich selbst sind wie das Vieh.
19. Denn es geht dem Menschen wie dem Vieh: wie dies stirbt, so stirbt er auch, und haben alle einerlei Odem, und der Mensch hat nichts mehr als das Vieh; denn es ist alles eitel.
20. Es fährt alles an einen Ort; es ist alles von Staub gemacht und wird wieder zu Staub.
21. Wer weiß, ob der Odem der Menschen aufwärts fahre und der Odem des Viehes unterwärts unter die Erde fahre?
22. So sah ich denn, daß nichts Besseres ist, als daß ein Mensch fröhlich sei in seiner Arbeit; denn das ist sein Teil. Denn wer will ihn dahin bringen, daß er sehe, was nach ihm geschehen wird?

Das 12. *Kapitel*

1. Gedenke an deinen Schöpfer in deiner Jugend, ehe denn die bösen Tage kommen und die Jahre herzutreten, da du wirst sagen: Sie gefallen mir nicht;
2. ehe denn die Sonne und das Licht, Mond und Sterne finster werden und Wolken wieder kommen nach dem Regen;
3. zur Zeit, wenn die Hüter im Hause zittern, und sich krümmen die Starken, und müßig stehen die Müller, weil ihrer so wenig geworden sind, und finster werden, die durch die Fenster sehen,
4. und die Türen an der Gasse geschlossen werden, daß die Stimme der Mühle leise wird, und man erwacht, wenn der Vogel singt, und gedämpft sind alle Töchter des Gesangs;
5. wenn man auch vor Höhen sich fürchtet und sich scheut auf dem Wege; wenn der Mandelbaum blüht, und die Heuschrecke beladen wird, und alle Luft vergeht (denn der Mensch fährt hin, da er ewig bleibt, und die Klageleute gehen umher auf der Gasse);
6. ehe denn der silberne Strick wegkomme, und die goldene Schale zerbreche, und der Eimer zerfalle an der Quelle, und das Rad zerbrochen werde am Born.
7. Denn der Staub muß wieder zu der Erde kommen, wie er gewesen ist, und der Geist wieder zu Gott, der ihn gegeben hat.
8. Es ist alles ganz eitel, sprach der Prediger, ganz eitel.
9. Derselbe Prediger war nicht allein weise, sondern lehrte auch das Volk gute Lehre und merkte und forschte und stellte viel Sprüche.
10. Er suchte, daß er fände angenehme Worte, und schrieb recht die Worte der Wahrheit.
11. Die Worte der Weisen sind Stacheln und Nägel; sie sind geschrieben durch die Meister der Versammlungen und von einem Hirten gegeben.
12. Hüte dich, mein Sohn, vor andern mehr; denn viel Büchermachens ist kein Ende, und viel Studieren macht den Leib müde.

13. Laßt uns die Hauptsumme aller Lehre hören: Fürchte Gott und halte seine Gebote; denn das gehört allen Menschen zu.
14. Denn Gott wird alle Werke vor Gericht bringen, alles, was verborgen ist, es sei gut oder böse.

Ü: M. Luther

Worte und Beispiele der Weisen

Es gab einst einen Mann, der moralische Sprüche über alles liebhatte und sich mit ihnen gern beschäftigte. Eines Tages versammelten sich in seinem Hause viele ruhmreiche Weise, und so sprach er zu ihnen: Ein jeder von euch erzähle eine Begebenheit oder sage einen Spruch her, der die Toren belehre, die Unmündigen reif mache, dem Rechtschaffenen zur Leitschnur diene, die Sünder aber warne.
Da fing der Älteste an und erzählte: Ein frommer Mann ging an den Gräbern der Toten vorüber und sprach: Friede mit euch, ihr Bürger des Schattenreichs, ihr, die ihr im Hofe des Jenseits weilt. Sagt mir, was ihr gefunden und wie ihr die Schwere des Gerichts ertragen habt. Ihr habt die Früchte der Arbeit verzehrt und, was ihr Böses gesät, geerntet. Ihr seid vor uns dahingegangen, wir folgen euch nach. Der Herr möge uns und euch vergeben und uns und euch gnädig sein.
Der zweite Gast sprach: Ein frommer Mann wurde von seinen Freunden gelobt, und seine Taten wurden hoch gepriesen. Da erhob er seine Augen zum Himmel und rief: Gebieter der Welten! Du kennst mein Inneres, wie ich es nicht kenne; ich wiederum weiß von mir, was diese hier nicht wissen. O Herr, laß mich das werden, wofür mich diese halten, und strafe mich nicht für das, was sie an mir fälschlich preisen.
Der nächste Redner sagte: Ein frommer Mann ging des Weges mit seinem Freunde, und sie sahen einen Sünder am Galgen hängen. Da sprach er zu dem Genossen: Wer den geraden Weg verläßt, dessen Vergehen sühnt der Strick.

Der folgende erzählte: Ein König hatte über einen Schuldigen die Prügelstrafe verhängt. Der Verurteilte war ein lang gewachsener Mann, der ihn aber züchtigte, war klein von Wuchs. Da sagte der Henker zu dem Schuldigen: Bücke dich, damit ich dich prügeln kann. Darauf sprach der Sträfling: Du Hurensohn, rufst du mich, ein Mahl einzunehmen? Ich wünschte, ich wäre groß wie der Riese Og, du aber klein wie der Zwerg Gog. Da mußte der König lachen und erließ dem Mann die Strafe.
Ein weiterer sprach: Ein kluger Mann wurde nach seinem Befinden gefragt. Er antwortete: Mein Bauch und mein böser Trieb machen mich krank. Bin ich hungrig, so nehme ich ab; bin ich satt, so werde ich müde. Mein Trieb aber schläft, wenn ich munter bin, und erwacht, wenn ich ruhen will.
Noch einer aus der Versammlung trug vor: Ein weiser Mann war sterbenskrank. Er betete zu Gott um Vergebung der Sünden, seine Freunde aber umstanden ihn, priesen seine Tugenden und weinten um ihn. Da sagte er: Laßt ab von dem Lob und helft mir beten.
Der folgende Erzähler sagte: Ein Sänger pries seinen König, solange dieser lebte, als er aber starb, sang der Dichter nur ein kurzes Klagelied. Man fragte ihn: Warum waren deine Loblieder so lang und deine Klage so kurz? Der Sänger erwiderte: Mein Lob war Pflicht, meine Klage aber freiwillige Gabe.
Die nächste Geschichte lautete so: Eine arabische Frau pflegte folgendermaßen zu beten: Herr der Welten! Habe ich mich eines Vergehens schuldig gemacht, so erfährst du dadurch keinen Schaden; vergibst du mir aber, so erleidest du gleichfalls keinen Verlust. So sei mir denn gnädig, o Herr!
Der Nachbar dessen, der zuletzt gesprochen hatte, erzählte folgendes: Ein armer Mann pflegte, wenn ihm ein Unglück widerfuhr, im Gebet so zu rufen: Möge das Böse, das ich jetzt erleide, als Warnung und Belehrung, nicht aber als Strafe und Zuchtrute gedacht sein.
Der folgende Erzähler sagte: Einer arabischen Frau war ihr Sohn gestorben, und so rief sie bei seinem Begräbnis: Mein Sohn, du warst das Darlehen eines Gläubigers, das

Jüdische Buchmalerei, *Sederfeier*, 14. Jh.

Geschenk eines Gebers, das Pfand eines Vertrauensseligen; nun will der Gläubiger das Geborgte haben, der Geber verlangt das Geschenk wieder, der das Gut mir anvertraut hat, fordert es zurück.

Der letzte Redner erzählte eine ähnliche Geschichte: Eine Araberin hatte ihren Sohn verloren und tröstete sich gleich darauf. Ihre Nachbarinnen fragten sie: Wie hast du dich so schnell mit dem Verlust abfinden können? Sie erwiderte: Der sich im Unglück faßt, erfreut sich im Diesseits der Ruhe und im Jenseits des Lohnes; der aber in seinem Grame verzagt, trägt hienieden schwer an seinem Schmerz und muß im Jenseits für seine Widersetzlichkeit büßen.

Ein Weiser besuchte einen seiner Freunde und fand ihn traurig und seufzend. Er sprach zu ihm: Bist du um dein zukünftiges Leben besorgt, so wisse, daß dein Handel geglückt ist; ist es dir aber um das Diesseits zu tun, so bist du verloren.

Sehen wir uns die Freuden des Diesseits näher an. Es sind dies das Essen und Trinken, die Liebe, die Freude an schönen Kleidern, an Wohlgerüchen und wohllautenden Tönen und die Befriedigung der Schaulust. Von den Speisen ist die süßeste der Honig, und dieser ist die Ausscheidung der Biene, eines kleinen, unscheinbaren Tieres. Die Getränke – der Grundbestand von allen ist Wasser, ein Stoff, der überall da ist. Die Liebe zu den Frauen, sie ist nicht die Sehnsucht nach dem, was an dem Weibe schön ist, sondern nach dem, was an ihm häßlich ist. Von den Kleidern sind die schönsten die aus Seide, und Seide ist das Gespinst eines armseligen Wurmes. Und was ist Moschus, der lieblichste der Wohlgerüche? Doch nur der Saft aus der Drüse eines Bockes. Die Laute, die wir vernehmen, sind nichts denn Schwingungen der Luft. Was unsere Schaulust endlich erregt, das sind wechselnde Bilder ohne Dauer und Bestand.

Ein Weiser sagte: Ich wundere mich über die, die die menschlichen Ausscheidungen sehen und noch Stolz hegen können. Denn der Anblick dieser Dinge und der Gedanke an sie muß den Menschen demütigen.

Ein Weiser wurde gefragt: Wodurch bist du Gebieter deines Geschlechts geworden? Er antwortete: Weil ich keinem Menschen begegnet bin, der nicht Vorzüge vor mir hätte. War einer weiser als ich, so sagte ich mir: er wird mich wohl auch an Gottesfurcht übertreffen. War einer weniger weise als ich, so sagte ich mir: von ihm wird am Tage des Gerichtes weniger verlangt werden; denn wenn ich fehle, so fehle ich wissentlich, er aber fehlt, ohne es zu wissen. Begegnete ich einem, der älter war als ich, so sagte ich: seine Verdienste sind größer als die deinigen. War einer jünger, so sagte ich: seiner Sünden sind weniger denn deiner. War er mit mir gleichen Alters, so sagte ich: sein Herz ist wohl besser als das deinige. War einer reicher, so sagte ich: er kann viel Gutes tun. War einer ärmer, so sagte ich: er ist der wahrhaft Demütige.

Ein Mann, der die Weisheit liebte, kam zu einem Einsiedler und bat, daß er ihn aufnehme und ihn gleichfalls zu einem Heiligen mache. Da sprach der Einsiedler: Gesegnet seist du, mein Sohn, denn dein Vorhaben ist löblich; allein sage mir, bist du auch zur Genüge gleichmütig? Der Bittende sprach: Herr, erkläre mir deine Worte. Da fragte der Einsiedler: Wenn du zwei Menschen gegenüberstehst, von denen der eine dich ehrt, der andre dich beschimpft, sind sie dir beide gleich wert? Der Jünger entgegnete: Bei deiner Seele, mein Herr, ich empfinde Freude beim Lob und Schmerz bei der Schmähung; ich trage aber dem Schmähenden nichts nach. Darauf sagte der Einsiedler: Zieh also in Frieden von dannen, mein Sohn. Denn solange du einen Schimpf als solchen empfindest, bist du nicht reif für die höchsten Dinge und kannst nicht in der Einöde leben. Kehre zurück zu den Menschen und beuge deinen Sinn, bis du allem, was dir zustößt, mit gleicher Milde begegnen kannst; dann darfst du die Einsamkeit wählen.

Ein weiser Mann befand sich in einem fremden Lande, als seine Bewohner gerade in großer Bedrängnis waren. Er aber tat das Seinige und schien sich um die Leiden der Bürger nicht zu kümmern. Da sprachen die Leute zu ihm: Betrübt dich nicht unsre Not? Er antwortete: Ich bewahre die Ruhe. Die Leute fragten: Wie kannst du gleichgültig sein? Der Fremdling erwiderte: Was ich im Traume geschaut habe, betrübt mich nicht, wenn ich erwacht bin. Daher erschüttert

mich nichts, was hienieden geschieht, denn beim Lichte des Verstandes gesehen sind alle Dinge des Diesseits nichts denn Traumbilder.
Ein mildtätiger Mann ward zu seinem König beschieden, und da fragte ihn dieser: Sage mir, worin deine Verdienste bestehen. Darauf erwiderte der Bürger: Mögen andre mein Lob singen. Der König sprach: Ich befehle dir, mir Rede zu stehn. Da sagte der Mann: Es kam niemals vor, daß ich, wenn jemand bei mir saß, den Fuß vorgestreckt hätte. Der König fragte: Warum das? Der Mann erwiderte: Damit der nicht denke, daß ich ihm irgendwie überlegen bin.
Es gab einst einen König, der ein jähzorniges Gemüt hatte und jedem, der seinen Hof ohne Erlaubnis betrat, die Schenkel abhauen ließ. Eines Tages kam ein Mann in das Schloß, der keine Befugnis dazu hatte. Da befahl der König, dem Eindringling die Schenkel abzuhacken. Aber da fuhr der Fremde auf und rief: Du Bösewicht, der du Unschuldige verstümmelst, du dünkst dich höher als die andern Menschen und willst ein König geheißen werden? Bist du nicht wie wir alle in unschöner Weise gezeugt und geboren worden? Wie nimmst du dir heraus, andre zu Krüppeln zu machen? Diese mutige Rede bewirkte, daß das Königs Hochmut gebrochen wurde und er von seiner bösen Gepflogenheit ließ.
Ein Höker sah einst eine Königstochter aus dem Bade gehen. Er seufzte und sprach: Wäre diese doch meinesgleichen, daß ich meinen Willen an ihr tun könnte! Darauf erwiderte die Prinzessin: Auf dem Totenacker wird dies geschehen, nicht hier. Da freute sich der Mann, als er dieses hörte, denn er glaubte, daß er nur auf den Friedhof zu gehen brauche, und sein Verlagen werde gestillt. Die Prinzessin aber hatte es anders gemeint. Sie hatte mit ihren Worten sagen wollen, daß auf dem Gottesacker der Geringe und der Hochmögende, der Knabe und der Greis, der Verachtete und der Angesehene alle einander gleich seien.
Ein Weiser kam zu einem König, gerade als dieser von heftigem Zorn erregt war. Er sprach zu dem Fürsten: Ich sehe, daß meines Herrn Gemüt bewegt ist, so will ich nur ein Wort vorbringen. Der König sagte: Sprich. Da sprach der Weise: Nun

ist mir offenbar, warum Gott die Welt in sechs Tagen erschaffen hat, wo er sie doch in einem Augenblick hätte entstehen lassen können. Er wollte damit jedem Herrschenden ans Herz legen, daß, wenn er auch jeder seiner Regungen gleich nachgeben darf, er dennoch lieber warten soll.
Diese Worte fanden das Wohlgefallen des Fürsten, und er entließ den Weisen in Frieden.
In eine Stadt, in der ein König wohnte, kamen einstmals fremde Männer, und da bat der König sie, bei ihm zu speisen. Als sie aber bei Tische saßen, bemerkte der König, daß in dem Brot, das der eine Gast aß, sich ein Haar befand. Er sprach zu ihm: Du fremder Mann, wirf das Brot weg, ein Haar ist darin. Da erzürnte der Angeredete über den Fürsten und sprach zu ihm: So genau betrachtest du also die Speisen, daß du von dieser Entfernung aus ein Haar bemerkst. Du Mißgünstiger! Gottes Segen sei nicht mit deinen Gästen! Und er verließ voll Unmut den Raum, und der König verblieb beschämt und betroffen zurück.
Ein Mann besuchte einen andern, der krank war und im Bette lag. Er ließ sich von dem Siechen das Leiden beschreiben und sagte darauf: An dieser Krankheit ist mein Vater gestorben. Diese Worte taten dem Bettlägerigen weh. Der Gast aber sagte gleich darauf: Ich will zu Gott beten, daß er dich heile. Darauf antwortete der Kranke: Füge deinem Gebet die Bitte zu, daß ich keinen hartherzigen Menschen mehr zu Gesicht bekomme.

Ü: M. J. Ben Gorion

Das Hohelied Salomos

Das 1. Kapitel

1. Er küsse mich mit dem Kusse seines Mundes; denn deine Liebe ist lieblicher als Wein.
2. Es riechen deine Salben köstlich; dein Name ist eine ausgeschüttete Salbe, darum lieben dich die Jungfrauen.

3. Zieh mich dir nach, so laufen wir. Der König führte mich in seine Kammern. Wir freuen uns und sind fröhlich über dir; wir gedenken an deine Liebe mehr denn an den Wein. Die Frommen lieben dich.
4. Ich bin schwarz, aber gar lieblich, ihr Töchter Jerusalems, wie die Hütten Kedars, wie die Teppiche Salomos.
5. Sehet mich nicht an, daß ich so schwarz bin; denn die Sonne hat mich so verbrannt. Meiner Mutter Kinder zürnten mit mir. Sie haben mich zur Hüterin der Weinberge gesetzt; aber meinen eigenen Weinberg habe ich nicht behütet.
6. Sage mir an, du, den meine Seele liebt, wo du weidest, wo du ruhest im Mittage, daß ich nicht hin und her gehen müsse bei den Herden deiner Gesellen.
7. Weißt du es nicht, du schönste unter den Weibern, so gehe hinaus auf die Fußtapfen der Schafe und weide deine Zicklein bei den Hirtenhäusern.
8. Ich vergleiche dich, meine Freundin, meinem Gespann an den Wagen Pharaos.
9. Deine Backen stehen lieblich in den Kettchen und dein Hals in den Schnüren.
10. Wir wollen dir goldene Kettchen machen mit silbernen Pünktlein.
11. Da der König sich herwandte, gab meine Narde ihren Geruch.
12. Mein Freund ist mir ein Büschel Myrrhen, das zwischen meinen Brüsten hanget.
13. Mein Freund ist mir eine Traube von Zyperblumen in den Weingärten zu Engedi.
14. Siehe, meine Freundin, du bist schön; schön bist du, deine Augen sind wie Taubenaugen.
15. Siehe, mein Freund, du bist schön und lieblich. Unser Bett grünt,
16. unsrer Häuser Balken sind Zedern, unser Getäfel Zypressen.

Ü: M. Luther

DAS BESSERE HAT KEIN MASS

Jiddische Spruchweisheiten I

Der Mantel ist alt – nur die Löcher sind neu.

Ein alter Scherben überlebt manch neuen Topf.

Wer alles wissen will, wird schnell alt.

Wenn der Schuh paßt, trag ihn.

Des Armen Klugheit erschlagen die Sorgen.

Wenn man lange genug lebt, erlebt man alles.

Der Wind verfliegt und das Treibholz bleibt.

Ein Mensch kann mehr ertragen, als zehn Ochsen ziehen können.

Findest einmal die Regel du, kommt die Ausnahme von selbst dazu.

Zehn Ausreden überzeugen weniger als eine.

Das bitterste Unglück läßt sich hinter einem Lächeln verbergen.

Äußeres Kleid verdeckt inneres Leid.

Begrüßt wird man nach Kleidung, verabschiedet nach Klugheit.

Von guten Wünschen wird man nicht reich.

Manche Dinge sind da und sind schlecht, aber sind sie fort, ist's auch nicht recht.

Wenn man Gott immer nur für das Gute danken sollte, bliebe gar keine Zeit mehr, sich über das Schlechte zu beklagen.

Charme ist die Seele der Schönheit.

Stiehl und raube, wenn du mußt; aber bleibe ehrlich.

Wer einen Dieb küßt, soll seine Zähne zählen.

Eine Hochzeit ist wie eine Beerdigung, nur mit Musik.

Der Tod eines alten Junggesellen ist der Trost alter Jungfern.

Wenn man heiratet, macht man sich einen Knoten in die Zunge, den man später nicht mal mit den Zähnen aufbekommt.

Leicht gemacht ist schwer durchdacht.

Der Unterschied zwischen einem Weisen und einem Narren beträgt mehrere Minuten.

Ernährt der Vater den Sohn, lachen beide, ernährt der Sohn den Vater, weinen beide.

Bevor man an Hunger stirbt, ist es schon besser, etwas Gebratenes zu essen.

Die beste von all den leckeren Milchspeisen ist ein Stück Fleisch.

Wenn die faulen Mädchen zu tanzen anfangen, gehen die Musiker pinkeln.

Hat man nichts zu tun, ist selbst Kacken eine Arbeit.

Kein Feind ist umsonst, man bezahlt für ihn.

Wer da stellt Fragen, wird nicht geschlagen.

Wonach man nicht greift, das hat man nicht.

Gott, sende uns die Erlösung, für das Übel sorgen wir schon selbst.

Was lecken kann, kann auch beißen.

Mit Geld ist es nicht so gut, wie es ohne schlecht ist.

Wenn man etwas einbringt, kann man sich auch etwas herausnehmen.

Hauptsache gesund – das Leben kann man sich immer noch nehmen.

Ist das Herz fröhlich, sind die Füße tanzbereit.

„Wechsle den Ort und wechsle das Glück" – mal wird's besser, mal Mißgeschick.

Ohne Glück geht gar nichts.

Selbst zum Unglück muß man Glück haben.

Wann freut sich Gott? Wenn ein Armer einen Schatz findet und ihn zurückgibt.

Wer es mit jedem gut meint, ist schlecht zu allen.

Verbittert Herz redet viel.

Von der Gestaltung des Kindes

Seder Jezirat Havlad

Welche Weise hat die Gestaltung des Kindes? Sprach Rabbi Jochanan: Was heißt es, wenn geschrieben ist (Hiob 5,9): „Er tut Großes unausforschlich, / Wundersames gar ohne Zahl"? Das ist das Große und das Wundersame, das der Heilige, gesegnet sei Er, an der Gestaltung des Kindes tut.

Denn in der Stunde, da der Mann seinem Weibe naht, ruft der Heilige, gesegnet sei Er, den Dienenden Boten, der da Verweser ist über die Schwangerschaft, und spricht zu ihm: Wisse, daß jener heute Nacht die Gestaltung eines Kindes bewirkt; du nun, geh und wahre den Keim.

Der tut also, nimmt den Keim, bringt ihn vor den Heiligen, gesegnet sei Er, und spricht vor ihm: Herr der Welt, ich habe getan, ganz wie du mirs geboten hast; dieser Keim aber, was sei mit ihm? Beschließe über ihn, wie es dein Wille ist. – Sogleich beschließt der Heilige, gesegnet sei Er, über ihn, ob es ein Held werden soll oder ein Schwacher, ein Langer oder ein Zwerg, ein Männliches oder ein Weibliches, ein Narr oder ein Weiser, ein Reicher oder ein Armer; aber ein Gerechter oder ein Frevler – das beschließt er nicht; denn wir sagen: „Alles ist in der Hand des Himmels, außer der Fürchtung des Himmels."

Sogleich winkt der Heilige, gesegnet sei Er, den Boten heran, der Verweser ist über die Seelen, und spricht zu ihm: Bring mir jene Seele da. Denn so und so tut man zur Erschaffung der Wesen vom Tag an, da die Welt erschaffen ward, bis daß die Welt aufhört.

Sofort kommt sie vor den Heiligen, gesegnet sei Er, und verneigt sich vor ihm. Zu dieser Stunde spricht zu ihr, der Heilige, gesegnet sei Er: Geh ein in jenen Keim. – Sogleich öffnet die Seele ihren Mund und spricht zu Ihm: Herr der Welt, genug ists mir an der Welt, in der ich war vom Tag an, da ich erschaffen ward; wenn es dein Wille ist, laß mich nicht eingehn in diesen verweslichen Keim, denn heilig bin ich und rein.

Spricht zu ihr der Heilige, gesegnet sei Er: Die Welt, in die ich dich eingehen lasse, sie ist besser als die Welt, wo du warst; und als ich dich gestaltet habe – für diesen Keim habe ich dich gestaltet.
Sogleich läßt sie der Heilige, gesegnet sei Er, eine Gezwungene, eingehen in jenen Keim. Und der Bote kehrt um und läßt die Seele ins Eingeweid der Mutter einkehren. Dorthin lädt er zwei Boten ein, die das Wesen bewahren, daß es nicht falle. Und über sein Haupt gibt man ein entzündetes Licht, wie gesagt ist (Hiob 29,3): „Als seine Leuchte über meinem Haupte strahlte", und es schaut und sieht vom Anbeginn der Welt bis an ihr Ende.
Und am Morgen nimmt es der Bote und führt es in den Garten Eden und läßt es die Bewährten sehn, die in Herrlichkeit wohnen, und sagt zu ihm: Weißt du, wessen diese Seele war? Sagt es zu ihm: Nein. Sagt er zu ihm: Jener, den du in solcher Herrlichkeit und auf solcher Stufe siehst, ward gleich dir im Eingeweid seiner Mutter gestaltet; und so der da und der; sie wahrten die Gesetze und die Rechte des Heiligen, gesegnet sei Er. Wirst du es tun ihnen gleich, dann wirst du nach deinem Tode, wie ja auch jene starben, dieser Stufe gewürdigt werden und dieser Herrlichkeit, wie du sie siehst. Wenn aber nicht, dann ist dein Ende, hinzugehn nach dem Orte, den ich dich sehen lassen werde.
Und am Abend führt er es zur Stätte der Verdammnis und läßt es die Frevler sehen, die die Boten des Verderbens verwirren und mit feurigen Ruten streichen und schlagen, daß sie schreien: Ach und weh!, aber keiner erbarmt sich ihrer. Und wieder sagt zu ihm der Bote:
Mein Sohn, weißt du, wer sie sind, diese Verbrennenden? Sagt es zu ihm: Nein. Sagt er zu ihm: Wisse, auch jene wurden aus einem verweslichen Keim im Eingeweid ihrer Mutter gestaltet, aber Zeugnis und Gesetz des Heiligen, gesegnet sei Er, wahrten sie nicht; darum kamen sie in diese Schmach. Und nun mein Kind, wisse, daß dein Ende ist, auszugehn von deinem Orte und zu sterben. Darum: werde kein Frevler, sondern werde ein Bewährter, dann wirst du immerdar leben.

Und er wandert mit ihm vom Morgen bis zum Abend und läßt es jeden Ort sehn, den seine Fußsohle betreten wird, und den Ort, in dem es einst wohnen wird, und den Ort, in dem es einst begraben sein wird. Und hernach läßt er es die Welt der Guten und der Bösen sehn.
Am Abend bringt er es ins Eingeweid seiner Mutter zurück. So liegt das Kind im Eingeweid seiner Mutter neun Monate; die ersten drei Monate wohnt es in der unteren Wohnung, die drei mittleren in der mittleren Wohnung, die drei letzten in der oberen Wohnung; es ißt von allem, was seine Mutter ißt, und trinkt von dem, was seine Mutter trinkt; Unrat aber entleert es nicht, denn sonst müßte seine Mutter sterben.
Ist nun seine Zeit erreicht, hervorzugehn, kommt jener Bote und sagt zu ihm: Geh hervor, denn erreicht ist deine Zeit, hervorzugehn in die Welt. Es aber antwortet ihm: Hab ich nicht schon vor dem, der da sprach und die Welt ward, gesagt, daß mir genug ist an der Welt, in der ich gewohnt habe! Sagt zu ihm jener: Die Welt, in die ich dich eintreten lasse, schöner ist sie; und ferner: Ein Gezwungenes wirst du im Eingeweid deiner Mutter gestaltet, ein Gezwungenes wirst du geboren und gehst hervor in die Welt. – Da weint es. Und warum weint es ? Um die Welt, in der es war, daß es sie lassen muß. Und da es hervorgeht, schlägt es der Bote unter die Nase und verlöscht das Licht, das über seinem Haupte war, und läßt es, ein Gezwungenes, hervorgehen; da vergißt es alles, was es gesehen hat.
Und da es hervorgeht, weint es. Und warum? Weil man in jener Stunde sieben Welten an ihm vorüberführt.
Die erste Welt gleicht der eines Königs; alles fragt nach des Kindes Frieden, alles sehnt sich, es zu schauen, man küßt es, man umarmt es – weil es doch im ersten Jahre ist.
Die zweite Welt gleicht der eines Schweines, das immer im Misthaufen steckt – so auch es im zweiten Jahr, es steckt immer in Unrat und Kot.
Die dritte Welt gleicht der eines Böckchens, das auf der Weide hüpft; so auch es – es hüpft dahin und dorthin, bis es fünf Jahre zählt.

Die vierte Welt gleicht der eines Rosses, das stolzen Muts auf der Straße geht; so auch das Kind, es geht stolz daher und rühmt sich seiner Jugend – so wird es achtzehn Jahre.
Die fünfte Welt gleicht der eines Esels, auf dessen Schulter man einen Packsattel gibt; so legt mans ihm auf, man gibt ihm ein Weib, und er zeugt Söhne und Töchter und läuft der Versorgung seiner Kinder und seiner Hausleute nach.
Die sechste Welt gleicht der eines Hundes, da er seiner Versorgung nachlaufen muß: frech schnappt er dahin und dorthin nach seiner Ernährung und stibitzt bei dem und rafft bei jenem und schämt sich nicht.
Die siebente Welt gleicht dem Unding; denn er hat sich gänzlich verändert, auch seine Hausleute fluchen ihm und wünschen ihm den Tod, ja auch die Kinder lachen ihn aus.
Am Ende ist seine Zeit zu sterben erreicht. Da kommt der Bote wieder zu ihm und sagt zu ihm: Kennst du mich?
Und er sagt: Ja. Und sagt: Und warum bist du heute zu mir gekommen?
Sagt er zu ihm: Um dich wegzuführen aus der Welt.
Da weint er und läßt seine Stimme hören vom Anfang der Welt bis an ihr Ende, aber kein Geschöpf vermag seine Stimme zu hören. Und zum Boten sagt er: Hast du mich nicht aus zwei Welten weggeführt und mich in die Welt getan, in der ich wohne?
Sagt der Bote zu ihm: Ich aber habe dir längst schon gesagt, daß, „ein Gezwungener, daß du gestaltet und geboren wurdest und daß du sterben mußt und einst du Gericht und Rechenschaft abgeben mußt vor dem Könige der Könige, dem Heiligen, gesegnet sei Er".

aus: Jellinek Betha-Midrasch

Heute

Rabbi Elieser sagt: Tu Umkehr einen Tag vor deinem Tode.
Fragten ihn seine Jünger: Weiß denn der Mensch, welchen Tag er sterben wird?

Sprach er zu ihnen: Ebendarum kehre er heutigen Tages um, vielleicht muß er morgen sterben, und so wird gefunden, daß all seine Tage in Umkehr sind.

aus: Talmud

VOM HIRTEN, DER NICHT BETEN KONNTE

Juda Hechassid (12./13. *Jh.*)

Erzählung von einem Manne, der ein Viehhirt war und der nicht zu beten wußte. Jeden Tag aber pflegte er zu sprechen: Herr der Welt! Offen und kund ists vor dir, daß wenn du Vieh hättest und du es mir zum Hüten gäbest – für alle hüte ich um Lohn –, für dich würde ichs umsonst tun, denn ich liebe dich.

Einst ging ein Gelehrter seines Wegs und traf den Hirten, der also betete. Sprach er zu ihm: Narr, bete nicht also. Sprach der Hirte zu ihm: Wie denn soll ich beten? Sogleich lehrte ihn der Fromme die Ordnung der Segenssprüche, das „Höre Israel..." und das Gebet, damit er nicht ferner spreche, was er zu sprechen gewohnt war.

Nachdem der Fromme fortgegangen war, vergaß jener alles, was er ihn gelehrt hatte, und betete nicht; auch was er zu sprechen gewohnt war, fürchtete er sich zu sprechen, da jener es ihm verwehrt hatte.

Dem Gelehrten aber erschien im Traume der Nacht, daß man zu ihm sprach: Wenn du nicht sagst, daß er sprechen solle, was er zu sprechen gewohnt war, bevor du zu ihm gekommen bist, und wenn du nicht hingehst, dann wisse, daß Böses dich treffen wird, denn geraubt hast du mir einen von der Kommenden Welt.

Sogleich ging er hin und sprach zu ihm: Was betest du? Sprach er zu ihm: Nichts, denn vergessen habe ich, was du mich gelehrt hast, und verboten hast du mir zu sprechen: „Wenn Du Vieh hättest..."

Da erzählte ihm der Gelehrte seinen Traum und sagte: Sprich, was du zu sprechen gewohnt warst.

Sieh, hier gibts weder „Thora" noch „Werke", nur dies, daß einer gedacht hat, das Gute zu tun, und es ward ihm gelohnt wie ein großes Ding. Denn: „Der Barmherzige will das Herz." Darum denke der Mensch gute Gedanken zum Heiligen hin, gesegnet sei Er.

aus: Sefer Chassidim

GLEICHNISSE

Des Menschen Leben in dieser Welt gleicht dem Aufenthalt eines Kaufmanns in einem fremden Lande, der gereist ist, um Waren einzukaufen, der sich aber beeilen muß, da sein Schiff jeden Tag abgehen kann. Ist er träge, so kauft er nichts und sagt gemächlich: Was heute nicht getan worden ist, kann morgen getan werden. Fährt das Schiff aber plötzlich ab, so ist er gezwungen, es wider Willen zu besteigen, auch wenn er das Nötige noch nicht besorgt hat. Wie sieht aber sein Gesicht aus, wenn er mit den andern Kaufleuten zurückfährt und nichts bei sich führt? Kein Zweifel, daß sein Aussehen finster ist. Und die Genossen sprechen zu ihm: Oh, wärest du lieber gar nicht gereist! Was hast du erworben, und was bringst du mit? Und er ist außerstande, ihnen zu antworten. So auch der Mensch in dieser Welt...
Hier die Geschichte von einem König, der zu seinen Dienern sprach, indem er auf ein Stück Land hinwies: Seht ihr diesen Acker? Seid fleißig und bebaut ihn und laßt in ihm nutzbringende Pflanzen aufwachsen. Und die Diener betraten den Acker, und jeder befleißigte sich der Arbeit und pflanzte, was er für nützlich hielt. Am Abend kam der König, um ihnen ihren Lohn auszuzahlen, und fragte den ersten Arbeiter: Was hast du gepflanzt? Der Mann antwortete: Ich habe einen Apfelbaum gepflanzt. Da sagt der König: Nun wohl, du erhältst als Lohn einen Dinar. Darauf fragte der König einen andern Diener: Und du, was hast du gebaut? Der Mann erwiderte: Ich habe Pfeffer gebaut. Da sagte der König: Du hast fünf Dinare zu erhalten. Darauf fragte er einen dritten,

was er gepflanzt hätte, und der Mann gab zur Antwort: Ich habe eine Malve gesät und außerdem Petersilie und Rüben gesteckt. Da sagte der König: Dein Lohn macht dreißig Silberstücke aus, nicht mehr. Er fragte einen vierten: Und du, was hast du gepflanzt? Der Mann antwortete: Ich habe eine Dattel gepflanzt. Da sagte der König: Du hast von mir einen halben Dinar zu erhalten. Einem, der einen Mandelbaum gepflanzt hatte, sagte der König: Auch du erhältst den nämlichen Betrag. Ein Arbeiter hatte Rettiche gesteckt, und zu diesem sprach der König: Du hast fünf Silberstücke verdient. Da sagten die Arbeiter, die die kleinen Gewächse angebaut hatten: O König, du hattest unsern Lohn im voraus bestimmt, wir aber kannten ihn nicht, als wir an die Arbeit gingen. Wüßten wir, daß die einzelnen Pflanzenarten verschieden bezahlt werden, wir steckten gleichfalls Großes in die Erde und erlangten höheren Lohn, anstatt unsern Tag für geringes Entgelt zu verschwenden. Darauf sagte der König: Hätte ich euch den Lohn genannt, der für das Pflanzen eines jeden Baumes bestimmt war, ihr hättet die Gewächse, für die der Lohn niedrig ist, außer acht gelassen und nur das gebaut, wofür man hohe Bezahlung erhält. Mein Garten aber bliebe dann unvollständig. Deshalb zog ich es vor, euch den Lohn nicht zu verraten, damit mein Garten alle nutzbringenden Pflanzen enthalte.

Eine Schar von augenkranken Männern fand Aufnahme in einem Heim, in dem alles zu ihrem Wohl Nötige beisammen war. Auch ein Arzt war zur Stelle, und der ordnete alles an, was die Kranken zur Heilung ihrer Augen tun sollten. Allein die Blinden wendeten die Arzneien nicht an und befolgten die Vorschriften des Heilkünstlers nicht; was sie trieben, war im Gegenteil dazu angetan, ihr Leiden noch zu verschlimmern. So gingen sie im Hause umher und stolperten über die Gegenstände, die zu ihrer Heilung aufgestellt waren; der eine fiel und schlug sich wund, der andre brach eins seiner Gliedmaßen. In ihrem Unverstand zürnten sie dem Wirt und Erbauer des Hauses und glaubten, daß er mit ihnen Böses vorhabe. Ihr starrer Blick ließ sie seine Barmherzigkeit und Güte nicht sehen.

An der Küste des Zweistromlandes lebt ein Vogel, der Koreh genannt wird und der viele Eier legt. Diesen Vogel übermannt des öftern die Furcht um seine Brut, und er tut seine Eier in die Nester andrer Vögel, je ein Ei in ein Nest. Die Eier werden zusammen mit den andern von den Besitzern der Nester ausgebrütet. Wenn nun die Zeit kommt, daß die Küchlein die Schale sprengen, fliegt der Vogel, der seine Eier verstreut hat, zu nächtlicher Stunde an jenes Nest, in dem er sein Junges weiß, und schreit mit seiner Stimme. Die Küchlein aber, die von ihm sind, erkennen die Stimme als die ihrer Gattung und fliegen aus dem Nest und sammeln sich um ihre Mutter. Die andern Küchlein aber, die nicht dieses Vogels Brut sind, hören den Ruf nicht und werden von ihm nicht geweckt.
So auch die Propheten, Friede mit ihnen. Sie rufen die Menschen und reden auf sie ein. Allein nur die vernehmen die Stimme, die mit ihnen geistesverwandt sind und ihre Sprache verstehen. Die aber nicht von ihrer Art sind, wenden ihnen den Nacken.

Ü: M. J. Ben Gorion

Die beste Lüge ist die Wahrheit

Jiddische Spruchweisheiten II

Das Herz ist ein halber Prophet.

Jedes Kind bringt sein eigenes Glück mit.

Was sich einer denkt beim Hören, läßt sich von keiner Wahrheit stören.

Ist man Kummer gewöhnt, kann man in Frieden mit ihm leben.

Einstmals dachte ich bei mir, bei anderen sei's fröhlicher als hier, doch kam ich näher an die Tür, war'n sie noch übler dran als wir.

Jüdische Buchmalerei, *Thoraschule*, 14. Jh.

Mag es auch schlimmer kommen – Hauptsache, es ist anders.

Wenn man anfängt, über den Tod nachzudenken, ist man seines Lebens nicht mehr sicher.

Die Seele kann man nicht ausspucken.

Bis siebzig hat man alle Weisheiten gelernt, und dann geht man hin und fällt tot um.

Was der Mensch sich selbst antut, können ihm zehn Feinde nicht wünschen.

Wenn einer zu dir sagt, du hast Ohren wie ein Esel –
kümmere dich nicht darum; sagen es zwei –
kauf dir 'nen Sattel.

Ist die Tür offen, muß man nicht durchs Fenster kriechen.

Lieber gar nichts machen, als etwas aus gar nichts machen.

Halunken geht's gut in dieser Welt, Heiligen in der nächsten.

Wer alles wissen will, altert rasch.

Wo wir nicht sind, ist es stets am schönsten.

Wohin die Winde uns treiben, dort müssen wir auch bleiben.

Besser mit einer Frau reden und an Gott denken, als mit Gott reden und an eine Frau denken.

Die Zunge ist die Schreibfeder des Herzens.

Wer zu schlau ist, überlistet sich selbst.

Der Mensch täuscht sich am liebsten selbst.

Alles endet mit Weinen.

Wo zuviel ist – fehlt etwas.

Der Berg kann nicht zum Berge kommen, aber der Mensch zum Menschen.

Für einen tauben Priester läutet man nicht zweimal.

Wer dem Wind nachjagt, fängt einen Teufel.

Wenn drei sagen „verrückt", sollte der Vierte sagen:„bim bam".

Wenn du auf eine Leiter steigst, zähle die Sprossen.

Wer die Wahl hat, darf nicht erschrecken.

Ein guter Wille ist die beste Tat.

Ein Mensch ist wie ein Schatten, der vorüberzieht.

Wenn man sich jemand mieten könnte, der für einen stirbt, hätten die Armen ein schönes Leben.

Die drei guten Ratschläge

Drei Brüder begaben sich einst nach Jerusalem zum König Salomo, um von ihm Weisheit zu lernen. Der König sprach zu ihnen: Bleibt hier und seid um mich; ich will euch zu weisen Männern machen. Und er gab ihnen hohe Ämter an seinem Hofe. Also verblieben die Brüder in der Königsstadt dreizehn Jahre. Eines Tages sprachen sie zueinander: Was treiben wir hier? Wir haben unsre Häuser verlassen und sind hierhergekommen, um Weisheit zu gewinnen. Wir haben aber nur dem König all die Jahre gedient und für uns nichts errungen. Wir wollen Urlaub nehmen und in unsre Heimat zurückkehren. Und sie traten vor den König und sprachen zu ihm: Herr, es sind dreizehn Jahre her, daß wir uns von den Unsrigen getrennt haben; verstatte uns, heimzukehren und sie wiederzusehen. Da ließ Salomo seinen Schatzmeister dreihundert Goldstücke bringen und sagte zu den Brüdern: Wählt eines von beiden: ein jeder bekommt hundert Goldstücke, oder er lernt von mir drei wertvolle Lebensregeln. Die Brüder kamen dahin überein, lieber das Gold zu nehmen und nach Hause zu reisen. Als sie sich vier Meilen von Jerusalem entfernt hatten, sprach der jüngste von ihnen: Was haben wir getan? Waren wir denn zu Salomo gekommen, um reich zu werden? Wollt ihr auf meinen Rat hören, so geben wir dem König das Geld zurück und lassen uns von ihm unterrichten. Die zwei Brüder antworteten aber: Willst du die Goldstücke um drei Sprüche vertauschen, so geh hin und tu es. Wir geben unsern Gewinn für Weisheit nicht her.

Also trat der jüngste Bruder allein den Rückweg an. Er kam vor den König Salomo und sprach zu ihm: Herr, als ich vor dreizehn Jahren nach Jerusalem kam, so geschah es nicht des Goldes, sondern der Weisheit wegen. So nimm denn, ich bitte darum, meine hundert Goldstücke zurück und laß mich die drei Leitsätze von dir empfangen.

Der König willigte darein und begann den Jüngling zu unterweisen. Er sprach zu ihm: Mein Sohn, die erste Lehre lautet: Wenn du eine Reise unternimmst, so sei bestrebt, sie anzutreten, sobald du die Sonne aufgehen siehst; auch rate ich dir an, nicht den Abend abzuwarten, sondern Rast zu machen, solange noch Tag ist. Als zweites empfehle ich dir: Suche nie einen Strom zu überschreiten, wenn Hochwasser ist, sondern warte ab, bis die Überschwemmung vorbei ist. Als dritten Grundsatz endlich merke dir, ein Geheimnis nie einer Frau anzuvertrauen, und wäre sie deine eigene Ehegefährtin.

Nachdem der Jüngling die drei Regeln vernommen hatte, bestieg er sein Roß und ritt seinen Brüdern nach. Er ereilte die beiden, und sie fragten ihn: Was hast du Nützliches vom König zu hören bekommen? Er antwortete: Was ich gelehrt worden bin, das behalte ich für mich. Also wanderten sie gemeinsam. Wie einige Stunden vergangen waren, langten sie an einem Orte an, der schön zum Ruhen war. Da sprach der jüngste: Hier könnten wir gut Rast machen; hier finden wir Wasser und Bäume und einen Weideplatz für unsere Tiere. Wollen wir hier übernachten und morgen, sobald Tag ist, weiterwandern, wenn uns Gott das Leben läßt. Die Brüder antworteten darauf: Du bist töricht. Als du das Gold dem Könige zurücktrugst, um dafür Weisheit zu holen, da erkannten wir, daß du einer ohne Verstand bist. Wir können jetzt noch einige Meilen zurücklegen, und du rätst uns, hier über Nacht zu bleiben. Der Jüngling sagte: Tut nach eurem Willen; ich für mein Teil breche jetzt nicht auf.

Also zogen die zwei ältesten Brüder weiter, und der jüngste stieg vom Pferde herunter. Er hieb einige Bäume ab, legte ein Feuer an und überdachte den Platz, auf dem er mit seinem Pferde lagern wollte. Er ließ das Tier, solange es hell war, im Grase weiden. Des Abends gab er ihm Hafer zu fressen, nahm selbst sein Mahl ein und schlief wohlgemut ein.

Seine Brüder waren inzwischen weitergeritten, aber es wurde Abend, und sie konnten keine Weide für ihre Pferde finden; auch sahen sie keine Bäume und hatten kein Holz, um Feuer zu machen. In der Nacht fiel dichter Schnee vom Himmel, und die zwei Männer erstarrten vor Kälte. Dem Jüngling aber war in seiner geschützten Lage nichts zugestoßen. Als es Morgen wurde, machte er sich auf und ritt in der Richtung, in der seine Brüder ihm gestern entschwunden waren. Da fand er sie beide tot auf dem Wege liegen. Er brach in lautes Weinen aus, bestattete die Umgekommenen auf dem Felde, nahm die zurückgelassene Habe mit sich und ritt weiter. Bald kam er an einen Fluß, den er zu überschreiten hatte. Die Morgensonne hatte aber den nächtlichen Schnee zum Schmelzen gebracht, und so war der Bach aus den Ufern getreten. Der Jüngling stieg von seinem Rosse und wollte warten, bis das Wasser gefallen wäre. Als er so dastand, kamen zwei Diener des Königs mit Kamelen, die mit Gold beladen waren, und wollten den Fluß hinüberfahren. Sie fragten ihn: Magst du nicht mit uns hinüber? Er antwortete: Das Wasser ist zu hoch, um eine Fahrt zu wagen. Die Knechte achteten der Warnung nicht und wateten durch den Strom. Als sie aber bis zur Mitte kamen, wurden sie von der Strömung erfaßt und ertranken. Der Jüngling wartete, bis Ebbe eingetreten war, überschritt den Bach und hob das Gold der ertrunkenen Knechte auf. Er zog davon und langte wohlbehalten in seinem Hause an.

Als die Frauen der zwei älteren Brüder den jüngsten allein ankommen sahen, fragten sie ihn nach ihren Männern. Er antwortete: Sie sind in Jerusalem geblieben. Und der Heimgekehrte kaufte Felder und Weinberge, baute einen Palast und schaffte sich viel Vieh an. Seine Ehefrau fragte ihn: Mein Herr, sage mir, wie bist du zu diesem Reichtum gekommen? Darüber geriet er in heftigen Zorn und antwortete: Du hast mich darum nicht zu fragen. Das Weib aber bedrängte ihn so lange, bis er ihr alles gestand. Als es darauf einmal zu Streitigkeiten zwischen ihnen kam und er sie tätlich angriff, schrie sie laut und rief: Nicht genug, daß du deine zwei Brüder getötet hast, willst du auch mich umbringen.

Da nun die zwei Schwägerinnen dieses vernahmen, machten sie sich nach Jerusalem auf und verklagten den Bruder ihrer Männer vor dem König. Salomo befahl, den Missetäter zu köpfen. Als der junge Mann hingerichtet werden sollte, bat er sich aus, ein Wort dem König sagen zu dürfen. Er wurde vor Salomo gebracht, fiel auf sein Angesicht vor ihm und sprach: Mein Herr, ich bin einer von den drei Brüdern, die dir dreizehn Jahre gedient haben. Ich bin der jüngste, der dir beim Abschied die Goldstücke zurückgegeben hat, um deiner Weisheit teilhaftig zu werden. Die Lehren, die du mir gegeben hast, haben mich fürwahr beschützt. Und er erzählte alles, wie es sich zugetragen hatte. Da erkannte der König den Jüngling und sah, daß er die Wahrheit gesprochen hatte. Er sagte: Fürchte dich nicht. Deine Weisheit ist es, die dich deine Brüder hat überleben lassen. Du hast sie und meine unbedachtsamen Knechte mit Recht beerbt. Geh, freue dich deiner Habe!

U: M. J. Ben Gorion

IV. Arabien

Funkelnde Wandelsterne

„Die Zunge ist die Übersetzerin des Herzens.“

Sprichwort

Die Weisheit der Araber hat weniger Spuren in literarischen, religiösen und philosophischen Schriften hinterlassen als die älteren Kulturen Ägyptens, Griechenlands, Chinas oder Indiens. Obwohl die arabische Kultur im Vergleich zu diesen für jung angesehen werden muß, hat sie unser abendländisches Weltbild stärker geprägt und durchdrungen als wir vielleicht meinen. Beduinen und Wüstenbewohner vermittelten jahrhundertelang zwischen Orient und Okzident. Ihre Karawanen brachten die Schätze aus dem Fernen Osten zu den Häfen am Mittelmeer und mit ihnen die Märchen und Geschichten aus Tausendundeiner Nacht.
Erst Mohammed, der um 570 in Mekka – am Kreuzungspunkt der berühmten Weihrauchstraße – geboren wurde, einte die arabischen Völker, indem er ihnen den im Koran festgehaltenen Willen Allahs verkündete. In den nachfolgenden einhundert Jahren eroberte der Islam ein Weltreich, das von Indien bis Spanien, vom arabischen Meerbusen bis nach Südfrankreich reichte. In ihm verschmolzen die Vorstellungen der Juden, Christen, Griechen, Perser und vieler anderer Völker zu einer neuen Kultur.
Neben zahlreichen religiösen und philosophischen Zeugnissen gibt es eine Vielzahl von Fabeln und Legenden, Märchen, Poesien und Sprichwörtern, die – sofern sie aus der vorislamischen Zeit stammen – vom Leben der Beduinen in der freien Wüste berichten. Ihr Ernst, ihre jugendliche Frische und feierliche Gesinnung werden bis heute bei den arabischen Völkern bewundert. Eine Auswahl der schönsten Beispiele in klassischen Übersetzungen ist in diesem kleinen Buch versammelt. Die Bilder erzählen von den Abenteuern

und Streichen des Abû Zaid, beschrieben in den „Makamen des Harîrî", einer berühmten Geschichtensammlung aus dem 11. Jahrhundert.

DER ANFANG DES TANZENS IST DAS TÄNZELN

Sprichwörter I

Der Weise wird nicht satt an schönen Sprüchen.

Ein Buch ist wie ein Garten,
den man in der Tasche trägt.

Die Zunge ist die Übersetzerin des Herzens.

Der Faden sagt, es gehe ihn nichts an,
er folge nur der Nadel.

Wer seiner Einbildung nachgibt, sieht Gespenster.

Wenn es Brot regnen wollte,
würde der Himmel mit Teig bewölkt sein.

Die kleinen Hölzer zünden die großen an.

Vor dem Schweigen geht der Hochmut.

Geschieht nicht, was du willst,
dann wolle, was geschieht.

Mahle das Wasser, und es wird Wasser herauskommen.

Schreite nicht über eine Brücke, bevor du zu ihr kommst.

Niemand verleiht seine Dachrinne in einer Regennacht.

Das Heraufsteigen der Leiter geht nur Stufe um Stufe.

Wer dem Gerede nachgeht, wird müde.

Hundert Nadeln geben noch keine Sichel.

Wenn die Moschee einfällt,
so kommt ihre Gebetsnische zum Vorschein.

Das Trommeln macht sich gut,
wenn man es von ferne hört.

Wenn nur ein Reim auf den andern folgt,
so dichte ohne weitere Sorge.

Jeder verdaut,
wie er sich's kaut.

Wer sich selbst lobt,
wird sich schämen müssen.

Du kannst dich eher vor allen Gefahren
als vor dir selbst bewahren.

Die Geschichte von dem Araberfürsten und seinem Sohne Dijâb

Ein arabisches Märchen

Da war einmal ein Araberfürst, dem gar keine Kinder geboren wurden. Eines Tages ging er hinaus unter freien Himmel und sprach: „Mein Gott, wenn du mir einen Sohn schenkst, werde ich mein Leben lang nie mehr einen Raubzug machen." Nun vergingen einige Monate, da ward seine Gattin guter Hoffnung, und sie brachte einen Knaben zur Welt, der so schön war wie der Mond. Der Fürst nannte seinen Sohn Dijâb und blieb von nun an bei seinem Araberstamme, ohne

fortzuziehen, weder zum Raubzug noch zur Plünderung; er erzog den Knaben, und der Knabe wuchs heran, bis er zwanzig Jahre alt war.
Eines Tages nun – o Herr, der du uns zuhörst! – hub der Sachwalter des Fürsten an und sprach zu ihm: „O Fürst, du hast geschworen, du wollest nie mehr auf Raub ausziehen; aber du kennst ja die Sitten der Araber, daß sie immer Raubzüge machen. Und wenn wir keine Raubzüge unternehmen, so geraten wir in schlechten Ruf bei den Araberstämmen." Darauf erwiderte er: „Tut, was ihr wollt! Zieht hin auf Raub!" Doch der Sachwalter fuhr fort: „Nein, das geht nicht an. Wir müssen den Sohn unseres Fürsten mit uns nehmen." Als nun der Fürst dies hörte, war er außer sich und sprach: „Dieser mein Sohn ist das einzige Kind, das ich habe. Wie kann ich ihn mit euch ziehen lassen?" Da sagte der Sachwalter: „Fürchte nichts! Es geschieht nur wegen der Ehre. Ich werde nicht zulassen, daß dein Sohn mit uns in den Kampf zieht; ich werde auf ihn achten und ihn vom Kampfe fernhalten." Da war der Fürst beruhigt, so daß er seinen Sohn mit ihnen schickte, indem er dem Sachwalter einschärfte, auf ihn zu achten. Der versprach es; und dann ruhten sie jene Nacht hindurch. Am nächsten Morgen – Guten Morgen, ihr Zuhörer! (Auch dir guten Morgen, o Erzähler!) – saßen sie auf und zogen von dannen; immer weiter ritten sie dahin, bis sie von ihrem Stamme etwa drei Tage entfernt waren. Da sprach der Sachwalter zu Dijâb: „Junger Mann!" Jener antwortete ihm: „Was wünschest du, Oheim?" Und der Sachwalter fuhr fort: „Schau, der Größte eines Volkes ist sein Diener." Da sagte Dijâb: „Gut, lieber Oheim! Was gibt es denn für einen Dienst, den ich leisten könnte?" „Siehe", antwortete ihm der Sachwalter, „wir wollen auf Raub ausgehen. Bleib du, bitte hier, und backe Brot und halt es bereit, wenn wir zurückkommen, damit wir es fertig vorfinden." „Das will ich tun", sagte Dijâb, während die anderen weiter ritten. Alsdann – o Herr, der du uns zuhörst! – buk Dijâb einen Brotlaib, der für seine Leute genügte, den versteckte er in der Erde, und darauf bestieg er sein Roß und ritt weiter, sieben Stunden lang. Nun buk er wieder einen Laib und vergrub ihn unter dem Sand in der

Erde; wiederum ritt er sieben Stunden lang weiter, stieg vom Pferde ab, bereitete noch einen Laib und buk ihn fertig. Bald darauf kamen seine Stammesgenossen, die mit ihrem Zuge Erfolg gehabt hatten, und sprachen zu ihm: „O Dijâb, was machst du hier?" Er antwortete ihnen: „Ich wollte euch einholen; aber da ihr nun gekommen seid, habt ihr mich hier getroffen." Darauf sagten sie: „Das ist gut. Wir sind hungrig." „Seht", erwiderte er, „da ist das Brot fertig." Mit diesen Worten gab er ihnen den Laib, und sie aßen ihn. Dann saßen sie wieder auf, und nachdem sie etwa sieben Stunden geritten waren, sprachen sie zu ihm: „O Dijâb, wir haben Hunger." Er rief, „Sofort!", grub an der Stelle, an der er den Brotlaib verborgen hatte, holte ihn heraus und sprach: „Nehmet hin, esset!" Jene waren hoch erfreut über Dijâb, aßen und ritten wiederum sieben Stunden lang weiter. Dann sagten sie zu Dijâb: „Wir haben Hunger, o Dijâb!" „Sofort!", erwiderte er ihnen; als er sich aber umschaute, entdeckte er, daß an der Stelle, an der er den Brotlaib vergraben hatte, Zelte aufgeschlagen waren. Da sagte er zu seinen Arabern: „Gehet nur, verlasset mich! Ich werde euch bald das Brot bringen." Dann machte Dijâb sich auf, ging weiter und setzte sich neben den Zelten nieder, bis es dunkel wurde. Nun schlich er zwischen den Zelten umher, um zu suchen; er schaute um sich und bemerkte, daß an der Stelle, an der sein Brotlaib lag, ein Prunkzelt aufgeschlagen war. In dies Prunkzelt ging er hinein, und da sah er, wie drinnen die Tochter des Fürsten schlief, und der Brotlaib war zufällig gerade unter dem Lager, auf dem die Tochter schlief. Dijâb sagte sich: „Ich möchte wohl das Lager fortziehen und das Brot herausholen." Und er trat näher, faßte das Lager an und begann zu ziehen. Da wachte die Tochter auf und wollte schreien und rufen: „Ein Dieb!" Doch Dijâb sprach zu ihr: „Um Gottes willen, ich bin kein Dieb. Ich bin nur gekommen, um ein Brot zu holen, das ich hier unter deinem Lager vergraben habe." Darauf sagte sie: „Schau her, wenn da ein Brot ist, so will ich dir gestatten, es zu nehmen, und du kannst gehen; wenn sich aber nichts findet, so muß ich meinem Vater sagen, daß er dich tötet." Da grub Dijâb an der Stelle, an der er das Brot verborgen hatte,

und fand es. Als nun die Tochter sah, daß die Worte Dijâbs keine Lüge waren, gab sie ihm noch etwas Butter zu dem Brote und sprach zu ihm: „Auf, geh an deine Arbeit!" Aber dann dachte sie daran, daß ihr Vater Löcher gegraben hatte wegen der Diebe; und so sprach sie zu ihm: „O Dijâb, warte, damit ich dich draußen vor die Zelte geleite!" Und sie faßte ihn bei der Hand, um ihn bis vor die Zelte zu führen. Während sie aber mit ihm dahinschritt, sah sie plötzlich, wie er mitten in eine Grube fiel; darum eilte sie in ihr Zelt, holte einen Strick und kehrte zu Dijâb zurück, um ihn aus der Grube heraufzuziehen. Als sie wieder bei ihm war, ließ sie ihm den Strick hinunter; er faßte das untere Ende des Seiles, während sie ganz langsam zu ziehen begann, bis er auf halber Höhe der Grube ankam. Da stürzte plötzlich etwas Erde unter ihren Füßen ab, und sie fiel mit ihm hinunter. Was sollte sie nun machen? Die beiden blieben in der Grube.
Jetzt wende sich die Erzählung und die Rede zu dem Vater der Jungfrau! Der hatte die Gewohnheit, jeden Tag hinzugehen und die Grube zu besuchen, um zu schauen, ob ein Dieb hineingefallen sei. Doch wie er an jenem Tag dorthin ging, fand er einen Jüngling mit seiner Tochter. Was sollte er nun tun, um nicht ins Gerede zu kommen? Er sprach zu seinen Arabern: „Auf, wir marschieren, ihr Araber!" Sofort brachen die Araber ihre Zelte ab und zogen weiter, etwa zwei Stunden von ihrer Lagerstätte; dann schlugen sie dort die Zelte auf, und als sie sich niedergelassen hatten, ließ der Fürst seinen Sklaven kommen und sprach zu ihm: „Masrûr!" „Jawohl, mein Gebieter!" antwortete jener; und der Fürst fuhr fort: „Du kennst die Stätte, an der wir gelagert haben." „Ja", sagte der Sklave. Darauf sprach der Fürst weiter: „Geh dorthin, und dort wirst du mitten in der Grube meine Tochter mit einem Jüngling finden. Nimm Brennholz mit und verbrenne die beiden!" Der Sklave erwiderte: „Gern! Zu Befehl!" Und der Fürst fügte noch hinzu: „Hüte dich, daß meine Tochter dich dort überlistet! Ich schlage dir sonst den Kopf ab! Du mußt sie verbrennen, und hüte dich, irgend jemandem etwas zu sagen." „Ich gehorche", sagte Masrûr, holte alsbald das Pferd seines Herrn, nahm auch das Schwert seines Herrn und ritt

Arabische Malerei, aus: Kalîla und Dimna, *Der Krähenkönig und seine Räte*, Syrien um 1200-1220

fort, bis er dort ankam. Wie er an die Grube herantrat, fand er in ihr die Tochter des Fürsten mit noch jemandem. Nun sagte Masrûr zu der Tochter des Fürsten: „Dein Vater ist von hier fortgezogen, und er hat mich gesandt, damit ich dich verbrenne und den, der bei dir ist." „Ist dir so wenig an mir gelegen, o Masrûr, sintemalen ich dich doch liebe und du mich liebst seit langer Zeit?" „Jawohl!" „Nein! Hol du mich zuerst herauf, dann wollen wir beide, ich und du, den da verbrennen, und hernach wollen wir zu einem dieser Araberstämme gehen." „Gern", sagte der Sklave, ließ ein Seil, das er bei sich hatte, hinab und zog die Jungfrau herauf. Als sie oben war, sprach sie zu ihm: „Auf, geh, hol du das Brennholz; laß mich es in die Grube tun, damit wir ihn verbrennen!" Darauf begann er Brennholz zu holen und hin und her zu laufen, während sie das Holz in die Grube hineinwarf und zu Dijâb sagte: „Schichte das Holz unter deinen Füßen auf!" Schließlich aber ward Masrûr müde von dem vielen Holzschleppen; da sagte die Tochter des Fürsten zu ihm: „Leg doch deine Waffen ab, dann wird dir leichter!" So legte er denn seine Sachen ab, darunter auch das Schwert, indes sie immer mehr Holz hinabwarf, bis Dijâb heraufkam. Wie er nun oben war, verbarg er sich hinter dem Rosse, nahm das Schwert in die Hand und wartete, bis Masrûr wiederkam. Dann erhob er sich und traf ihn mit dem Schwerte in die Mitte und hieb ihn in zwei Teile. Darauf nahm Dijâb die Tochter des Fürsten, hob sie hinter sich aufs Roß und ritt zu seinen Arabern. Als sie ihn erblickten, sprachen sie: „Wo bist du gewesen, Dijâb? Du hast unsere Gedanken um dich besorgt gemacht! Und woher bringst du die, die hinter dir reitet?" Da erzählte er ihnen alles, was geschehen war; und sie wunderten sich, wie das Schicksal gewaltet hatte. Danach machten sie sich wieder auf und kehrten zu ihrem Fürsten zurück. Als der sah, daß Dijâb wohlbehalten zurückgekehrt war, küßte er ihn auf die Stirn und fragte ihn: „Wie war der Raubzug?" Sein Sohn Dijâb erzählte ihm alles, was geschehen war; darüber verwunderte sich sein Vater. Von nun an blieben die beiden zusammen, und der Fürst ließ seinen Sohn nie mehr auf einen Raubzug ausreiten. Eines Tages aber, als der Fürst in seinem Zelte saß, trat sein Sohn zu ihm herein und sprach zu ihm: „Lieber Vater, ich möchte mich mit der Jungfrau vermählen, die ich mit mir gebracht habe." „Gern", erwiderte der Vater, ging zu der Jungfrau und sprach zu ihr: „Mein Sohn möchte dich zur Frau nehmen." „Das mag geschehen", erwiderte sie, „aber ich wünsche meine Morgengabe." „Worin besteht deine Morgengabe?" „Vierzig Kamelinnen und vierzig Sklavinnen und vierzig Schafe und vierzighundert Goldstücke für mich, und vierzig Kamelhengste und vierzig Rosse für meinen Vater." Als der Fürst nun diese Worte aus dem Munde der Jungfrau vernahm, wußte er, daß sie eine Jungfrau von edler Abkunft war, zumal sie auch an ihren Vater dachte, und er sagte sich: „Diese steht meinem Sohne Dijâb wohl an." Alsdann ließ er den Prediger kommen und vermählte seinen Sohn mit dieser Jungfrau, nachdem er alles herbeigeschafft hatte, was sie verlangte. Dann sandte er zu ihrem Vater Kunde von allem, was geschehen war, vom Anfang bis zum Ende. Als nun ihr Vater erfuhr, daß der Jüngling, der mit seiner Tochter in der Grube gewesen war, der Sohn des Fürsten war, ward er von höchster Freude erfüllt; und er stieg zu Roß mit seinen Leuten. Wie sie bei dem Fürsten, dem Vater Dijâbs, ankamen, beglückwünschten sie ihn zu der Tochter; er selbst nahm seine Kamele und seine Pferde in Empfang und blieb noch einige Tage dort. Dann aber machte er sich auf den Weg und kehrte zu seinem Stamme zurück. Und sie lebten in Freuden und in Herrlichkeit – Gott gebe allen Zuhörern eine schöne Zeit.

Ich habe erzählt die Geschichte mein
Und legte sie dir in die Tasche hinein.
Daus, daus – die Geschichte ist aus!

Ü.: E. Littmann

DIE KATZE DES PROPHETEN

Der Prophet lag im Gebet
Am Nachmittag, inzwischen lag,
Während er schwebt' auf der Andacht Gipfel,
Die Katz' auf seines Ärmels Zipfel,
Dehnte sich spinnend und entschlief,
Und atmete tief,
Indes die heilige Übung verlief.
Als er sich wollt' erheben nun,
Sah er die Katz' in Frieden ruhn,
Und schnitt,
Damit sie ruhig bleibe
Sich den Ärmel von seinem Leibe;
Aber mit leisem, weisem Bedeuten
Sprach er zu den sich verwundernden Leuten:
Schlaf ist eine Erquickung vom Herrn;
Wer läßt darin sich stören gern?
Zumal wer im Gebet entschlafen,
Ruht sicher in des Friedens Hafen.
Lasset die Katz'
An ihrem Platz
Und schafft für den Ärmel mir einen Ersatz.

Ü: F. Rückert

AUS DER 39. MAKAME DES HARÎRÎ

Dann, du Mondreiner, –
du Durchschienener und Durchscheiner, –
behüte das von deinem Wohlmeiner:
Wohin du rufst, gereut mich nie der Gang;
Wink, und ich bin bereit, als wie die Sonne
auf deinen Wink, zu Auf- und Niedergang.
Dann ihr beiden selbander –
und ihr alle miteinander –
bewahret dies von eurem alten feueratmenden Salamander:

Ans Auge
des Liebsten fest mit Blicken dich ansauge!
Zur Au'
des Paradieses blicke! der Erde Grund ist zu rauh.
Zu Rauch
wird werden der Erde Schmelz und des Himmels Azur auch.
Tu nimmer,
was die meisten tun immer.
O nähre
dich lieber ohn' Ähre als ohn' Ehre.
Ruh' mehr
sollst du lieben, als Ruhm-Ehr.
Der Reu' schloß
sein Herz und Haus, wer lebt geräuschlos.

O dem,
der an tote Kohlen verschwendet seinen Odem!
Eh'r Geiz
ist zu sättigen, als Ehrgeiz.
Die Leidenschaft
meide, die Leiden schafft.
Forsch, ob
man dir kein Trugbild vorschob.
Dürst' eher
als daß du werdest fremder Milde Türsteher.
Baumann
Gottes! Pflanze des Glaubens Baum an!
Satan
sät Unkraut; du, lege gute Saat an!
Wir sterben,
und du wirst erben;
erblassen
wirst du dann auch und andern dein Erb' lassen.
Zum Essen
wird Gott jedem sein Maß zumessen.
Frisch immer
bet' und arbeit'im Frühschimmer!
Schau munter

ins Morgenrot! Bald geht der Lustschaum unter.
Bau munter
dein Nest, o Vogel! bald geht der Lustbaum unter.

Ü: F. Rückert

Die Mahnung des Dichters

Jazîd ibn Al-*Hakam* (*vorislamische Zeit*)

Mein Sohn, der Weise spendet Rat
Dem Manne, der Verständnis hat.
Drum höre, halt am Freunde fest;
Kein Glück hat, wer den Freund verläßt.
Erkenn das Recht des Nächsten an:
Das Recht erkennt der edle Mann!
Denk, daß ein Gast am spät'ren Tag
Dich loben oder tadeln mag!
Der Mensch ist zwiefach: Vornehmheit
Ist in ihm oder Niedrigkeit.
Und wisse – Wissen bringt, mein Sohn,
Dem, der es hat, den rechten Lohn –,
Daß von der Dinge Kleinem oft
Sich Großes auswirkt unverhofft.
Vergeltung wird verlangt wie Schuld,
Schenkt man dem Schuldner auch Geduld.
Das Unrecht trifft den, der es tut;
Gewalttats Ernte ist nicht gut.
Oft ist ein Fremder brüderlich;
Und Anverwandte meiden dich.
Der Mann erreicht durch Reichtum Ehr';
Den Armen drückt die Armut schwer.
Der fleiß'ge Fromme leidet Not;
Der dumme Frevler hat viel Brot.
Lang lebt der ein', der andre nicht –
Wer geht mit beiden ins Gericht?
Mit dem Besitztum geizt der Mann;
An fremde Erben fällt es dann.

Was geizt der Mann noch, wenn der Tod
Und des Geschickes Unheil droht?
Er sieht, wie der Geschlechter Kreis
Vor ihm verging wie dürres Reis.
Die Welt sinkt hin, und weder Leid
Kann dauernd in ihr sein noch Freud.
Den Gatten bleibt nicht ihr Verein:
Er oder sie ist dann allein.
Kein Vater weiß: Wird er beraubt
Der Kinder, oder sinkt sein Haupt?
Ein Krieger trägt die Mühen stolz
Im Krieg, geschnitzt aus hartem Holz.
Stets harrt er aus im Kampfgewühl,
Entzieht sich nicht dem hohen Ziel.
Ja, wisse drum: Ein feiger Wicht
Besteht in Kriegsgefahren nicht.
Das beste Roß ist, das da rennt
Und beißt, wenn Kampfwut in ihm brennt.

Ü: E. Littmann

Zuviel Flattern zerbricht die Flügel

Sprichwörter II

Die Zweige geben Kunde von der Wurzel.

Schicke deinen Sohn auf den Markt
und sieh', mit wem er sich anfreundet.

Die krumme Furche kommt vom alten Ochsen.

Wer ein Kamel bewirtet, muß eine hohe Haustür haben.

Das Bellen aus der Ferne ist leichter
als das Knurren in der Nähe.

Laß keinen Furz, denn wir brauchen keinen Weihrauch.

Arabische Malerei, aus: Versammlungen von al-Harîrî, *Yahyâ ibn Mahmûd al-Wâsitî: Kamelherde*

Nicht jeder, der hämmert und klopft, ist ein Schmied.

Man brachte den Schwätzer zur Hölle.
Da sagte er: Euer Brennholz ist schlecht.

Ein Prophet verließ sich auf den andern,
und so ging die Kuh verloren.

Was dir einer in die Hand spuckt,
das klatsch ihm ins Gesicht.

Der Fremde ist blind, auch wenn er Augen hat.

Frage nicht nach dem Mann,
sondern nach seinen Freunden.

Ein Verrückter am richtigen Ort
ist ein nützliches Werkzeug.

Habe Umgang mit den Leuten vierzig Tage
und du wirst ihnen entweder ähnlich oder verläßt sie.

Wer das Kamel verliert, sucht nicht nach dem Sattel.

Wenn die Katze still liegt, so erjagt sie eine fette Maus.

Ein freundliches Gesicht ist besser
als Kisten voller Gold.

Wer mit dem Löwen ringt, der flieht nicht vor den Hasen.

Die Katzen sterben nicht daran,
daß die Hunde sie verfluchen.

Arbeit ist die Seife des Herzens.

Freundliche Rede lockt selbst eine Schlange
aus ihrem Loch.

Gastfreundschaft?

Ein Araber, dem allzu ausgedehnte Gastfreundschaft eine Last war, sattelte jedem seiner Gäste nach Ablauf von drei Tagen selbst das Kamel. Ein Schmarotzer, der den Wink nicht verstehen wollte, blieb einmal sieben Tage. Der Gastgeber (Leim war sein Name), der nicht wußte, wie er ihn anders los werden sollte, schrieb ihm diese Zeilen:
„Hast du nie gehört, Freund, daß ein Gast am ersten Tage Gold, am zweiten Silber, am dritten Zinn ist? Am vierten wird er Blei, am fünften Holz, am sechsten Feuer, das am siebenten in Asche zerfällt, so daß nichts übrigbleibt als die Asche, die mit dem Kehricht auf die Gasse geworfen wird."

Ü. S. v. Hammer-Purgstall

Parabel

Der Sultan läßt den Mewlana
zum Thronsaal führen, ihn zu fragen:
Du rühmst dich sondrer Weisheit ja,
so sollst du mir die Antwort sagen.
In vier verschiedne Sekten teilt
sich alles Volk der Muselmanen;
so sage mir nun unverweilt,
wer geht davon auf rechten Bahnen?
Auf welchem der vier Pfade mag
der Staub zum Thron des Herrn gelangen?
Ich zweifelte bis diesen Tag,
nun laß Gewißheit mich empfangen.
Der Sultan sprach's und harrte stumm;
der Mewlana, erst sah er schweigend
im Thronsaal sich des Sultans um,
dann sprach er, sich vor ihm verneigend:
Du, dessen Thron das Ebenbild
des Throns der Himmel ist auf Erden,
mich schirme deiner Gnade Schild;
so soll dir meine Antwort werden:

Du thronest hier in einem Saal,
zu dem geöffnet sind vier Türen,
und deinen Thron sieht allzumal,
wen du durch eine lässest führen.
Daß ich des Weges nicht geirrt,
dess' mußte mir dein Bote frommen;
und nun weiß ich, vom Glanz verwirrt,
nicht, welches Wegs ich bin gekommen.

Ü.: F. Rückert

Die Schwalbe lacht über den Storch

Sprichwörter III

Das Leben gleicht dem Feuer;
es beginnt mit Rauch und endigt mit Asche.

Wo die Frauen geehrt werden, sind die Götter zufrieden.

Der Mensch verbirgt sich hinter seiner Zunge.

Die Geduld ist der Schlüssel der Freude.

Wenn die Junge hurt, prügelt man die Alte.

Jeder ist mit seinem Verstand zufrieden,
mit seinem Geld aber nicht.

Willst du jemanden loswerden, so borge ihm.

Wo viele Hähne sind, ist die Nacht hin.

Der Turban bedeckt nicht den Hintern.

Wähle dir einen Reisebegleiter und dann erst den Weg.

Der Schatten ist nicht grade,
wenn der Stock krumm ist.

Zähle die Küken nicht, bevor sie aus dem Ei sind.

Wenn dir das Fleisch entgangen ist,
gib acht auf die Brühe.

Eier werden nicht mit Spucke gebraten.

Wer keine Löffel hat,
verbrennt sich die Finger.

Wer den Esel aufs Dach steigen ließ,
der bringe ihn auch wieder herunter.

Der Verheiratete freut sich nicht,
und dem Junggesellen geht es nicht gut.

Die Frau ist der Schlüssel des Mannes.

Die Verrückte unter den Mädchen ist eine Verständige
unter den Frauen.

Der Unverheiratete sieht die Wände und meint,
es seien Frauen.

Wer sich von einer Frau scheidet,
soll sich nicht nach ihren Schenkeln sehnen.

Wer eine Tänzerin nötig hat,
der muß ihr auch die Schuhe nachtragen.

Mit Liebe mußt du geizen,
das wird die Liebe reizen.

Zwischen Lachen und Spielen
werden die Seelen gesund.

Der Käse

Ein frommer Mann, der an der Tafel des Kalifen speiste, verlangte Käse. „Wie kannst du nur im Angesicht dieser mit vielerlei Speisen reich besetzten Tafel Käse verlangen?" Der fromme Mann antwortete darauf mit diesem Verse:
Käse hilft beim Verdauen
und gibt Kraft bei den Frauen.

Ein anderer erwiderte aus dem Stegreif:
Der Käse die Zähne verdirbt,
durch ihn das Gedächtnis erstirbt.

„Nun", sagte der Kalif, „da haben wir eine Lob- und eine Schmährede auf den Käse gehört. An welche der beiden Reden sollen wir uns halten?" Schnell erwiderte ihm ein alter, listiger Scheich: „O Beherrscher der Rechtgläubigen, an die erste, wenn Käse auf dem Tisch ist und an die zweite, wenn keiner da ist."

Ü: S. v. Hammer-Purgstall

Liebeslieder der Beduinen

Geschrieben am Tage der Schöpfung,
daß die Liebe verwundet und im Gemüte ergreift.
Ein Feuer, o Teure, ist deine Liebe,
zwei Ärzte praktizieren daran.
Jeden Tag will er trinken gehen,
der Geist der Liebe ist durstig, Teure.
Halte, o Teure, die Wellen der Liebe von mir ab,
der Sturm zieht heran.
Hätte der Verstand Beistand gefunden,
ihre Liebe wäre nicht verlorengegangen.
Die Liebe verwundet, lehrt warten, vergessen,
bringt Tränen, die blind machen, o Gemüt.
Sie führte ihn in die Grenzen der Wüste, stürzte sich
auf ihn und schlug ihn im Verborgenen.

Es kam der Verstand mit Spöttern zusammen
und war keinen Tag in der Liebe zufrieden.
Ein Lügner ist der Traum der Nacht; sie war hier,
als ich erwachte, verschwand sie.

U.: C. F. Falls

WEISHEIT DER WÜSTE

Letztes Lied eines Beduinen

Keine Rede ist besser:
Gott ist der einzige Gott!
Zwischen Paradies und Hölle
Ist der Weg dünner als ein Haar.
Es gibt welche, die hinüberfliegen
Wie der flügelstarke Falke;
Es gibt solche, die angstvoll weinen
Aus Furcht vor dem drohenden Feuer;
Es gibt, die in die Hölle stürzen
Und des Paradieses Tor nicht erreichen:
Das sind, die ihren Kindern fluchen
Und ihnen ihren Segen entziehen,
Oder die, welche die Gesetze nicht halten;
Wie müde werden sie und wie lange währet ihre Pein!
Es sind uns aber auferlegt fünf:
Das erste: es ist nur ein Gott,
Das zweite: die Türe des Fastens,
Das dritte: das Gebet,
Das vierte: der Zehnte vom Gut,
Das fünfte: die Hedschazfahrt. –
Keine Rede ist besser:
Gott ist der einzige Gott!

Ü.: C. F. Falls

Japanische Malerei, *Kaigetsudo*, 18. Jh.

Asien

V. Indien

VI. China

VII. Japan

VIII. Südsee

V. Indien

Das Geschenk der Götter

„Woraus die Welt entstand, auf welche Art,
Ob sie erschaffen, nicht ‚erschaffen' ward:
Der sie beschaut, der Herr im höchsten Licht,
Ja der nur weiß es oder weiß es nicht."

aus: Rigveda (um 2000 v. Chr.)

Die Anmut und Zartheit der Lyrik, die Kühnheit philosophischer Spekulation und die farbige Phantastik der Märchen haben das Abendland angezogen und angeregt, seitdem man die Literatur des alten Indien zu übersetzen begann. Gerade ihre Fremdartigkeit fasziniert: Sie hat scheinbar kein Maß und keine Form, beinahe gesetzmäßig gestaltet sie kein Ganzes, sondern gewinnt es durch Häufung oft kleinster, aber zum Juwel geschliffener Einheiten.

Von den vedischen Anfängen vor gut dreitausend Jahren bis zum Ende der klassischen Zeit im 12. Jahrhundert n. Chr. ist im alten Indien eine vielfältige, kaum überschaubare Schriftmasse entstanden. Der Weg führte von den kindlichen Gesängen der kaum in Indien heimisch gewordenen arischen Hirtenstämme über die großen, im gesamten östlichen Denken bis heute weiterwirkenden Epen und umfangreichen Märchensammlungen zu den Schriften der großen Wissenschafts- und Religionssysteme, – von bizarren, mystischen Weltbildern zum ausgetüftelten Regelnetz einer späten Poetik. In dieser Zeitspanne wandelte sich der indogermanische Arier zum indischen Hindu.

Die heiligen Schriften des Hinduismus sind die Veden:

– Der Rigveda, „Das Wissen von den Preisliedern", ist bereits um 2000 v. Chr. entstanden und enthält 1028 Hymnen.

– Der Atharveda ist „das Wissen von den Zaubersprüchen" und bewahrt in 731 Hymnen den Aberglauben des alten Indien.
– Die Upanishaden enthalten die berühmte „Geheimlehre" von der Erhabenheit des Allwesens und dem Einssein mit der menschlichen Seele.
In rund 100000 Doppelversen und 18 Büchern wird in dem großen Heldenepos Mahâbhârata vom Kampf der Nachkommen des Bharata erzählt. Neben Gesängen, Göttersagen, Tierfabeln und Legenden enthält es auch lehrhafte und philosophische Stücke, so die weltberühmte Bhagavad-Gita, „den Gesang der Erhabenen".
Das Râmâyana berichtet die Sage vom göttlichen Helden Râma und seinen Kämpfen um die Befreiung seiner von dem Dämonengott Râvana geraubten Gattin Sîtâ.
Die jahrhundertelang mündlich überlieferten, immer weiter gewebten, durch eine verschlungene Rahmenhandlung zusammengehaltenen Märchensammlungen gelten als das größte Geschenk der Inder an die Weltliteratur, – am bekanntesten ist das „fünffache Gewebe", das Pantschatantra, in dem die wohl berühmteste Erzählung der orientalischen Literatur, die von Kalilah und Dimnah, überliefert ist.
Im Laufe der Geschichte hatte sich die einst streng materialistische und lebensbejahende Weltsicht der Inder zu einer von unheimlichen Daseinskräften beherrschten, von Göttern und Dämonen bevölkerten Lebensordnung gewandelt. Der Priesterstand der Brahmanen nahm in ihr den höchsten Rang ein. Schließlich überwucherten Opferwesen und Magie die ursprünglichen Glaubensvorstellungen. Um 700 v. Chr. begann eine Phase des mystisch-spekulativen Denkens, in der das Alleinheits-Dogma mit dem Glauben an die Wiedergeburt und das Karman, das Gesetz der nachwirkenden Tat, die entscheidende Wendung vom Stoff zum Geist, vom Streben nach materiellen Gütern zu seelischen Idealen nahm.
In dieser Zeitenwende um 560 v. Chr. verkündete Buddha seine Lehre: die Abkehr vom tätigen Leben, um auf dem achtfachen Pfad die Erlösung von der Wiedergeburt das Nirwana zu erreichen.

Als Erwiderung auf diese asketische Weltsicht formulierten die Brahmanen die vier Lebensziele des gläubigen Hindus: Dharma ist das Recht, die Sitte, der Brauch und die religiöse Pflicht, das Artha gibt Maßregeln zur Gewinnung und Erhaltung materieller Güter und Kama nennt Mittel und Wege zur Befriedigung des Genusses. Die Lebensklugheit und -kunst besteht darin, diese drei Ziele in Harmonie miteinander zu bringen und so dann das vierte Ziel, die Moksha, die Erlösung, als Geschenk zu erhalten, denn *„das Herz der Erde ist im höchsten Himmel."*

aus: Artharveda (um 1200 v. Chr.)

Das grosse Rätsel

aus: Rigveda (Das Wissen von den Preisliedern. Um 1500 v. Chr.)

Nicht unreal, real nicht war die Welt
Vordem; kein Luftraum war, kein Himmelszelt,
Nicht Füll' und Hülle, keines Hüters Macht,
Nicht Urflut war, kein tiefer Abgrundschacht.

Nicht Tod war damals, noch Unsterblichkeit,
Nicht war der Tag, noch war die Nacht entstanden.
In Urkraft weste windlos, urbereit
Das Eine: außer ihm war nichts vorhanden.

Nur Dunkel, das im Dunkel sich verlor,
War alles, Urgeström, verwogt, verschwommen:
Das Eine Keim im Leeren: Hitze gor,
Das Eine war zum Werdesein gekommen.

Nun regte in dem Einen sich der Wille,
Er, der des Geistes erster Same war;
Und so ward Suchern in des Herzens Stille
Das Band, das Sein und Nichtsein kettet, klar.

Der Strahl der Seher stößt in tiefste Tiefen:
Gab es ein Unten dort, gab es ein Oben?
Besamer gab's, und Wachstumskräfte schliefen:
Bereitschaft unten, Kräftespendung oben.

Wer weiß jedoch, wer hat es je gesungen,
Aus welchen Gründen diese Schöpfung kam?
Die Götter nicht: sie sind nach ihr entsprungen,
Wer weiß, woher sie ihren Anfang nahm?

Woraus die Welt entstand, auf welche Art,
Ob sie erschaffen, nicht „erschaffen" ward:
Der sie beschaut, der Herr im höchsten Licht,
Ja der nur weiß es oder „weiß" es nicht.

Ü: H. Weller

Die Zeit

aus: *Atharveda* (*Das Wissen von den Zaubersprüchen*. Um 500 *v. Chr.*)

Es fährt die Zeit, ein Roß mit sieben Zügeln,
Mit tausend Augen, ewig, reich an Samen.
Dies Roß besteigen gottesvolle Sänger,
Die Räder, die es zieht, sind alle Welten.

Mit sieben Rädern, sieben Naben fährt sie,
Und die Unsterblichkeit ist ihre Achse.
Die Zeit führt herwärts diese Wesen alle
Und eilt dahin als allererste Gottheit.

Ein voller Krug wird von der Zeit getragen,
Wir sehen vielfach ihn und reich gestaltet.
Die Zeit, sie führt hinweg die Wesen alle;
Man nennt sie Schicksal in dem höchsten Himmel.

Die Zeit, sie hat den Himmel dort erschaffen,
Die Zeit, sie hat die Erden hier geboren.
Alles was ist, und alles was da sein wird,
Entfaltet sich, von ihr nur angetrieben.

Den Erdgrund hat die Zeit aus sich entlassen,
In ihr, der Zeit, glüht dort das Sonnenfeuer.
In ihr, der Zeit, nur kann das Auge sehen:
Ja, alle Wesen sind der Zeit verhaftet.

Ü: H. Weller

DER ATMAN

aus: Satapatha-Brahmana

Diese Welt war ursprünglich nichts als Atman, und zwar in der Gestalt des Purusha, des Menschen. Dieser blickte um sich, sah aber nichts anderes als den Atman, das heißt sich selbst. Da sagte er zuerst: „Ich bin es." So entstand der Ich-Begriff. Deshalb sagt man auch heute noch immer, wenn man angeredet wird, zuerst: „Ich bin es", und fügt den anderen Namen, den man noch hat, hinzu. – Er (der Atman, bzw. Purusha) fürchtete sich. Deshalb fürchtet sich, wer einsam und allein ist. Und er stellte folgende Betrachtung an: „Da außer mir gar nichts anderes da ist, so frage ich mich, vor wem oder was ich mich eigentlich fürchten soll." Da wich seine Furcht von ihm. Vor wem hätte er sich fürchten sollen? Wovor hätte er sich auch fürchten sollen? Fürchten kann man sich nur, wenn noch ein Zweiter da ist. Er empfand auch gar keine Freude. Deshalb freut sich nicht, wer einsam und allein ist. Und er wünschte einen Zweiten oder ein Zweites. Da wurde er so groß wie Mann und Frau als engumschlungenes Paar. Dann ließ er sich in zwei Hälften auseinanderfallen. So entstanden Gatte und Gattin. „Deshalb sind wir beide, sagte einmal Yajnavalkya, ja nur dieses halbe Stück."

Darum wird die leere Seite hier durch die Frau ausgefüllt. Der Atman vereinigte sich dann mit ihr. So entstanden die Menschen.

Ü: H. Weller

Das Brahman

aus: Satapatha-Brahmana

Der Herr der Geschöpfe, Prajapati, ist das Brahman, das ganze Brahman ist der Herr der Geschöpfe – die erstgeborenen Rishi sind die Lebenskräfte, denn diese sind das erstgeborene Brahman. – Dieses Brahman ist das Älteste, denn ein älteres als dieses gibt es nicht ..., dieses Brahman hat weder etwas, das vor ihm wäre, noch etwas, das gleich nach ihm käme.
Das aus sich selbst entstandene Brahman glutete innere Glut in sich (gab sich gewissermaßen dieser Art von Askese hin). Es überlegte aber folgendes: Die innere Glut hat keine Unendlichkeit in sich. Wohlan, ich will mich selbst in den Geschöpfen ausgießen und alle Geschöpfe in mir selbst. Da opferte es sich selbst in allen Geschöpfen und alle Geschöpfe in sich selbst, und so erlangte es den Vorrang, die Selbstherrlichkeit, die Oberherrschaft über alle Geschöpfe.

Ü: H. Weller

Prinz Ohnegleichen

aus: Jatakama, dem ältesten Asketenbuch des Buddhismus

Das folgende erzählte der Meister, als er im Dschêtawana weilte, in bezug auf die große Weltentsagung. „Nicht nur jetzt, ihr Mönche", sagte der Meister, „hat der Tathâgata die große Weltentsagung bestätigt. Auch früher schon hat er den weißen Sonnenschirm, den Schutz der Götter, aufgegeben und hat der Welt entsagt." Und er erzählte die Geschichte aus der Vergangenheit:

Einstmals, als Brahmadatta zu Benares regierte, empfing der Bôdhisatta ein neues Leben im Schoβe der Hauptgemahlin des Königs. Als er glücklich zur Welt gekommen war, gab man ihm am Tage der Namensgebung den Namen Prinz Asadisa, das heiβt Prinz Ohnegleichen. Nach wenigen Jahren empfing ein anderes mit religiösen Verdiensten ausgestattetes Wesen ein neues Leben im Schoβe der Königin, dem man am Tage der Namensgebung den Namen Prinz Brahmadatta gab.

Als Prinz Ohnegleichen, der Bôdhisatta, sechzehn Jahre geworden war, ging er nach Takkasilâ und studierte bei einem weit und breit berühmten Lehrer die drei Veden und die achtzehn Künste und wurde ein Meister ohnegleichen in der Bogenschützenkunst. Dann kehrte er nach Benares zurück. Als der König im Sterben lag, sagte er: „Gebt dem Prinzen Ohnegleichen die Herrschaft, dem Brahmadatta gebt die Würde des Vizekönigs." Dann verschied er. Als der König tot war und man dem Bôdhisatta die Königswürde anbot, wies er sie zurück: „Ich bedarf der Herrschaft nicht." Da weihten sie den Brahmadatta zum König. Der Bôdhisatta wünschte gar nichts, weil ihm der Sinn nicht nach Ruhm und Ehre stand. Während der jüngere Bruder regierte, lebte er einfach wie bisher. Aber die Diener des Königs verleumdeten den Bôdhisatta beim Könige. „Prinz Ohnegleichen trachtet nach der Herrschaft", sagten sie. Der König hörte auf ihre Rede, sein Herz wurde von Miβtrauen erfüllt, und er beauftragte einige Leute, seinen Bruder gefangen zu nehmen. Ein treuer Diener berichtete dem Bôdhisatta alles. Erzürnt auf seinen jüngeren Bruder, begab sich dieser in ein anderes Reich und lieβ dem König dort melden: „Es ist ein Bogenschütze gekommen, er steht am Palasttor." „Wieviel Lohn wünscht er?" fragte der König. „Jährlich hunderttausend Kahâpanas." „Gut, er soll kommen." Als der Bôdhisatta dann zu ihm gekommen war und vor ihm stand, fragte er ihn: „Bist du der Bogenschütze?" – „Ja, Herr." – „Gut, du sollst mir dienen." Von da ab diente er dem Könige. Als aber die anderen Bogenschützen sahen, wieviel Geld ihm gegeben wurde, waren sie ärgerlich und sagten: „Er bekommt zuviel."

Eines Tages war der König in den Park gegangen, hatte den Platz bei der königlichen Steinbank mit einem Vorhang rings umspannen lassen und sich auf sein prächtiges Lager unter einem Mangobaume niedergelegt. Als er in die Höhe blickte, gewahrte er im Wipfel des Baumes ein Büschel Mangos. „Es ist nicht möglich, hinaufzusteigen und es zu pflücken", dachte er und ließ die Bogenschützen kommen. „Könnt ihr wohl dies Mangobüschel mit einem Pfeil herunterschießen?" fragte er sie. „Das ist für uns keine große Sache, Herr, aber unsere Arbeit hat der Herr schon oft zuvor gesehen. Der Bogenschütze, der neulich gekommen ist, bekommt viel mehr als wir. Laßt es ihn herunterschießen!" Der König ließ den Bôdhisatta kommen und fragte ihn: „ Kannst du wohl dies Büschel herunterschießen, mein Lieber?" – Ja, großer König, wenn ich den Platz dazu habe, kann ich es." – „Welchen Platz willst du?" – „Den, wo Euer Lager ist." Da ließ der König das Lager fortnehmen und Platz machen.

Nun hatte aber der Bôdhisatta seinen Bogen nicht in der Hand, er trug ihn unter seiner Kleidung festgebunden. Daher sagte er: „Ich muß einen Vorhang haben." „Gut", sagte der König, ließ einen Vorhang bringen und einen Platz damit umspannen. Der Bôdhisatta trat in das Innere des Vorhanges, legte das weiße Gewand, das er zuoberst trug, ab, legte ein rotes Tuch an, gürtete seine Lenden und band sich ein anderes rotes Tuch um den Leib. Dann zog er aus einem Sack ein Schwert, das sich zusammensetzen ließ, und befestigte es an seiner linken Seite. Dann legte er einen goldenen Brustpanzer an, befestigte auf dem Rücken das Bogenfutteral, nahm seinen großen Widderbogen, der sich zusammensetzen ließ, spannte eine Sehne ein, die wie eine Koralle aussah, setzte sich einen Turban auf das Haupt, und wirbelte mit den Nägeln einen scharfen Messerpfeil herum. Dann trat er, den Vorhang auseinanderreißend, hervor wie ein Nâgaprinz die Erde spaltend, in all seinem Schmucke schien er aus der Tiefe aufzutauchen. So betrat er den Ort, wo er den Pfeil abschießen wollte, legte den Messerpfeil auf die Sehne und sprach zum König: „Großer König, soll ich dies Mangobüschel durch einen aufwärts fliegenden Pfeil herabschießen oder durch einen abwärts fliegenden?" – „Mein Lieber, ich habe schon viele gesehen, die mit einem aufwärts fliegenden Pfeile etwas abschossen, aber ich habe noch keinen gesehen, der etwas mit einem abwärts fliegenden Pfeile abgeschossen hätte. Schieß das Büschel mit dem abwärts fliegenden Pfeil herunter!" – „Großer König, dieser Pfeil wird hoch hinauf fliegen. Bis zum Himmel der vier Großkönige wird er fliegen und von selbst dann herunterfallen. Ihr müßt geduldig warten, bis er wieder herunterkommt." Der König erklärte sich dazu bereit. Der Bogenschütze aber sagte wiederum zu ihm: „Großer König, dieser Pfeil wird aber beim Aufwärtsfliegen gerade in der Mitte den Stengel des Mangobüschels durchschneiden; beim Herunterkommen wird er auch nicht um Haaresbreite nach der einen oder der anderen Seite abweichen, sondern genau auf denselben Fleck fallen und mitsamt dem Mangobüschel herunterkommen. Paß auf, großer König!" Und er ließ den Pfeil absausen. Der Pfeil flog in die Höhe, den Stengel des Mangobüschels gerade in der Mitte durchschneidend. Als der Bôdhisatta dachte, der Pfeil würde jetzt wohl bis in den Himmel der vier Großkönige gelangt sein, schoß er einen anderen Pfeil ab, den er noch schneller sausen ließ als den zuerst geschossenen Pfeil. Der flog dahin und traf den ersten Pfeil am Gefieder, so daß er umkehrte; er selbst flog in den Himmel der dreiunddreißig Götter hinauf. Dort fingen ihn die Gottheiten auf.

Wie der zurückkehrende Pfeil die Luft durchschnitt, gab es einen Ton gleich dem des Donnerkeils. Als die Menge fragte, was für ein Ton das sei, erklärte der Bôdhisatta: „Das ist der Ton des zurückkehrenden Pfeiles." Da hatte jeder Furcht, der Pfeil könnte auf ihn fallen, und als der Bôdhisatta das merkte, beruhigte er die vor Angst zitternde Menge. „Habt keine Furcht", sagte er, „ ich werde den Pfeil nicht auf die Erde fallen lassen."

Der Pfeil wich beim Herunterkommen auch nicht um Haaresbreite nach der einen oder der anderen Seite ab, sondern fiel genau auf denselben Fleck und schnitt das Mangobüschel ab. Der Bôdhisatta ließ weder das Mangobüschel noch den

Indische Buchmalerei, *Akbars Truppen belagern Rai Surjan Hada in seiner Burg Ranthambhor*, 1568

Pfeil zur Erde fallen, sondern fing sie noch in der Luft auf; mit der einen Hand faßte er das Mangobüschel, mit der anderen den Pfeil. „So etwas haben wir noch nicht gesehen!“ rief die Menge, als sie dies Wunder sah, und spendete dem großen Manne Beifall und jubelte ihm zu und schnippte und schüttelte die Finger, und Tausende von Gewändern wurden in der Luft geschwenkt. Das Geld, das das Gefolge des Königs erfreut und entzückt dem Bôdhisatta schenkte, belief sich auf zehn Millionen. Auch der König gab ihm viel Geld, gleichsam als ließe er einen Geldregen auf ihn niederfallen, und erwies ihm große Ehre.
Während nun der Bôdhisatta so von jenem Könige geehrt und geachtet dort lebte, kamen sieben Könige, die sich überlegt hatten, daß Prinz Ohnegleichen nicht in Benares sei, und schlossen Benares ein und schickten dem Könige einen Brief des Inhalts, er solle das Reich ausliefern oder sich zum Kampf stellen. Der König wurde von Todesangst ergriffen. „Wo lebt den mein Bruder?“ fragte er, und als er erfuhr, er stehe bei einem benachbaren Könige in Dienst, schickte er Boten hin. „Wenn mein Bruder nicht kommt“, sagte er, „so ist es um mein Leben geschehen. Geht, bittet ihn in meinem Namen fußfällig um Verzeihung und bringt ihn hierher!“ Die Boten gingen hin und berichteten dem Bôdhisatta, was geschehen sei. Der Bôdhisatta bat den König um seine Entlassung, kehrte nach Benares zurück und redete dem König gut zu, er solle keine Furcht haben. Darauf schnitt er in einen Pfeil die Worte: „Ich, Prinz Ohnegleichen, bin zurückgekehrt und werde mit einem einzigen Pfeilschuß euch allen das Leben nehmen. Wem sein Leben lieb ist, der soll fliehen.“ Und er stellte sich auf einen Wachturm und schoß den Pfeil gerade auf den Knopf der goldenen Schüssel, aus der die sieben Könige speisten. Als diese die Worte gelesen hatten, wurden sie alle von Todesangst ergriffen und flohen davon. So schlug das große Wesen, ohne auch nur soviel Blut vergossen zu haben wie eine kleine Mücke trinkt, die sieben Könige in die Flucht. Dann aber gab er mit Einwilligung seines jüngeren Bruders die Lüste auf, wurde ein Einsiedler nach der Weise der Isis, entwickelte die verschie-

denen übernatürlichen Kräfte und Stufen der Versenkung und wurde am Ende seines Lebens ein Bewohner der Brahmawelt.
„So, ihr Mönche", sagte der Meister, „wurde der Prinz Ohnegleichen, nachdem er die sieben Könige in die Flucht geschlagen und die Schlacht gewonnen hatte, ein Einsiedler nach der Weise der Isis", und als völlig Erleuchteter sprach er die folgenden Verse:

„Prinz Ohnegleichen zubenannt,
war einst ein mächt'ger Bogenschütz.
Das festeste und fernste Ziel
durchschoß er schneller als der Blitz.
Mit allen Feinden kämpfte er
und tat doch keinem was zu leid,
und als der Bruder frei, da fand
er Ruh in der Enthaltsamkeit."

Als der Meister diese Unterweisung über das rechte Verhalten erteilt hatte, verknüpfte er das Dschâtaka: „Damals war Ananda der jüngere Bruder, der Prinz Ohnegleichen aber war ich."

aus: Jatakama (ältestes Asketenbuch des Buddhismus)

Der Vollendete

aus: Dhammapada (Das Wort der Lehre)

Stille ist sein Denken,
Stille ist sein Wort,
Stille ist sein Wirken,
Stille immerfort.

Denn er sah die Wahrheit,
Ist nicht mehr gebunden,
Hat des letzten Friedens
Gleichgewicht gefunden.

Ü: H. Weller

Drei Kardinaltugenden

aus: Upanishaden

Dreierlei Kinder des Herrn der Geschöpfe, nämlich die Götter, die Menschen und die Dämonen, wohnten bei ihrem Vater Prajapati, um die heilige Wissenschaft zu studieren. Am Ende der Lehrzeit sprachen die Götter: „Sage uns ein Wort!" Da sagte er ihnen die Silbe „da" und fragte: „Habt ihr das verstanden?" Sie antworteten: „Ja, wir haben es verstanden: ‚Bezähmt euch' (damyata) hast du zu uns gesagt." „Gut", sagte er, „ihr habt mich verstanden."
Darauf sprachen die Menschen zu ihm: „Sage uns ein Wort!" Da sagte er auch zu ihnen nur die Silbe „da" und fragte, ob sie verstanden hätten. „Ja", sagten sie, „wir haben verstanden: ‚Spendet' (datta) hast du zu uns gesagt." „Gut", sagte Prajapati, „ihr habt mich verstanden."
Darauf sagten die Dämonen zu ihm: „Sage uns ein Wort!" Da sagte er zu ihnen ebenfalls nur die Silbe „da" und fragte sie, ob sie verstanden hätten. Sie antworteten: „Ja, wir haben verstanden:" Übt Mitleid" (dayadhvam) hast du zu uns gesagt." „Gut", sagte Prajapati, „ihr habt verstanden."
Diese Worte sagt tatsächlich immer wieder die göttliche Stimme, der Donner: da – da- da, das heißt: „Bezähmt euch, gebt, übt Mitleid!" (damyata, datta, dayadhvam). Darum soll man sich diese drei Worte einprägen: Selbstbezähmung, Freigebigkeit und Mitleid.

Ü: H. Weller

Das Wesen allen Tuns

Indische Spruchweisheiten I

Auch von sich selbst soll man nicht gering denken wegen etwaiger früher erlittener Mißerfolge, vielmehr soll man bis zum Tode nach Glück streben und nie die Meinung hegen, es sei schwer erreichbar.

Wenn man sich nicht gegenseitig zwanglos besuchen, die Frauen mitbringen und zusammen speisen kann, ist die Freundschaft nicht echt.

Hat jemand Geldverlust, Herzensleid, übles Benehmen in der Familie, Betrug oder Demütigung erfahren, so wird er, sofern er klug ist, anderen nichts davon sagen.

Alle Geschöpfe würden zugrunde gehen, wenn sie nicht tätig wären; auch würden sie nicht gedeihen, wenn ihr Tun nicht Früchte trüge.

Wer das Wesen allen Tuns erkannt hat, der führt das, was vom Schicksal kommt, durch Arbeit und innere Ruhe und das, was von den Menschen kommt, durch Standhaftigkeit und Klugheit zu einem guten Ende.

Ein Rest Schulden, ein Rest Feuer und ein Rest Feindschaft wachsen unweigerlich. Drum dulde man keinen Rest!

Gegenwärtiger Freuden zu entsagen und auf zukünftige zu hoffen, ist nicht kluger Leute Art.

Gewöhnlich ist Geduld die Zierde des Mannes und Schamhaftigkeit die Zierde der Frau. Dagegen beweise der Mann energisches Auftreten, wenn man ihn ehrlos behandeln will, und die Frau Ungezwungenheit und Freude im Liebesgenuß.

Frage nach Tugenden, nicht nach Schönheit, frage nach dem Charakter, nicht nach dem Herkommen, frage nach Leistungen, nicht nach Wissen, und frage nach der Art der Verwendung, nicht nach der Größe des Reichtums.

Nie soll der Mensch sich gering achten; wer kein Selbstvertrauen hat, hat kein Glück im Leben.

Ob man jemanden etwas verweigert oder gibt, ob es sich um eines anderen Wohl oder Wehe, um Liebes oder Unangenehmes handelt, immer gewinnt man das rechte Maß zum Handeln, wenn man sich selbst in die Lage des anderen versetzt.

Genieße die Freude, die dir zuteil wird, und trage das Leid, das dir zuteil wird. Wie der Landmann das Korn reifen sieht, so warte du mit Ruhe, was dir die Zeit bringt.

Sieht man sich einem Feind gegenüber, der stärker ist, so spiele man ein doppeltes Spiel und säe Mißtrauen, indem man sich bald zu einem Vertragsabschluß, bald zum Kampf geneigt zeige.

Wer zufrieden ist, wenn seine Tage in unbesonnener Hast dahineilen, und wer sich von der Ungunst äußerer Umstände allzuschnell überwältigen läßt, der wird nicht viel erreichen im Leben; das Glück sucht seine Wohnstatt dort, wo Lebensklugheit und fester Mut zuhause sind.

Man kann seiner Frau etwas anvertrauen, etwas seinen Freunden und etwas seinen Söhnen. Sie alle sind des Vertrauens würdig. Alles aber sollte man keinem von ihnen mitteilen.

Ein Fest, das da ist, erscheint uns nicht mehr so schön wie eines, das herannaht; der Mond, der hoch am Morgenhimmel steht, leuchtet nicht so hell wie der aufgehende am Abend.

Je mehr man sich hingibt dem Fleiß, dem Zank, dem Kratzen, wenn es juckt, dem Glücksspiel, dem Trinken, fremden Weibern, dem Essen, der Liebeslust und dem Schlaf, desto mehr wächst das Verlangen danach.

Das Ende des Tages bringt uns den Untergang der Sonne, und am Ende einer Sternennacht kündigt sich der Sonne Aufgang an: Das Ende einer Freude ist stets ein Leid, das Ende des Leides stets eine Freude.

Nur die Dümmsten und die Gescheitesten kommen in der Welt vorwärts; der Mittelmäßige quält sich ewig dahin.

Keiner ist für einen anderen ganz Freund oder ganz Feind; es kommt vor, daß einer von seinem Freund zugrunde gerichtet oder ein anderer von seinem Feind gerettet wird.

Leute ohne Wissen und Einsicht geraten in Aufregung schon, wenn sie sich an geringe Aufgaben machen; Verständige unternehmen Großes und bleiben ruhig dabei.

Bedeutende Männer legen bisweilen eine gewisse Hartherzigkeit an den Tag: wenn sie jemanden einen Dienst erwiesen haben, halten sie sich fern, weil sie fürchten, der andere könnte sich zu einem Gegendienst verpflichtet fühlen.

Ein voller Krug gibt kaum einen Ton von sich, ein halbvoller klirrt gehörig, wenn man ihn anschlägt; ein Mann, der wirklich gelehrt ist, macht nicht viel Aufhebens von sich, die aber, denen es an Vorzügen mangelt, reden um so lauter.

Schreiber, Rezitatoren und andere, die sich nur mit Büchern abgeben, sind allesamt für ihre Sache eingenommene Toren; wirklich verständig sind nur die Tatkräftigen.

Eine schöne junge Frau, die, als sie ihren Liebsten nur das Wort „Verreisen“ erwähnen hörte, schon in Ohnmacht fiel, wandte sich, nachdem sie wieder zu Besinnung gekommen war, mit den Worten an ihn: „Bist du schon lange zurück?“

Menschen werden schneller alt durch vieles Reisen, Berge durch Wasser, Frauen durch ungestilltes Verlangen und unsere Herzen durch die scharfen Pfeile böser Reden.

Die Antilope spielt, der Eber wühlt den Boden auf, der Leopard schleicht majestätisch umher, der Schakal heult, der Hase springt, der Hirsch fliegt rasch dahin, und das

 Indische Buchmalerei, *Musikerin*

Elefantenkalb reißt aus Lust und Übermut Lianen von den Bäumen: Löwe, was ist da heute los ohne dich im Walde!

Sie zu verschenken, sie zu genießen oder sie zu verlieren – das sind die drei Arten, von seinen Reichtümern loszukommen; wer nicht verschenkt und nicht genießt, dem wird das dritte Schicksal eines Vermögens zuteil.

Der Tätige findet überall Halt und Wohlergehen; dem Untätigen aber wird, wenn er zu Fall kommt, auch noch ätzendes Salz in die Wunde gestreut.

Einem, der lange zögert, wo es rasch zu handeln gilt, legt die Gottheit aus Ärger ein Hindernis in den Weg.

Besser als Unwissende sind die, die sich mit Büchern abgeben, besser als diese, die von dem Gelesenen auch etwas behalten, und noch besser die, die etwas davon verstehen; am besten aber sind die, die ans Werk gehen.

Wer entschlußkräftig ist, rasch zupacken kann, die nötigen Vorschriften kennt und nicht an bösen Leidenschaften hängt, wer mutig, dankbar und ein aufrechter Freund ist, den sucht das Glück selbst auf, um bei ihm zu wohnen.

Die Menschen freuen sich, wenn die Sonne aufgeht, und auch, wenn der Tag sich zum Abend neigt. Dabei werden sie gar nicht gewahr, daß auch ihr eigenes Leben langsam dahinschwindet.

Ein Mann, der einer sich nach Liebe verzehrenden Frau, die selbst zu ihm gekommen ist, nicht ihr Verlangen stillt, fährt von ihren Seufzern getötet zur Hölle.

Das alles kann eine Ehefrau zugrunde richten: zu große Freiheit, ein Aufenthalt im Haus der Eltern, Beteiligung an großen Festumzügen, unbeherrschtes Betragen in der Gesellschaft von Männern, längeres Verweilen in fremdem

Land, Umgang mit mannstollen Weibern, Verlust des eigenen Lebensunterhaltes, das hohe Alter des eigenen Mannes, seine Eifersucht oder seine zahllosen Reisen.

Ü: O. Böthlingk

Rama und Sita

Dem Râmâyana nacherzählt

In alten Zeiten herrschte in Ayodhya, der Hauptstadt des Landes der Koschalas, an den Ufern des Sarayu, ein weiser und mächtiger König mit Namen Dascharatha. Er war ein glänzender Fürst, an Macht dem großen Himmelskönig Indra gleich. Unter seiner segensreichen Herrschaft waren alle Menschen tugendhaft, vom Erfolg begünstigt und glücklich. Keiner war gottlos oder ungebildet, keiner scheute die Wahrheit, ein jeder war der Schönheit teilhaftig. Das Land war reich an feurigen Pferden und an riesigen Elefanten. Alle Kasten versahen getreulich ihre Pflichten. Von weisen Ratgebern und von seinen Hauspriestern umgeben, regierte und beschirmte der Fürst seine Untertanen mit gerechter und strenger Hand. Einer seiner Wünsche aber war unerfüllt geblieben. Noch immer war er kinderlos, und da er befürchtete, seine guten Jahre seien bald überschritten, beschloß er, um einen Sohn zu bekommen, das größte aller Opfer, das Pferdeopfer, zu vollziehen.

An einem schönen Frühlingstage wurde, der Sitte gemäß, einem Pferde die Freiheit gegeben, damit es ein Jahr lang umherschweife zum Zeichen dessen, daß das Eigentum des Königs von allen benachbarten Völkern geachtet wurde. Als es nach Ablauf dieser Zeit wieder zurückkehrte, ward das Opfer auf dem nördlichen Ufer des Flusses Sarayu vollzogen. Gerade, als man damit beginnen wollte, erschienen die Götter vor Brahma und sprachen: „Herr! Ein böser Dämon namens Rawana neidet uns unser Glück und bringt die drei Welten in Bedrängnis. Durch die Gunst, die er von dir empfangen hat, verblendet, will er jetzt Indra, den König der

Götter, besiegen. Wir sind zu schwach ihm Widerstand zu leisten. Möge es dir daher gefallen, auf ein Mittel zu sinnen, diesen schnöden Dämon zu vernichten."
Darauf erwiderte Brahma: „Es gibt ein Mittel, ihn zu Fall zu bringen. Als er mich um eine Gunst anging, bat er, daß er nicht von einem Gott getötet werden möge noch von einem anderen höheren Wesen; aus Übermut jedoch unterließ er es, dabei der Menschen zu gedenken. So soll er also durch einen Menschen den Tod finden!"
In diesem Augenblick nahte sich Wischnu, der Herr des Weltalls. Er trug ein gelbes Gewand und Armbänder von blinkendem Gold und hielt in seinen Händen die Muschel, den Diskus und die Keule. Auf seinem Wagen kam er mit Garuda, dem König der Vögel, und wurde von den Göttern mit Lobgesängen bewillkommnet.
Er setzte sich sogleich neben Brahma, und als er saß, sprachen die Götter: „Wischnu, sei du unsere Rettung! König Dascharatha von Ayodhya hat drei Gemahlinnen, aber keine Söhne. Teile dich selbst in vier, werde als die Söhne dieser Königinnen auf der Erde geboren und töte Rawana, die Geißel der Welt. Deshalb wenden wir uns an dich!"
Da sprach Wischnu: „Fürchtet nichts! Zu eurem Heil werde ich Rawana mit seinem ganzen Geschlecht auslöschen und auf die Dauer von elftausend Jahren über die Erde herrschen."
Alsogleich erschien am Sarayufluß aus der Opferflamme die hochgewachsene Gestalt eines Mannes mit roten Augen. Er war in rote Gewänder gekleidet, in den Händen trug er einen Becher mit silbernem Deckel, der himmlischen Reis, in Milch und Zucker gekocht, enthielt. Seine Stimme klang tief wie das Wirbeln einer Trommel, sein Leib war wie der eines Löwen mit Haaren bedeckt, sein Antlitz mit einem langen Bart geschmückt; er trug mancherlei göttlich Geschmeide und war gewaltig wie ein Berggipfel und furchterregend wie Feuer. Dieser Mann warf einen Blick auf den König Dascharatha und sprach: „König, hier erhältst du himmlischen Reis, weil du die Götter ehrst. Gib diesen deinen Gemahlinnen, und du wirst den Wunsch, um dessentwillen

du dieses Opfer verrichtest, in Erfüllung gehen sehen." Nach diesen Worten verschwand die Erscheinung.
Hocherfreut teilte der König seinen Gemahlinnen die frohe Kunde mit. Die Hälfte des Trankes gab er seiner ersten Gemahlin, Kausalya, die auf seine Bitte wiederum die Hälfte davon Sumitra schenkte; die andere Hälfte gab er Kaikeyi, die ebenfalls die Hälfte ihres Anteils Sumitra überreichte. Nicht lange danach wurden die Fürstinnen schwanger, und zu gegebener Zeit wurden ihnen vier Söhne geboren. Kausalya gebar Rama, in dem sich Wischnu verkörperte; Kaikeyi brachte Bharata zur Welt, während Sumitra Mutter von Zwillingen wurde, Lakschmana und Schatrughna. Sie waren schön wie die Sterne am Himmel und bei ihrer Geburt stimmten die Sänger des Himmels ihre Lieder an, die Tänzerinnen der Götter tanzten Freudenreigen, Trommelwirbel klang vom Himmel, und Wolken von Blumen kamen auf die Erde herab. In Ayodhya wurden große Feste gefeiert, und der König überreichte den Barden, Astrologen und Priestern kostbare Geschenke.
Glücklich wuchsen die Prinzen am Hofe des Königs heran. Alle vier waren heldenhaft, tugendsam und mit den Veden wohlvertraut, aber der älteste von ihnen, Rama, übertraf alle andern und war jedermanns Liebling, vor allem der Liebling seines Vaters. Er war makellos von Charakter, gewandt zu Pferde, ein erfahrener Elefantenreiter, ein kundiger Wagenlenker, ein unfehlbarer Bogenschütze. Unermüdlich übte er sich in den Waffen, immer war er den Wünschen seines Vaters gehorsam. Von Kindheit an hatte ihn Lakschmana in sein Herz geschlossen. Nie ging er ohne Rama auf die Jagd; nie aß, nie schlief er ohne Rama; immer waren sie zusammen. Dieselbe herzliche Zuneigung bestand auch zwischen Bharata und Schatrughna. So wuchsen sie gemeinsam in Ayodhya auf.
Zu dieser Zeit lebte ein großer Heiliger, mit Namen Wischwamitra, der ursprünglich ein Ritter gewesen, jedoch durch harte Kasteiungen ein Weiser geworden war. Er wohnte in einer Einsiedelei und kam von dort nach Ayodhya, um den König um eine Gunst zu bitten. Zwei Dämonen näm-

lich waren von Rawana ausgesandt worden und trachteten danach, ein Opfer, das er darzubringen sich anschickte, immer wieder zu stören. Nur Rama würde imstande sein, die Dämonen zu überwinden, und so kam der Weise zum König Dascharatha und bat ihn, ihm Rama mitzugeben. Zuerst zögerte der Fürst, aber schließlich gab er seine Einwilligung, und so ging Rama, von Lakschmana begleitet, mit dem großen Weisen. In der Hütte des Klausners angekommen erneuerte Wischwamitra das Opfer. Wiederum erschienen die beiden Dämonen als den Himmel verdunkelnde Wolken, um das Gelingen des Opfers zu verhindern, aber Rama verwundete sie und schlug sie in die Flucht.

Nachdem das Opfer ungestört zu Ende gebracht war, begleitete Wischwamitra die beiden Prinzen nach Wideha, wo sie einem großen Opferfeste beiwohnten. Dort regierte ein König, der hatte eine Tochter namens Sita, die er einst, als er ein Stück Land umpflügte, um darauf zu opfern, in der Furche gefunden und als Kind angenommen hatte. Nun hatte er das Gelübde abgelegt, sie nur demjenigen zur Frau zu geben, der über die Kraft verfüge, den wunderbaren Bogen, den er besaß, zu spannen. Viele hatten sich bereits an dem Bogen, einem Geschenk der Götter, versucht – jedoch vergeblich. Rama aber spannte den Bogen mit einer solchen Kraft, daß er mit donnerndem Krachen entzweibrach und die Erde wie bei einem Erdbeben erschütterte.

Freudigen Herzens gab der König seine Tochter Rama zur Frau. Boten wurden nach Ayodhya gesandt, überbrachten König Dascharatha die frohe Kunde und luden ihn ein, nach Wideha zu kommen und den Hochzeitsfeierlichkeiten beizuwohnen. So wurde unter Teilnahme der gesamten Bevölkerung die Hochzeit von Rama und Sita gefeiert. Gleichzeitig fand auch die Hochzeit Lakschmanas mit Urmila, einer Schwester von Sita, statt, während Bharata und Schatrughna zwei Töchter eines anderen Königs heirateten. Hiernach kehrten Dascharatha und seine Söhne mit ihren Gemahlinnen nach Ayodhya zurück.

Zwölf Jahre lebten Rama und Sita in Glück und Freude. Am Ende des zwölften Jahres aber beschloß König Dascharatha, der den Tod herannahen fühlte und die Last der Regierung nicht länger tragen mochte, zugunsten seines ältesten Sohnes Rama abzudanken. Durch die Brahmanen ließ er alle Vorbereitungen für die Feierlichkeit treffen und Rama zu sich rufen, um ihm seinen Entschluß zu eröffnen. In dieser Nacht waren alle Hauptstraßen von Ayodhya voll von neugierigen Menschen, alle Wege wurden gesäubert und mit Fahnen und Blumengewinden geschmückt, und zahllose Lampen stellte man auf. Ramas Name war auf jedermanns Lippen, und alle erwarteten ungeduldig das Nahen der Morgenröte. Und nun brach der Tag an.

In den frühen Morgenstunden aber begab sich eine Dienerin Kaikeyis mit der Nachricht von Ramas bevorstehender Königskrönung zu ihrer Herrin und reizte ihre Mißgunst derart, daß sich Kaikeyi in die Kammer des Grames zurückzog, jenes Gemach, wo die Königinnen zu verweilen pflegten, wenn ihnen eine Beleidigung zugefügt worden war. Dort fand sie König Dascharatha auf dem Boden liegend und laut schluchzend, die Augen rot vor Wut, das Geschmeide über den Boden verstreut. Als der Fürst sie so ganz zerschlagen sah, ging ihm ihr Leid zu Herzen.

Er nahm sie liebevoll auf den Schoß und sprach: „Kaikeyi! Sprich, weswegen trauerst du? Niemals werde ich dir etwas abschlagen, sage mir also, was dein Herz begehrt!“ Als die Fürstin diese herzlichen Worte vernahm, sagte sie zu Dascharatha: „König! Erinnerst du dich des furchtbaren Kampfes zwischen den Göttern und Asuras und jenes Zweikampfes, in dem du schwer verwundet wurdest? Damals habe ich dir das Leben gerettet; Tag und Nacht habe ich dich gepflegt, und zum Dank dafür hast du mir zwei Wünsche freigestellt, um deren Erfüllung ich bis heute nicht gebeten habe. Jetzt aber ist die Zeit gekommen, dich darum zu bitten: laß an Stelle von Rama meinen Sohn Bharata als deinen Nachfolger auf dem Thron ausrufen und schicke Rama auf vierzehn Jahre in den Dandakawald in die Verbannung. Laß Bharata noch heute krönen und Rama noch heute in den Wald gehen. Das ist mein Wunsch! Zeige mir, daß du zu deinem Worte stehst.“

Außer sich vor Schmerz über diese gehässige Rede fiel der alte König in Ohnmacht, und als er nach geraumer Zeit das Bewußtsein wiedererlangte, stieß er tiefe Seufzer aus und blieb auf dem kalten Boden liegen. Wie eine Giftschlange, die unter der Einwirkung einer Zauberformel erstarrt, wie ein Hirsch beim Anblick eines Tigers, so lag der König niedergeschmettert da. Kaikeyi aber blieb ungerührt. Von neuem erinnerte sie ihn an sein Versprechen und an seine Fürstenpflicht, ein einmal gegebenes Wort zu halten. Schnell verbreitete sich inzwischen die schmerzliche Kunde durch die Stadt Ayodhya und versetzte die ganze Bevölkerung in tiefe Trauer. Doch Rama schwankte keinen Augenblick, er war entschlossen, sofort in die Verbannung zu gehen.

Vergebens versuchten Kausalya und Lakschmana, ihn umzustimmen; sein Entschluß war gefaßt. Flehentlich bat er seine Gemahlin Sita, nicht mit ihm zu gehen, sondern fromm und züchtig am Hofe Dascharathas zu bleiben, freundlich zu Bharata zu sein und seinem Vater und seiner Mutter Gehorsam und Ehrfurcht zu erweisen. Sita aber weigerte sich, ihren Gemahl allein gehen zu lassen; sie bestand darauf, Rama zu begleiten, und obwohl er ihr die zahlreichen Schrecken des Waldes schilderte, wollte sie doch nichts von einer Trennung wissen. Schließlich gab Rama nach und willigte ein, daß sie mit ihm in die Verbannung ziehe.

Auch Lakschmana wollte ihnen folgen. In Kleidern von Baumrinde verließen sie unter dem Jammer des Volkes die Stadt. Nach einigen Tagen bauten sie sich in einem Tal des Chitrakutagebirges jenseits des Yamuna eine Hütte. Nach dem Abschied von Rama verzehrte sich der greise König in tiefem Schmerz. Fünf Tage – sie dünkten ihn fünf Jahre – nach der Trennung von seinem geliebten Sohn erwachte der alte Fürst aus unruhigem Schlaf. „In meiner Jugend", so sprach er zu Kausalya, die an seiner Seite lag, „tat ich mich durch die Fähigkeit hervor, nach dem Gehör ins Schwarze zu treffen. Als ich einst auf der Jagd war – lange, ehe ich dich geheiratet habe – glaubte ich in der Ferne ein Geräusch zu hören, als ob ein Elefant am Ufer eines Teiches seinen Durst lösche. Ich zielte mit dem Pfeil auf dieses Geräusch und schoß; da ertönte ein jammervoller Schrei.

„Ich eilte an die Stelle, von der der Ton kam, und fand dort den Sohn eines armen Einsiedlers sterbend und neben ihm einen Wasserkrug. Ich kniete bei ihm nieder und bat ihn, mir meine unbesonnene Tat zu vergeben; er aber antwortete: „König, fürchte nicht, einen Mord an einem Brahmanen begangen zu haben; ich bin der Sohn einfacher Leute. Zieh den Pfeil aus meinem Leibe, geh dann zu meinen blinden Eltern, für die ich Wasser holen wollte, und bitte sie um Verzeihung, damit ihr Fluch, nicht über dein Haupt komme!" Nachdem ich den Pfeil aus der Wunde des unglücklichen Knaben gezogen hatte, starb er, und gebrochenen Herzens ging ich in die Einsiedlerklause seiner blinden Eltern. Vor Kummer über den Verlust ihres Sohnes sind die beiden Eltern bald darauf gestorben, nachdem sie gesagt hatten, daß auch ich einst wie sie vor Leid über den Verlust eines Sohnes sterben würde. Jetzt gehen ihre Worte in Erfüllung. O Kausalya! Die Sünde, die ich in meiner Jugend begangen, steht mir wieder lebendig vor Augen. Wie schädliche Nahrung Krankheit verursacht, so wird auch diese böse Tat ihre Folgen haben."

Einen Augenblick schwieg der alte Fürst, dann fuhr er fort: „Kausalya! Dieser große Schmerz wird mein Grab sein. Ich kann nicht mehr sehen; nur wenn mein geliebter Sohn Rama hier wäre, könnte ich am Leben bleiben. Ich habe schlecht an ihm gehandelt, und nun leide ich gerecht für meine ungerechte Tat. Königin! Mein Bewußtsein verläßt mich. Ich sehe die Boten des Todesgottes schon um mein Lager versammelt, um mich in das Haus des Todes zu holen.

„Ach, ich werde meinen geliebten Rama nicht wiedersehen! Wie die Sonne die Wassertropfen aufsaugt, so versengt Ramas Fernsein meine Seele. Ich werde bald sterben. Das Leben entflieht, und meine Sinne schwinden, wie das Licht einer Lampe aus Mangel an Öl erlischt. Wie die reißenden Wogen eines Stromes die Ufer unterwühlen, so höhlt dieser Schmerz mein Inneres aus! Rama! Rama! Mein geliebter Sohn! Wo bist du? Kausalya! Ich kann dich nicht mehr

sehen. O grausame Kaikeyi!" Also wehklagend hauchte der alte Fürst in Kausalyas Armen seinen Geist aus.
Am vierzehnten Tag nach dem Tode des alten Königs wurden seine sterblichen Überreste feierlich verbrannt, und die Minister ersuchten Bharata, nunmehr seinen Platz auf dem königlichen Thron einzunehmen. Der aber lehnte ab und ließ zu einem Besuch bei Rama rüsten, da er ihn überreden wollte, nach Ayodhya zurückzukehren, um den Thron zu besteigen. Von sechstausend Wagen, tausend Elefanten, hunderttausend Reitern und zahlreichen Bürgern der Stadt begleitet, fuhr Bharata in seinem Wagen nach Chitrakuta und erreichte nach einigen Tagen Ramas Klause. Er überbrachte ihm die traurige Nachricht vom Tode seines Vaters und bat ihn zurückzukehren. Aber Rama weigerte sich. Er gab jedoch Bharata seine Sandalen mit, welche dieser als Zeichen seiner Herrschaft auf den Thron legte, während er selbst nach Nandigrama ging, um von dort aus in Vertretung Ramas den Staat zu lenken.
Nachdem Bharata von ihnen Abschied genommen hatte, siedelte Rama mit Sita und Lakschmana von Chitrakuta in den Dandakawald über. Dort blieben sie zehn Jahre lang und wohnten einmal einen Monat, manchmal zwei Monate und länger bei diesem oder jenem Einsiedler. Nach Ablauf dieser Zeit begaben sie sich nach Panchawati am jenseitigen Ufer des Godawari.
Als sie einst dort friedlich beisammensaßen, erschien plötzlich ein weiblicher Dämon, eine Schwester des Rawana. Als sie Rama gewahrte, entbrannte sie leidenschaftlich in Liebe zu dem großen Helden und erging sich in Liebesbeteuerungen. Entschieden wies Rama sie zurück. Aus Rache wollte sie Sita, die sie als das einzige Hindernis einer Ehe mit Rama betrachtete, verschlingen, aber Rama trat dazwischen, und Lakschmana schlug ihr mit dem Schwert Nase und Ohren ab, worauf sie heftig blutend zu ihrem Bruder entfloh. Dieser sandte zuerst vierzehn Riesen aus, um seine Schwester zu rächen, und nachdem Rama diese sämtlich mit seinen Pfeilen getötet hatte, ein Heer von viertausend Dämonen.

Bei ihrem Herannahen brachte Rama seine Gemahlin Sita mit Lakschmana in eine verborgene Höhle und nahm den Kampf mit den Dämonen allein auf. Wie eine Masse dunkler Wolken kamen sie heran und überschütteten Rama mit ihren Geschossen, daß selbst die Waldgötter sich fürchteten und flohen. Rama aber blieb furchtlos und bekämpfte sie mit seinen unfehlbaren Pfeilen. Es war ein schrecklicher Kampf wie zwischen Elefanten und Löwen. Die Luft wurde verfinstert von den zahllosen hin und her sausenden Wurfgeschossen. Am Ende blieb nur ein einziger Dämon übrig. Eilig entfloh der nach der Insel Lanka auf der anderen Seite des Ozeans. Dort wohnte Rawana, der König der Dämonen.

Rawana flammte wie eine Feuersäule und saß auf einem goldenen Thron, von seinen Ministern umringt, wie die Götter den Thron Indras, des Königs der Götter, umgeben. Fürchterlich war er anzusehen und glich dem Totengott in Person. Er hatte zehn Köpfe, zwanzig Arme, einen riesigen Mund und eine breite Brust. Er war gewaltig wie ein Berg und trug an seinem Leibe alle königlichen Merkmale. Die Farbe seines Gesichtes war wie der Glanz eines blauen Edelsteins, seine Zähne waren schneeweiß. Er trug goldene Ohrringe und prächtige Gewänder. Von grausamem Charakter, war er ein Hasser der Veden und der Schrecken aller lebenden Wesen.

Als Rawana die Nachricht vom Untergang seines Heeres erhielt, dachte er zuerst daran, gegen Rama zu Felde zu ziehen, ließ sich aber umstimmen und beschloß, Sita mit List zu entführen. Er begab sich zu seinem Onkel, um dessen Hilfe bei diesem Unternehmen zu erbitten, nahm ihn in seinem himmlischen Wagen mit und setzte ihm unterwegs seinen Plan auseinander. Alsbald erreichten sie den Dandakawald und verließen den Wagen, als sie sich der Hütte Ramas näherten. Im Nu verwandelte sich der Onkel in die Gestalt eines goldenen Hirsches. Sein Gehörn schimmerte wie die schönsten Juwelen, seine Ohren waren wie blaue Edelsteine, sein Mund war wie aus blauen und roten Lotosblumen gebildet, sein Nacken ein wenig gewölbt, sein Bauch wie aus Saphir. Seine Flanken waren rosenrot, seine Hufe dunkel-

blau, die Farbe seines Leibes wie die roter Lotosblüten. Silberne Tupfen schmückten seinen Körper, und sein Schwanz glich dem Regenbogen. So ging er in der Nähe von Ramas Hütte auf und ab, und um Sitas Aufmerksamkeit auf sich zu lenken, lief er einmal rascher und dann wieder langsam; einmal kehrte er zu dem Platz zurück, von dem er gekommen, dann wieder ging er bis nahe an die Hütte heran.
Plötzlich bemerkte Sita, die Blumen pflückte, den schönen Hirsch und wurde von Bewunderung ergriffen. Laut rief sie Rama und Lakschmana zu: „Herr! Der schöne Hirsch hat mein Herz erobert! Fange ihn, damit ich mit ihm spielen kann, oder töte ihn, dann wollen wir sein goldenes Fell auf dem Gras ausbreiten und darauf sitzen." Rama zögerte nicht und sprach zu Lakschmana: „Lege deinen Harnisch an, bleibe hier und bewache Sita. Ich werde nicht eher zurückkehren, als bis ich das Tier gefangen oder getötet habe." Der Hirsch aber eilte davon; abwechselnd verschwand er und zeigte sich wieder, wie der Mond, der ab und zu zwischen den Wolken hervorblickt. So lockte er Rama weit von seiner Hütte fort.
Schließlich holte Rama den Hirsch ein und tötete ihn, aber im letzten Augenblick nahm der wieder seine wahre Gestalt an und rief, indem er Ramas Stimme nachahmte, in jammerndem Ton: „Ach Sita! Ach Lakschmana!" Als Sita diese klagenden Worte hörte, sprach sie erregt zu Lakschmana: „Geh und sieh, was Rama zugestoßen ist! Er ruft um Hilfe. Ich habe seine Stimme erkannt. Geh und beschütze ihn!" Erst weigerte sich Lakschmana, des Gebotes Ramas eingedenk, aber als Sita nicht abließ, in ihn zu dringen, machte er sich auf.
Unterdessen näherte sich Rawana in der Gestalt eines Bettlers der Hütte Ramas und trat ein. Da fand er Sita, die ihn gastfreundlich empfing. Als sie aber seinen Liebesbeteuerungen kein Gehör schenkte, verwandelte er sich plötzlich wieder in seine ursprüngliche Gestalt und schleppte Sita gewaltsam mit sich fort. In seinem magischen, von Eseln gezogenen Wagen entführte er sie auf seinem Schoß durch die Lüfte nach der Insel Lanka, wo er sie der Bewachung von Dämonen übergab.

Indische Buchmalerei, *Krishna berichtet einem Freund von seiner Verliebtheit*, um 1730/35

Mittlerweile waren Rama und Lakschmana in ihre Hütte zurückgekommen und fanden sie leer. Bäume, Berge und Tiere fragten sie nach Sita, doch vergebens. Nach langem Suchen entdeckten sie endlich Teile von Rawanas Wagen und die Spuren eines hitzigen Kampfes, und als sie die Gegend weiter durchforschten, trafen sie einen Geier, einen alten Freund Ramas, der Rawana, während er Sita durch die Lüfte dahinführte, angegriffen und seinen Wagen zertrümmert hatte, selbst aber tödlich verwundet worden war und in seinem Blute lag.
Sterbend teilte er ihnen mit, daß Rawana Sita entführt habe und mit ihr südwärts geflogen sei. Auf den Rat eines Riesen, dem sie ein Stück weiter begegneten, riefen sie die Hilfe des Königs der Affen an. Dieser sammelte sein Heer und teilte es in vier Abteilungen, die jede in anderer Richtung alle Gebiete absuchten. Sein Minister Hanuman, der nach Süden marschierte, durchsuchte mit seinen Truppen alle Wälder, Höhlen und Schlupfwinkel, bis er an den Ozean kam. Dort erfuhr er von einem Geier, daß Rawana auf der Insel Lanka, hundert Meilen jenseits des Meeres wohne. Da beschloß Hanuman, allein auf Kundschaft auszugehen. Er bestieg das Mahendragebirge, sprang mit einem gewaltigen Satz, der alle Berge zum Zittern brachte, über das Meer und erreichte nach vier Tagen die Insel, wo er alsbald den Aufenthaltsort Sitas entdeckte.
Nachdem Hanuman zurückgekehrt war und Rama eine genaue Beschreibung der Insel gegeben hatte, marschierten die Truppen des Königs der Affen an die Küste des Meeres. Dort erbauten sie aus Bäumen und Felsblöcken innerhalb von fünf Tagen eine riesige Brücke über den Ozean. Sechsunddreißig Millionen Affen zogen hinüber und belagerten Rawanas Residenz. Ein heftiger Kampf entbrannte und beide Parteien erlitten schwere Verluste. Zahlreiche Helden stellten sich zum Zweikampf und fielen. Rama und Lakschmana wurden von Rawanas Sohn, der die Fähigkeit besaß, sich unsichtbar zu machen, tödlich verwundet, aber durch Garuda, Wischnus Vogel, auf wunderbare Weise wieder geheilt. Ein zweites Mal schlug Rawanas Sohn sie nieder;

abermals wurden sie gerettet, diesmal durch heilkräftige Kräuter, die Hanuman in aller Eile vom Kräutergebirge herbeiholte.
Schließlich tötete Lakschmana den Sohn Rawanas. Jetzt griff Rawana selbst in den Kampf ein. Ein furchtbarer, Tag und Nacht währender Zweikampf zwischen Rawana und Rama entspann sich, immer von neuem stießen sie mächtig aufeinander, keiner trug den Sieg davon. Jedesmal wenn Rama Rawana ein Haupt abschlug, trat ein neues an seine Stelle. Da erinnerte Matali, den Indra mit seinem Wagen zur Erde herabgeschickt hatte, damit er Rama als Wagenlenker diene, den Rama an die Waffe Brahmas, die er einst erhalten hatte. Dies war eine Waffe, die Indra geschenkt bekommen hatte, daß er damit die drei Welten erobere. Auf ihren beiden Flügeln thronte der Wind, auf der Klinge die Sonne und das Feuer, im Innern der Äther, der Meru und der Mandara. Aus den Essenzen aller Elemente war sie verfertigt. Sie tönte wie der Blitz, war schreckenerregend wie eine wütende Schlange und gefürchtet wie der Tod.
Diese Waffe legte Rama an seinen Bogen. Kaum war das geschehen, so erbebte die Erde. Dann zielte er auf Rawana und schoß. Mit großer Geschwindigkeit sauste die Waffe auf ihn zu, spaltete ihm das Herz in zwei Teile und bohrte sich, nachdem sie ihn des Lebens beraubt, in die Erde. Bogen und Pfeile sanken Rawana aus den Händen; er stürzte mit markerschütterndem Schrei aus seinem Wagen zu Boden wie Writra, als ihn Indras Waffe traf. Dann kehrte die Waffe in Ramas Köcher zurück.
Nach dem Fall ihres Königs ergriffen die überlebenden Dämonen in wilder Verwirrung die Flucht. In Ramas Heer aber erhob sich ein großer Jubel. Laut wurde der Sieg verkündet. Aus dem Himmel ertönte wohlklingende Musik, duftende Blumen sanken auf Ramas Wagen herab und die Götter sangen das Lob des großen Helden. Sie freuten sich über den Tod ihres gefährlichen Widersachers Rawana, des Schreckens der drei Welten. Nun wurde die Luft wieder hell, die Sonne fing wieder an zu leuchten, Friede zog wieder ein auf Erden.

Nachdem Rawanas Bruder zum König von Lanka gekrönt und der Leichnam Rawanas feierlich auf den Scheiterhaufen gelegt worden war, ließ Rama die frohe Botschaft seines Siegs Sita überbringen und befreite sie aus der Gefangenschaft. Am nächsten Tage begann die Rückfahrt. Rama und Sita kehrten nach Ayodhya zurück, wo ihre Mutter und die Brüder sie mit großer Freude empfingen. Da in der Zwischenzeit die vierzehn Jahre der Verbannung abgelaufen waren, krönte Bharata Rama zum König.
Elftausend Jahre regierte Rama an der Seite seiner treuen Gemahlin Sita zum Segen seines Volkes. Dann nahte die Zeit, da sie beide ihr irdisches Dasein beschließen sollten. Zuerst nahm Sita der Tod dahin. Auf einem prächtigen, von Schlangendämonen getragenen Thron saß die Göttin der Erde, die einst aus der Furche des Landes emporgestiegen war, und wurde nun wieder in den Schoß ihrer Mutter aufgenommen. Seitdem war Rama des Lebens müde. Dann, an einem Abend, trat Kala, die Zeit, zu ihm und verkündete ihm, daß nun auch für ihn der Augenblick gekommen sei, in den Himmel zurückzukehren.
Am folgenden Morgen verließ er den königlichen Palast und begab sich ans Ufer des heiligen Stromes Sarayu. Wilde Tiere und Vögel begleiteten ihn. Als er in den Fluß hinabstieg, sprach Brahma: „Wischnu! Kehre in den Himmel zurück!" Da legte Rama seine sterbliche Gestalt ab. Bharata und Schatrughna folgten ihm nach, Lakschmana war ihm bereits vorangegangen.

Ü: R. Jockel

Tu Gutes und wirf es ins Wasser

Sprichwörter

Der Mensch ist sein eigener Teufel.

Um ein Unglück kümmere dich drei Jahre nicht,
und es wird zum Segen.

Wenn ein Mensch lacht, ist es über andere;
wenn er weint, für sich selbst.

Ohne Freunde kannst du kein Fest feiern.

Sei nicht blinder für die Fehler eines Freundes
als für die Tugenden eines Feindes.

Ein Buch ist ein guter Freund,
der die Irrtümer der Vergangenheit aufdeckt.

Verlieren ist lernen.

Wer nicht weiß und nicht weiß, daß der nicht weiß,den meide.
Wer nicht weiß und weiß, daß er nicht weiß, den lehre.
Wer weiß und nicht weiß, daß er weiß, den kläre auf.
Wer weiß und weiß, daß er weiß, dem folge.

Geduld ist das größte Gebet.

Geh zu deines reichen Freundes Haus, wenn du gerufen bist;
zu des armen Freundes Haus geh ungerufen.

Genügsamkeit ist großer Gewinn.

Jetzt, solange es früher Morgen ist,
sollst du deinen Freund suchen.

Dienen ist Größe.

Liebe ist über alles wichtig und ist ihr eigener Verdienst.

Für die Freundschaft von zweien
ist die Geduld von einem nötig.

Größe ist immer demütig.

Wer das Wissen vermehrt, vermehrt die Sorge.

Die Geschichte von dem Affen und dem Delphin

aus: Pantschatantra

Irgendwo am Meeresufer wohnte ein Affenkönig mit Namen Runzelgesicht. Als dessen Kräfte im Alter nachgelassen hatten, wurde er von einem jugendstarken Affen, dessen Herz das Feuer heftigen Neides verzehrte und der voller Ungeduld einen Haß auf ihn geworfen hatte, aus seiner Herde vertrieben. An dem gleichen Gestade stand ein Feigenbaum mit Namen Honigborn; von dessen Früchten fristete er sein Leben. Als er nun einmal am Essen war, fiel ihm eine Feige aus der Hand ins Wasser, und beim Hineinfallen gab es einen wohlklingenden leisen Klatsch. Als der Affe den hörte, riß er, närrisch wie die Affen sind, eine Feige nach der anderen ab und warf sie hinunter, um sich einen Ohrenschmaus zu verschaffen. Nun kam gerade ein Delphin namens Hager unter dem Baum vorbei, der fand diese Feigen und fraß davon nach Herzenslust, und froh, ein so süßes Futter gefunden zu haben, blieb er dort. Runzelgesicht faßte zu ihm eine solche freundschaftliche Zuneigung, daß er in seiner Gesellschaft selbst die Ausstoßung aus seiner Herde vergaß. Aber auch der Delphin fühlte sich in so inniger Liebe zu dem Affen hingezogen, daß er sich oft mit der Heimkehr verspätete.

Eines Tages ging seiner Frau, die mit ihren Freundinnen zusammensaß, die lange Trennung zu Herzen, und sie sprach: „Wo bleibt nur mein lieber Mann, was macht er draußen, was hat er da wohl, wovon er sich nicht losreißen kann? Heute bleibt er gar zu lange aus! Er vernachlässigt ja zu seinem Schaden die drei Lebensziele!" Da sprach eine ihrer Freundinnen: „Was können dir Haus und Geld nutzen, wenn du einen Mann hast, von dem du nicht weißt, was er treibt! Ich aber habe ihn mit eignen Augen gesehn, wie er am Meeresufer mit einer Äffin in zärtlichster Liebe vertraulich koste. Nun weißt du's, und so tue ungesäumt, was du für richtig hältst!" Als die Delphinin das vernahm, geriet sie in bitterstes Herzeleid; sie ließ alle häuslichen Arbeiten liegen, zog ein schmutziges Kleid an, bestrich sich den Leib mit Öl, legte sich zu Bett und wälzte sich rastlos darauf hin und her, indes die Freundinnen sie umstanden. Der Delphin aber, nachdem er aus Liebe zu Runzelgesicht lange über die Zeit fortgeblieben war, kam endlich heim, und als er seine Frau in diesem Zustand erblickte, fragte er ganz bestürzt: „Wie ist das gekommen, daß sie so krank ist?" Von den Freundinnen wollte keine etwas sagen; er aber drang mit immer neuen Fragen in sie. Nun war eine vonihnen die vertrauteste Herzensfreundin der Delphinin, die sprach, indem sie ihre große Erregung zu erkennen gab: „Herr, diese Krankheit, die sie hat, ist unheilbar; wir müssen darauf gefaßt sein, sie heute noch zu verlieren; es ist ihr nicht zu helfen."

Als der Delphin das hörte, geriet er in Verzweiflung, und in seiner großen Liebe zu seiner Frau sprach er: „Wenn ich mit meinem Leben sie retten könnte, so würde ich es gern für sie hingeben." Die Freun- din entgegnete: „Herr, ein einziges Mittel gibt es gegen diese Krankheit. Wenn man ihr ein Affenherz verschaffen kann, wird sie am Leben bleiben; andernfalls ist es aus mit ihr. Das ist ein Geheimmittel der Frauen." Da dachte der Delphin bei sich: „Was für ein Unglück kommt da über mich! Wo soll ich ein Affenherz hernehmen außer von Runzelgesicht? Das aber wäre äußerst verwerflich und den Geboten der Religion zuwider. Und doch:

Ob der Gattin, ob dem edlen
Freund gebührt die erste Stelle?
Wichtiger ist doch die Gattin
Als der Freund auf alle Fälle!

Durch sie erreichst du ganz des Lebens Ziele,
Sie schafft dir Freude, hilft dein Ansehn mehren;
In ihr liegt eine ganze Welt beschlossen –
Wer sollte darum nicht sie aufs höchste ehren?"

Und anderseits erwog er, ratlos, was er tun sollte, auch wieder:

„Den einz'gen lieben, edlen Freund,
Der so viel Gutes mir getan,
Den soll ich morden um ein Weib!
Fürwahr, das kommt gar hart mich an!"

In solchen Gedanken begab er sich widerstrebenden Herzens langsam und zögernd zu Runzelgesicht. Als der Affe ihn so langsam herankommen sah, sprach er: „Mein Lieber, warum kommst du heute so spät?" Der Delphin entgegnete: „Freund, ich will dir sagen, was mich bedrückt. Ich kann mich nicht immerfort an dich heften, denn obwohl du mir so lange Zeit schon nichts als Gutes getan hast, habe ich dir noch keinerlei Gegendienst leisten können. In der Tat:

Sich selbst zu nützen, bietet meist
Der Freund dem Freunde Liebe dar,
Doch deine Liebe, Affenfürst,
Ist allen Eigennutzes bar.

Und trefflich paßt auf dich der Spruch:

Dem helfen, der dir nicht geholfen hat,
Wohltun, empfangne Wohltat nicht vergessen,
Aufrichten, was das Schicksal niedertrat –
Daran wird wahre Vornehmheit ermessen!"

Der Affe entgegnete: „Du hast mir doch schon dadurch einen unvergleichlichen Dienst erwiesen, daß ich, nachdem ich Heimat und Freunde habe verlassen müssen, dank der Freundschaft, die uns verbindet, in deiner Gesellschaft sorglos und glücklich leben kann! Mit Recht sagt man:

In Kummer Trost, Schutz in Gefahr,
Vertrauen und Liebe stets vereint –
Wer wohl dies köstliche Juwel
Erschuf, das kurze Wörtlein ‚Freund'?"

Der Delphin erwiderte:

„Den Freund die Gattin lassen schaun,
Zu Haus bewirten ihn mit Trank und Speise,
Geheimstes selbst ihm anvertraun –
Das sind der Freundschaft wirkliche Beweise!

Ich aber habe dich noch nicht mit in mein Haus genommen, dir meine Frau nicht vorgestellt und dich nicht aus meiner Schüssel gespeist." Darauf sagte der Affe: „Was will das schon heißen! Auf solche Weise verkehren nur die gewöhnlichen Leute miteinander; denn:

Ein Lump stellt wie ein Komödiant sein Weib zur Schau!
Wozu Bewirtung? Füttert man nicht auch das Vieh?
Was dem, mit dem er umgeht, nutzt und frommt,
Das tut der Edle ganz von selbst und ohne Müh'!"

Der Delphin entgegnete:

„Wen könnt' es wundernehmen, wenn der edle Mann
Dem Weisen und dem Guten gern Verehrung zollt?
Tät's, wer von niedriger Art, nur das wär' sonderbar,
Wie wenn man bei der Sonne Kühlung suchen wollt'.

So will denn auch ich, mein Lieber, dir einen Gegendienst erweisen. Ich habe ein Haus auf einer lieblichen Insel im Meere; dabei stehen paradiesische Bäume mit Früchten süß wie Nektar. Drum steige mir auf den Rücken und komme mit nach meinem Heim" Als er das hörte, freute sich der Affe sehr und sprach: „O wie schön, lieber Freund, von Herzen gern! Bring mich nur schnell dorthin!"
Da nahm der Delphin den Affen, der ihm vertraute und nicht ahnte, wie nahe ihm sein Verderben war, auf den Rücken; indem er aber so mit ihm dahinschwamm, dachte er:

„Es ist das Weib ein furchtbar schweres
Und dennoch allzu süßes Joch.
Was ich für meine Frau jetzt tun soll,
Verabscheu' ich – und tu' es doch!

Und es heißt auch:

Ob echt das Gold, zeigt am Probierstein sich,
Im Handel kannst du Mannes Art erkunden,
Des Stiers Probierstein ist das Joch – doch ward
Noch kein Probierstein für das Weib erfunden!

So muß ich also für ein Weib einen Freundesmord begehen." Indem der Delphin so sprach, sagte der Affe zu ihm: „Was redest du denn da?" Der Delphin antwortete: „ Ach, gar nichts!" Daß er ihm nichts sagen wollte, kam dem Affen nicht geheuer vor, und er dachte: „Was mag wohl der Grund sein, daß der Delphin mir meine Frage nicht beantwortet hat? Ich will ihm einmal mit Schlauheit sein Geheimnis entlocken!" Und so fragte er noch einmal eindringlicher. Der Delphin antwortete: „Meine Frau leidet an einer unheilbaren Krankheit, darum bin ich betrübt." Der Affe sprach: „Können denn die Ärzte und die Zauberer mit ihren Beschwörungen nichts zu ihrer Heilung tun?" Der Delphin entgegnete: „Ich habe sie wohl konsultiert, aber sie sagen, wenn sie nicht ein Affenherz bekomme, werde sie nicht am Leben bleiben." Als er das vernahm, hielt sich der Affe schon für so gut wie tot und dachte bei sich: „O weh, ich bin verloren! Noch im Alter ernte ich die Frucht mangelnder Beherrschung der Sinne! Ja:

Über Lüstlinge herrscht auch im Wald die Sünde,
Auch im Haus kann sich, wer redlich strebt, kastein;
Wer nichts Böses tuend Leidenschaft bezwungen,
Einem solchen wird das Haus zum Büßerhain."

Indem er solche Betrachtungen anstellte, sprach er zu dem Delphin: „Freund, das war aber nicht recht von dir! Warum hast du mir das nicht gleich gesagt? Nun habe ich mein Herz dort zurückgelassen; das hätte ich doch mitnehmen müssen, denn es heißt ja:

Seelenheil, Geld, Liebesfreuden,
Willst du die drei Ziele schaun,

Darfst du nicht mit leeren Händen
Gehen zu Priestern, Fürsten, Frau'n."

Der Delphin sprach: „Wo ist denn dein Herz?" Der Affe entgegnete: „Ebendort, auf meinem Feigenbaum! Die Affen haben doch bekanntlich ihre Herzen immer auf den Bäumen. Wenn du es gerne haben möchtest, dann wollen wir umkehren und es holen." Als der Delphin das hörte, schwamm er hocherfreut zum Ufer zurück. Da sprang der Affe seelenvergnügt schleunigst hoch, schwang sich auf einen Ast des Feigenbaumes und blieb dort sitzen, indem er dachte: „Da wäre ich ja doch noch mit dem Leben davongekommen!" Der Delphin aber rief ihm von unten zu: „Freund, hole dein Herz und komm schnell her!" Der Affe lachte und sprach: „Ich komme nicht wieder! Ich habe alles durchschaut, und was ich zu dir sagte, war nur eine List. Mach dich fort, Dummkopf! Wie kann wohl ein Herz sich außerhalb des Körpers befinden?

Listig sannst du mir den Tod,
Gegenlist mir Hilfe bot.
Was ich dir hab' vorgemacht,
Rettung hat's mir selbst gebracht."

Ü: L. Altdorf

DAS KLUGE KIND

Somadeva (um 1050 n. Chr.)

Es war einmal ein Brahmane namens Rudrasarman, der, als er in den Stand des Hausvaters trat, zwei Frauen nahm. Die eine derselben starb, nachdem sie einem Sohn das Leben gegeben hatte, und der Brahmane übergab das Kind der Stiefmutter zur Pflege. Als der Knabe ein wenig älter geworden war, reichte sie ihm schlechtes und mageres Essen, so daß er ganz bleich und dickleibig wurde. Da sagte Rudrasarman zu ihr: „Warum hast du dieses mein Kind, das seine Mutter verloren hat, so vernachlässigt?" Die Frau erwiderte dem Gatten: „Ich widme ihm die liebevollste Pflege, aber trotzdem ist aus ihm nichts anderes geworden als dieses sonderbare Geschöpf da. Was soll ich denn mit ihm tun?" Da dachte der Brahmane: „Das Kind muß schon von Hause aus eine derartige Anlage haben." Wer durchschaut die Falschheit der Frauenworte, die mit erheuchelter Unschuld und Einfalt hingeworfen werden? Und man gab dem Knaben im Hause des Vaters den Namen Bala-vinashtaka, denn man sagte: „Schon in der Blüte der Kindheit ist er verwelkt."
Als nun Bala-vinashtaka das fünfte Lebensjahr zurückgelegt hatte, da war er doch schon so verständig, daß er dachte: „Meine Stiefmutter hört nicht auf, mich schlecht zu behandeln; es wird also das beste sein, ich räche mich an ihr in irgendeiner Weise." Und er sagte zu seinem vom Hofe zurückkehrenden Vater heimlich und mit lallender Kinderstimme: „Vater, ich habe zwei Väter!" Das sagte der Knabe täglich, so daß der Vater den Verdacht schöpfte, seine Gattin habe einen Buhlen und jede Berührung mit ihr vermied. Und diese fragte sich: „Warum ist mein Gemahl erzürnt, ohne daß ich mir etwas habe zuschulden kommen lassen? Sollte etwa gar Bala-vinashtaka dahinter stecken?" Von nun an wusch sie Bala-vinashtaka auf das sorgfältigste und gab ihm leckere Speisen. Dann nahm sie ihn einmal auf den Schoß und fragte ihn: „Mein Sohn, warum hast du den Vater gegen mich aufgebracht?" Auf diese Frage antwortete der Knabe

seiner Stiefmutter: „Ich werde dir noch mehr antun, wenn du nicht aufhörst, mich schlecht zu behandeln. Deinen eigenen Kindern bist du eine liebevolle Pflegemutter: warum quälst du mich fortwährend?" Als die Frau solches hörte, warf sie sich nieder vor dem Kind und sprach mit feierlichem Schwur: „Ich will dich nicht mehr so behandeln; versöhne aber dann meinen Gemahl mit mir!" Da sagte der Knabe zu ihr: „Gut, wenn mein Vater nach Hause kommt, so lasse ihm durch eine deiner Dienerinnen einen Spiegel vorhalten; für das übrige lasse mich sorgen!" „Ich will es tun!" erwiderte die Frau, und auf ihren Befehl mußte eine Dienerin Rudrasarman sofort einen Spiegel vorhalten, als er nach Hause kam. In demselben Augenblick rief das Kind, indem es auf das Spiegelbild zeigte: „Das, lieber Vater, ist mein zweiter Vater!" Als Rudrasarman diese Worte hörte, gab er seinen Verdacht auf und versöhnte sich sofort mit seiner Gemahlin, die er grundlos einer Schlechtigkeit geziehen hatte.
So kann selbst ein Kind uns Widerwärtigkeiten bereiten, wenn es zum Zorne gereizt wird. Wir müssen deshalb das ganze Gefolge auf das aufmerksamste behandeln.

aus: Kathasaritsagara

Die Wurzel des Glücks

Indische Spruchweisheiten II

Wo die Menschen bereit sind, sowohl zu hören als auch auszusprechen, was zunächst zwar unangenehm, letztlich aber doch heilsam ist, dort stellt sich das Glück ein.

Wohlwollen ist die höchste Tugend, Geduld die größte Stärke und Selbstkenntnis das wichtigste Wissen; etwas Höheres als die Wahrheit aber gibt es nicht.

Selbst Menschen mit großen Vorzügen lernen ihr eigenes Wesen erst in der Begegnung mit anderen kennen, wie ja auch die Augen sich selbst nur im Spiegel wahrnehmen können.

Sehr Böses begeht, wer sich selbst nicht so kennt, wie er in Wirklichkeit ist: er stiehlt der Welt sein eigenes Ich.

Schwer ist es, sich selbst genau zu kennen, daß man stets im rechten Augenblick entscheiden kann, ob man einer Sache wirklich fähig ist oder nicht. Wer dazu aber in der Lage ist, der wird auch schwierige Situationen meistern.

Man darf sich wegen Unternehmungen, die einem in der Vergangenheit mißlungen sind, nicht zu gering achten; man strebe bis an sein Ende nach Glück und Gelingen und halte es nicht für unerreichbar.

Ein Verständiger trachte nach Wissen und Erwerb, als würde er nie alt werden und eines Tages sterben müssen; an Pflicht und Tugend aber denke er, als wenn der Tod ihn schon an den Haaren gepackt hätte.

Nicht dadurch, daß man andere tadelt, suche man sich selbst ins Licht zu stellen, vielmehr beweise man durch eigene Vorzüge, was in einem steckt.

Eines Fürsten Zierde ist Klugheit, begabter Menschen Zierde ist Bescheidenheit, der Frauen Zierde ist die Scham, der Eheleute Zierde die beglückende Umarmung, des Hauses Zierde sind die Kinder, des Geistes Zierde ist die Dichtergabe, der Rede Zierde Klarheit, des Körpers Zierde Anmut, des Gelehrten Zierde ein gutes Gedächtnis, des Brahmanen Zierde ist die innere Ruhe, des Mächtigen Zierde Nachsicht, des Hausherrn Zierde sein Besitz, und Wohlergehen ist die Zierde alles Lebendigen.

Indische Buchmalerei, *Opfergabe für einen Eremit*

In zu großer Nähe bringen sie Verderben und in zu großer Entfernung keinen Nutzen: mit Herrschern, mit Feuer, mit Lehrern und mit Frauen muß man in gemäßigtem mittleren Abstand verkehren.

Wer mit den Besten seiner Zeit verkehrt, sich mit gelehrten Männern austauscht und mit Uneigennützigen Freundschaft schließt, der kann nicht scheitern.

Den allzu Milden achtet man nicht, und der Strenge wird gefürchtet: darum sei man weder zu streng noch zu milde, sondern streng und milde zugleich!

Wer sich wohl fühlen möchte, der strebe nach größter Genügsamkeit und innerer Beherrschtheit. Denn Genügsamkeit ist die Wurzel des Glücks. Wer das nicht erkennt und danach handelt, wird Leid erfahren.

Wer in Unglücksfällen die Ruhe bewahrt und in Glückszeiten nicht überheblich wird und wer außerdem nicht feige ist, wenn es gilt, Gefahren entgegenzutreten, der ist in Ordnung und wird in dieser Welt zu Rande kommen.

Suche durch dich selbst dein eigenes Ich zu gewinnen, indem du Herz, Geist und Sinne bändigst; denn dieses Ich ist sowohl dein Freund als auch dein Feind.

Sowenig der Vögel Spur in der Luft und der Fische Spur im Wasser zu sehen ist, so unbemerkt geht der Tugendhafte seinen Weg.

Die große Menge der Menschen fürchtet sich vor mangelndem Lebensunterhalt, viele vor dem Tod, die besten aber fürchten nichts so sehr als Geringachtung.

Der Verstand guter Menschen ist scharf, aber nicht verletzend, ihr Tun ist ruhig, doch voller Energie, ihr Herz glühend, ohne andere zu verbrennen, und ihr

Mund ist beredt, ohne daß sie dem Gesagten einmal untreu würden.

Tue einem anderen nicht an, was dir selbst unangenehm wäre! Das ist der innerste Kern aller Verhaltensregeln, die Summe aller Gesetze.

Wer einem Zürnenden nicht wieder zürnt, der rettet sich und den anderen aus einer großen Gefahr, erweist sich als hilfreicher Arzt für beide.

Wie auch ein ganz winziges Feuer schnell groß wird, wenn es der Wind anfacht, so geht auch das Schicksal trefflich in Erfüllung, wenn es von menschlichen Bemühen unterstützt wird.

Die Geburt ist belastet durch die Gewissheit des Todes, die schöne Jugend schwindet dahin mit dem Alter. Zufriedenheit wird zerstört durch den Wunsch nach Besitz, die innere Ruhe rauben uns die Verlockungen frecher Dirnen, Tugenden werden von Neidern in den Schmutz gezogen, die Wälder werden uns durch wilde Tiere verleidet, Fürsten durch üble Menschen übel beraten, und Reichtümer erweisen ihre Vergänglichkeit: was auf dieser Welt wird nicht verschlungen und verschlingt selbst nicht anderes?

Immer, wenn man einen Wunsch entsagt hat, überkommt einen Freude; Menschen aber, die ihren Wünschen stets nachgeben, gehen mit ihren Wünschen zugrunde.

Fünf Jahre soll man einen Sohn liebevoll umhegen, zehn Jahre ihn streng züchtigen, wenn er aber sein sechzehntes Jahr erreicht hat, dann behandle man ihn wie einen Freund.

Es kommt weder etwas zur Welt noch vergeht irgendwo oder irgendwann etwas zu nichts: es tut sich nur das ‚brahman' – die Weltseele – auf, indem es sich zur Welt der Erscheinungen entfaltet.

Ü: O. Böthlingk

VI. CHINA

FRÜHLINGSBLÜTEN UND HERBSTMOND

„Du fragst, ob sich das Leben lohnt –
Oh horch: Das Lied des Fischers überm Sand!"

Wang Wei (699 – 759)

Trost fanden die Weisen in der Einsamkeit – Verbannung und Einsiedelei lehrten sie das Glück der einfachen Leute und des ländlichen Lebens begreifen. Jahrtausendelang wechselten in China die Herrscher und Dynastien. So weit die Überlieferung zurückreicht, fügen sich Weisheit und Glauben der Chinesen in bis heute lebendige Bahnen und Traditionen. Die wahrscheinlich im zweiten Jahrtausend vor Christi Geburt entstandenen heiligen Schriften Chinas tragen die Titel: „Buch der Lieder", „Buch der Urkunden", das „Buch der Riten" und das „Buch der Wandlungen". Das letztere wird im Zusammenhang mit nur in Bruchstücken erhaltenem älteren Schriftgut gesehen, dem „Verbinden der Berge" und der „Rückführung in den Speicher". Sein Kernstück heißt „Vollendung im Kleinen". Was als Orakel und Geheimlehre Verbreitung fand, wurde um 500 v. Chr. durch den Philosophen Konfuzius (oder Kung-Tse) zur Staatsreligion und durch seinen Zeitgenossen Lao-Tse zur Metaphysik des Taoismus weiterentwickelt. Mensch und Kosmos sind nicht statisch, sondern wandeln sich, so wie Frühling und Herbst den Wandlungsprozeß in der Natur kennzeichnen. Das schöpferische Prinzip „Yang" und das empfangende „Yin" zeugen die Welt und mit ihr alle Lebewesen und Dinge. Das Tao ist der sprachlich nicht weiter faßbare Urgrund alles Seienden. Er kann nur erfahren, nicht aber erklärt werden. Konfuzius lehrt die staatliche Ordnung und die Befolgung der im Einklang mit den Gesetzen der Natur stehenden Grundtugenden. Auf seine Veranlassung hin wurden die

alten Schriften aufgezeichnet. Seine Lehre wurde trotz späterer buddhistischer Einflüsse und des stets lebendig gebliebenen Taoismus beherrschend für das Denken und Handeln im alten China und hat seit der Aufklärung auch das christliche Abendland angeregt und beeinflußt.
Beispiele philosophischer, dichterischer und volkstümlicher Aussprüche und Gleichnisse in bekannten Übersetzungen sollen in diesem kleinen Lesebuch mit Bildern des Malers Wang Yun nach klassischen Meistern, das Lebensgefühl und die alte Kultur des „Reiches der Mitte" im Ausschnitt vorstellen.

Die Antwort des Dichters Wang Wei versucht, alles Wissen und alle Fragen zusammenzufassen:

„Am Abend des Lebens lieben wir nur noch die Stille.

Nicht kümmern uns mehr die zehntausend geschäftigen Dinge.
An nichts denkend, will heimkehren ich in den alten Wald,

Wo mein Gürtel im Wind weht, der in den Föhren sich regt.
Will in den Bergen beim Mondschein die Laute schlagen.

Fragt ihr mich, welches der Weisheit letzter Schluß,
So gebe ich euch zur Antwort:
Es ist das Lied des Fischers, der den Gestaden zustrebt."

Wer wenig gesehen hat, staunt viel

Sprichwörter I

Den rechten Zeitpunkt abwarten,
heißt anderen zuvorkommen.

Was du heute auf morgen vertagst,
ist morgen nicht mehr dasselbe.

Ihr kennt das Wesen mancher Pflanzen,
sich an anderen Pflanzen aufzuranken;
erst durch solchen Halt wächst ihre eigene Kraft.

Deine Arbeit wird nur gedeihen,
wenn du an sie glaubst.

Auch das beste Pferd kann nicht zwei Sättel tragen.

Je feiner der Nähfaden, um so notwendiger die Nähnadel.

Du kannst zu einem Brunnenfrosch
nicht vom Ozean sprechen.

Wer einen Tiger reitet, kann nicht mehr absteigen.

Der Schlachter denkt an Schweine,
wenn du zu ihm von Ideen sprichst.

Man verirrt sich nie so leicht,
als wenn man glaubt, den Weg zu kennen.

Der Drachen lehrt:
Wer hochsteigen will, muß es gegen den Wind tun.

Wer nicht auf die hohen Berge steigt,
kennt die Ebene nicht.

Es gibt nur zwei gute Menschen:
Der eine ist gestorben
und der andere noch nicht geboren.

Lieber eine Kerze anzünden, als über die Finsternis klagen.

Ein tüchtiger Mann braucht drei Gehilfen.

Eine Sache ist nur gefährdet,
wenn die Menschen nicht mit dem Herzen dabei sind.

Willst du reich werden, dann sammle Mist.

Wer Bambus malen will, muß ihn im Herzen haben.

Mancher fischt im Wasser nach dem Mond.

Wo das Wasser versiegt, beginnen die Fische zu fliegen.

Ethische Grundsätze des Konfuzius

Yu-tse sprach: „Menschen, die kindesliebend und bruderliebend sind und es dennoch lieben, sich der Obrigkeit zu widersetzen, sind selten. Solche, die es nicht lieben, sich der Obrigkeit zu widersetzen, die es aber dennoch lieben, Unruhe zu stiften, hat es noch nicht gegeben. Der Edle macht die Wurzel zur Hauptsache: Steht die Wurzel fest, so wächst aus ihr das Tao, die Norm hervor. Sollte nicht Kindes- und Bruderliebe die Wurzel alles Menschlichen sein?"

Tse-tschang befragte den Konfuzius über die Menschenliebe. Konfuzius sagte: „Wer imstande ist, in der Welt fünf Dinge zu betätigen, dürfte voll Menschenliebe sein." – Er bat, fragen zu dürfen, was diese fünf Dinge wären. Der Meister sagte: „Ehrerbietung, Weitherzigkeit, Aufrichtigkeit, Fleiß, Güte. Ist man ehrerbietig, so wird man nicht geringschätzig behandelt, ist man weitherzig, so gewinnt man die Menge, ist man aufrichtig, so genießt man das Vertrauen der Menschen, ist man fleißig, so hat man Erfolg, ist man gütig, so genügt das, um die Menschen zu verwenden."

Der Meister sprach: „Noch sah ich keinen, der die Menschlichkeit liebte und, was nicht menschlich ist, verabscheute. Für den, der die Menschlichkeit liebt, gibt es nichts, was er noch höher schätzte, und wer, was nicht menschlich ist, verabscheut, wird seine Menschenliebe dadurch betätigen, daß er nichts, was nicht menschlich ist, sich seiner Person nähern läßt. Gibt es einen, der einen Tag lang seine Kraft im Dienste der Menschenliebe zu üben fähig ist? Ich habe noch nie gesehen, daß dann seine Kraft nicht ausreichte. Ob es solche Fälle auch gibt, gesehen habe ich noch keinen."

Der Fürst von Scheh sagte zu Konfuzius: „Bei uns zulande gibt es Leute, die sind so rechtschaffen, daß, wenn jemandes Vater ein Schaf gestohlen hat, der Sohn ihn anzeigt." Konfuzius sagte: „Bei uns hierzulande sind die Aufrichtigen anders als jene. Der Vater würde solches um des Sohnes willen verbergen, und der Sohn würde solches um des Vaters willen verbergen, die Rechtschaffenheit besteht darin."

Der Meister sprach: „Mache Treue und Aufrichtigkeit zur Hauptsache, habe keine Freunde, die dir nicht ebenbürtig sind, und wenn du gefehlt hast, so scheue nicht, es wieder gut zu machen."

Tse-kung fragte: „Gibt es ein Wort, nach dem man sich sein ganzes Leben lang richten kann?" – Der Meister sagte: „Wäre das nicht Gegenseitigkeit? Was du nicht willst, das man dir tu', das füge auch keinem andern zu."

Jemand fragte: „Was würdest du sagen, wenn man Unrecht mit Güte vergelten wollte ?" – Der Meister sagte: „Womit wolltest du dann Güte vergelten? Mit Gerechtigkeit soll man Unrecht, mit Güte soll man Güte vergelten."

Ü: E. Schmitt

Das Ideal des Edlen

Konfuzius sagte: „Dreierlei gibt es, wovor der Edle Ehrfurcht empfindet. Ehrfurcht empfindet er vor den Befehlen des Himmels, Ehrfurcht hat er vor den großen Männern, und Ehrfurcht hat er vor den Worten der Heiligen. Der geringe Mensch jedoch erkennt nicht die Befehle des Himmels und empfindet darum keine Ehrfurcht vor ihnen, er ist unehrerbietig gegenüber großen Menschen und verhöhnt die Worte der Heiligen."

Ü: E. Schmitt

Das Fliessen des Wassers

aus: Li Gi, *dem* Buch *der* Riten, *Sitten und Gebräuche*
(*um* 200 *v. Chr.*)

Tse-Kung fragte den Meister: „Ihr liebt es, vor einem großen Flusse zu stehen und ihn zu betrachten. Darf ich fragen, warum Ihr das tut?"
Kung-tse antwortete ihm: „Das Wasser läßt sich mit einem Edlen vergleichen. Wohin es kommt, ist es freigebig, ohne selbstsüchtig zu sein, es gleicht somit der Kraft des Geistes. Überall, wohin es gelangt, schafft es Leben, dort, wohin es nicht gelangen kann, entsteht Tod, es gleicht somit der Güte. Sein Fließen nimmt Rücksicht auf die Erhöhungen und Vertiefungen des Geländes, es gleicht somit dem gerechten Sinn. Es geht zu tiefen Abgründen hin, ohne sich zu besinnen, es gleicht somit dem Mute. Es gleitet ebenmäßig dahin und bildet große Tiefen, es gleicht somit der Weisheit. Es muß viele Schwierigkeiten, die sich ihm feindlich entgegenstellen, überwinden, es gleicht somit der Verträglichkeit. Es muß es über sich ergehen lassen, schmutzig zu werden, bemüht sich aber, sich sogleich wieder zu reinigen, es gleicht somit der Fähigkeit, sich immer wieder zu erneuern. Es füllt alle Vertiefungen gleichmäßig an, es gleicht somit der Rechtlichkeit. Es nimmt niemals mehr Platz ein, als es tatsächlich bedarf, es gleicht somit der Mäßigung. Es mag sich in seinem Fließen unzählige Male in alle Richtungen hin winden, läuft aber trotzdem immer geradeaus, es gleicht somit der Zielbewußtheit.
Das ist es, was mich einen großen Fluß gerne betrachten macht!"

Ü: A. v. Rottauscher

Regierung durch Nichthandeln

aus: *Tao-Te-King des* Lao-Tse (*um* 500 *v. Chr.*)

Mit Gesetzen regiert man ein Land.
Mit List führt man Krieg.
Mit Nicht-Tun gewinnt man das Reich.

Woher weiß ich, daß es so ist?
Daher: Je mehr Beschränkungen und Verbote im Reich, desto ärmer wird das Volk.
Je mehr Waffen im Volk, desto unruhiger wird das Land.
Je erfinderischer das Volk,
desto ungewöhnlichere Dinge geschehen.
Je mehr Verfügungen und Gesetze,
desto mehr Diebe und Räuber.
Darum spricht der Heilige:
Ich tue nichts, und das Volk wandelt sich von selbst.
Ich liebe die Ruhe, und das Volk wird von selbst redlich.
Ich bin frei von Geschäftigkeit,
und das Volk wird von selbst reich.
Ich bin ohne Wunsch, und das Volk wird von selbst einfach.

Ü: H. Federmann

Der Weg des Himmels

aus: Tao-Te-King des Lao-Tse (um 500 v. Chr.)

Wahre Worte sind nicht schön,
schöne Worte sind nicht wahr.
Der Gute redekünstelt nicht,
der Redekünstler ist nicht gut.
Der Erkennende ist nicht vielwissend,
der Vielwisser erkennt nicht.

Der heilige Mensch sammelt nicht an.
Je mehr er für die Menschen tut,
desto mehr hat er.
Je mehr er den Menschen gibt,
desto viel mehr hat er.

Des Himmels Weg ist,
wohltun und nicht schaden.
Des heiligen Menschen Weg ist,
tun und nicht streiten.

Geht man nicht aus der Tür,
kennt man die Welt.
Blickt man nicht aus dem Fenster,
sieht man des Himmels Weg.
Je weiter man ausgeht,
desto weniger kennt man.
Daher: Der heilige Mensch
Nicht geht und doch kennt,
Nicht sieht und doch benennt,
Nicht tut und doch vollend't.

Der recht Vollkommne ist wie unzulänglich,
Sein Wirken aber unvergänglich,
Der recht Erfüllte ist wie leer,
Sein Wirken erschöpft sich nimmermehr.

Der recht Gerade ist wie krumm,
Der recht Gescheite ist wie dumm,
Der recht Beredte ist wie stumm.

Bewegung überwindet Kälte,
Ruhe überwindet Hitze,
Der Reine und Ruhige ist der Welt Richtmaß.

Ü: V. v. Strauß

Im Dunkeln ist jeder Weg lang

Sprichwörter II

Der Mond ist süß, aber das Herz ist bitter.

Ein Mensch ohne Lächeln sollte keinen Laden aufmachen.

Um die Liebe eurer Eltern zu verstehen,
müßt ihr selber Kinder aufziehen.

Tadle dich, wie du andere tadeln würdest;
entschuldige andere, wie du dich entschuldigen würdest.

Chinesische Malerei, *Ch'ien Hsüan: Wang Hsi-chih beobachtet Gänse* (Ausschnitt aus einer Handrolle), um 1235-1301

Aufgewirbelter Staub stört nicht die Vorangehenden,
sondern die Nachfolgenden.

Selbst die besten Freunde
sollte eine hohe Mauer trennen.

Du kannst vor dem Winde nicht davonlaufen,
deinen Schatten nicht wegwischen.

Wenn du dich schon beugst, beuge dich tief.

Machst du auf den Edelhirsch Jagd,
so lasse den Hasen außer acht.

Willst du zählen die Fische im Teich,
zieh ab das Wasser, so hast du sie gleich.

Ein Volk ohne Feinde steht vor dem Fall.

Wer mir schmeichelt, ist mein Feind;
wer mich tadelt, ist mein Lehrer.

Wenn ich einen grünen Zweig im Herzen trage,
wird sich ein Singvogel darauf niederlassen.

Es genügt nicht, zum Fluß zu kommen
mit dem Wunsche, Fische zu fangen,
man muß auch das Netz mitbringen.

Der Fisch, den man nicht fängt, ist immer groß.

Ob du eilst oder langsam gehst,
der Weg vor dir bleibt derselbe.

Was sich sagen läßt, ist noch lange nicht getan.

Nur die Schale klebt am Reis,
doch nie der Reis an der Schale.

Lang genug geschliffen,
wird aus einem Stößel zu guter Letzt eine Nadel.

Wer in einen Brunnen stürzt,
auf den wird sicher noch ein großer Stein herniederfallen.

Ein Fisch sieht den Köder, aber nicht den Haken.

Wer dem Tiger ein Glöckchen umbinden kann,
vermag auch, es ihm wieder abzunehmen.

Das Menschenherz I

Tschuang-Tse (um 300 v. Chr.)

Wird das Herz des Menschen bedrückt, dann wird es kleinmütig, wird es gefördert, dann lehnt es sich auf. Es ist bald sanft und hingebend, bald herrisch und hart. Bald ist es still und bescheiden, bald verletzend und scharf. Bald ist es heiß wie das Feuer, bald kalt wie das Eis. Das Herz vermag so rasch zu sein, daß es in der Zeit, da der Mensch das Auge bewegt, schon über alle Meere greift. Ist es still, dann ist es schweigsam wie ein Abgrund, bewegt es sich, dann stürmt es in die Höhe. Stolz und hochmütig ist das Herz des Menschen und läßt sich nicht binden.

Ü: A. v. Rottauscher

Das Menschenherz II

Tschuang-Tse (um 300 v. Chr.)

Tsui-Khü fragte Lao-Tse:
„Wenn das Reich nicht regiert werden soll, wie sind die Herzen der Menschen gut zu machen?“
Lao-Tse antwortete:
„Achte darauf, die natürliche Art des Menschenherzens nicht zu stören. Das Herz des Menschen kann niedergedrückt und

es kann aufgerührt werden. Niedergedrückt ist es wie ein Gefangner, aufgerührt ist es wie ein Toller.
Durch Zartheit kann das härteste Herz gesänftigt werden. Aber versuche es zu hobeln und zu glätten – es wird wie Feuer erglühen oder wie Eis erstarren. Ehe sich dein Haupt wendet, wird es über die Grenzen der Vier Meere entfliehn. In Ruhe, tief beständig; in Bewegung, zum Himmel aufgeschnellt; entschiednen Stolzes sich aller Bindung weigernd: – so ist das Menschenherz."

Ü: M. Buber

Die Perle

Tschuang-Tse (um 300 v. Chr.)

Der Gelbe Kaiser reiste nordwärts vom Roten See, bestieg den Berg Kun-lun und schaute gegen Süden. Auf der Heimfahrt verlor er seine Zauberperle. Er sandte Wissen aus, sie zu suchen, aber es fand sie nicht. Er sandte Klarsicht aus, sie zu suchen, aber sie fand sie nicht. Er sandte Redegewalt aus, sie zu suchen, aber sie fand sie nicht. Endlich sandte er Absichtslos aus, und es fand sie. „Seltsam fürwahr", sprach der Kaiser, „daß Absichtslos sie zu finden vermocht hat."

Ü: M. Buber

Der Schmetterling

Tschuang-Tse (um 300 v. Chr.)

Ich, Tschuang-tse, träumte einst, ich sei ein Schmetterling, ein hin und her flatternder, in allen Zwecken und Zielen ein Schmetterling. Ich wußte nur, daß ich meinen Launen wie ein Schmetterling folgte, und war meines Menschenwesens unbewußt. Plötzlich erwachte ich, und da lag ich: wieder „ich selbst". Nun weiß ich nicht: war ich da ein Mensch, der träumt, er sei ein Schmetterling, oder bin ich jetzt ein Schmetterling, der träumt, er sei ein Mensch? Zwischen Mensch und Schmetterling ist eine Schranke. Sie überschreiten ist Wandlung genannt.

Ü: M. Buber

Die Schöne und die Hässliche

Tschuang-Tse (um 300 v. Chr.)

Als Yang-Tse nach dem Staate Sung kam, verbrachte er eine Nacht in einer Herberge.
Der Wirt hatte zwei Beischläferinnen, eine schöne und eine häßliche. Die häßliche ehrte er; die schöne verachtete er.
Yang-Tse fragte einen Herbergsdiener, warum dies so sei.
Der antwortete: „Die Schöne weiß um ihre Schönheit, und wir sehen ihre Schönheit nicht. Die Häßliche weiß um ihre Häßlichkeit, und wir sehen ihre Häßlichkeit nicht.

Ü M. Buber

Überfeinerung und Nichttun

Tschuang-Tse (um 300 v. Chr.)

Überfeinerung des Sehens führt zu Ausschweifung in Farben, Überfeinerung des Hörens führt zu Ausschweifung in Tönen, Überfeinerung der Menschenliebe führt zu Verwirrung in der Tugend, Überfeinerung der Gerechtigkeit führt zur Verkehrung der Grundsätze, Überfeinerung der Riten führt zur Abweichung vom wahren Ziel, Überfeinerung der Musik führt zur Lockerung des Geistes, Überfeinerung des Wissens führt zur Vorherrschaft des Werkzeugs, Überfeinerung des Scharfsinns führt zur Ausdehnung der Tadelsucht.
Ruhen die Menschen in den natürlichen Bedingungen des Daseins, da mögen diese acht Elemente sein oder nicht sein, es macht nichts aus. Ruhen aber die Menschen nicht in

den natürlichen Bedingungen des Daseins, dann werden diese acht Elemente zu Hindernissen und zu Raubmächten, und sie stürzen die Welt in Verwirrung. Trotzdem ehrt und liebt sie die Welt, so sehr geht sie in die Irre. Und das tut sie nicht in einer vorübergehenden Laune, sondern mit Belehrung in Worten, mit Demut in Fußfällen und mit dem Reiz des Spiels und des Gesanges. Was bleibt mir da zu tun?
Darum gibt es für den überlegenen Menschen, der in unentrinnbarer Weise zum Herrscher berufen ist, nichts anderes als Nichttun. Durch Nichttun wird er fähig sein, in den natürlichen Bedingungen des Daseins zu ruhen. Und so ist, der das Reich wie sein eigenes Selbst ehrt, geeignet, es zu erhalten, und der das Reich wie sein eignes Selbst liebt, geeignet, es zu lenken.
Und wenn er sich dessen enthalten kann, sein inneres Gleichgewicht zu schädigen und seine Sinneskräfte zu belasten, wenn er wie ein Leichnam unbewegt ist, dieweil seine Drachengewalt sich ringsum offenbart, in tiefem Schweigen, dieweil seine Donnerstimme erschallt, und die Mächte des Himmels antworten jeder Regung seines Willens, und unter dem nachgiebigen Einfluß des Nichttuns reifen und gedeihen alle Dinge, – welche Muße hat er, an die Regierung der Welt zu gehen

Ü: M. Buber

Im Herzen haben

Tschuang-Tse (um 300 v. Chr.)

Sich ganz im Herzen haben, das heißt: der Führer entbehren können. Sich ganz im Herzen haben, das heißt: nicht länger nach Erlebnissen jagen. Ruht nicht im Raum des Herzens immer noch ein Unerlebtes?
Der dem Strom seines Herzens entglitten ist, aus der Meeresstille der großen Einheit in das Geplätscher der Gegensätzlichkeit, der gleicht dem, der da sagte: ich ging heut ins Südland und kam gestern schon an.

Worte sind nicht nur Hauch. Gedanken unterscheiden sie von ihm. Ohne sie gleichen sie dem Geschrei junger Vögel. Aber wie kann Tao so verdunkelt werden, daß da nötig wird, über Tao zu reden? Wie können Worte so getrübt werden, daß die verwirrende Weisheit der Widersprüche Einlaß in sie findet? Wie kann Tao verschwinden und wie nicht dauern? Wie können Worte existieren und doch unmöglich sein?

Tao wird verdunkelt durch unsere Sucht, Tao in Worte zu kleiden. Worte werden verdunkelt durch unsere Sucht, geistreich zu sein.

Da sind die klugen Anhänger der Systeme. Dieser verneint, was jener bejaht. Jener entkräftet, was dieser behauptet. Und keiner ist, der den Einklang vermittelt, unvoreingenommen, ungelöst aus der Einheit.

Es gibt nichts, das da ist. Es gibt nichts, das nicht da ist. Unmöglich, auszugehen von dem, das nicht da ist. Nur von dem, das da ist, erreiche ich Kenntnis von dem, das nicht da ist. Darum ward gesagt: Nicht da sein ist zu erkennen aus da sein; doch da sein ist die Folge von nicht da sein. So entstanden die Klugheiten von der Erscheinung der Gegensätze. Wohlan: Der Tod des einen ist die Geburt des anderen. Die Möglichkeit des einen bedingt die Möglichkeit des anderen. Die Behauptung des einen erzielt die Entkräftung des anderen. Doch wie auch die Dinge liegen, der Erwachte sieht nicht die äußeren Merkmale des Dies und des Das. Er geht ein in Tao und findet von Tao aus ins Herz der Dinge.

Und da solchermaßen da sein ist wie nicht da sein und nicht da sein wie da sein und alle Gegensätze ununterscheidbar zusammenfließen; wie ist es noch möglich, zu sagen, ob da sein oder nicht da sein in Wahrheit da ist oder nicht da ist?

Dasein und Nichtdasein ihrer Gegensätzlichkeit enthoben sehen, das heißt, auf den Weg finden. Und wenn der Weg durch das Herz führt, in dem alles Seiende zusammenklingt, so gehen Dasein und Nichtdasein ein zum endlos Einen.

Darum ward gesagt: kein besserer Führer als das Herz.

Ü: W. Salenstein

Chinesische Malerei, *Ma Lin: Dem Wind in den Kiefern lauschend* (Ausschnitt aus einer Wandrolle), 1246

KEINE BLUME BLÜHT HUNDERT TAGE

Sprichwörter III

Nicht die Schönheit verführt die Männer,
sie verführen sich selbst.

Glück und Unglück kommen nicht von selber,
sondern nur gerufen.

Die wildeste Tigerin ist die beste Mutter.

Sprichst du zu Müttern,
so reden sie alsbald von ihren Kindern.

Eine hübsche Frau, die in eine Familie kommt,
hat die häßlichen gegen sich.

Wen der Himmel strafen will,
dem schickt er eine schöne Frau in den Weg.

Auch ein großer Elefant
verwickelt sich in ein Frauenhaar.

Das Gesicht lebt und stirbt mit dem Herzen.

Fürchte nicht, daß der Körper,
sondern nur, daß die Seele altert.

Wer lange krank ist, wird selbst zum Arzt.

Ein guter Vogel wählt den Baum aus,
auf dem er rastet.

Unter freundlichen Menschen
ist selbst das Wasser süß.

Wer an den vier Meeren Freunde hat,
glaubt überall Orchideenluft zu riechen.

Wenn ein großes Schiff zerschellt,
bleiben immer noch drei Lasten mit Nägeln zurück.

Man versteht nur das Geschäft,
durch das man den Reis verdient.

Gedichte enthalten Bilder und Bilder Gedichte.

Hast du drei Tage kein Buch gelesen,
werden deine Worte seicht.

Mit dem du dich tausend Mal geprügelt
und zehntausend Mal gestritten hast,
setze dich am letzten Tag des Jahres
einträchtig zum Essen nieder.

Wer keine dicke Haut hat,
lasse sich nicht von Tigertatzen streicheln.

Es sind die hübschen Vögel,
die man in den Käfig sperrt.

Wer nah am Tempel wohnt,
weiß auch die Götter zu betrügen.

Lied beim festlichen Begehen des Beschlusses der Jahresarbeiten

aus dem Schi-King (10. – 7. *Jh. v. Chr.*)

Die Heimchen zirpen durch das Haus,
Nun ist des Jahres letzte Zeit,
Und wären wir nicht heut vergnügt,
Uns ließen Tag und Mond beiseit.

Doch sei die Lust nicht Saus und Braus;
Zuerst bedenkt, wobei ihr seid.
Der Lust zuliebe schweift nicht aus;
Ein wackrer Mann hält Sittigkeit.

Die Heimchen zirpen durch das Haus,
Nun ist des Jahres letzte Schicht,
Und wären wir nicht heut vergnügt,
Uns blieben Tag und Monde nicht.
Doch sei die Lust nicht Saus und Braus;
Zuerst bedenkt, was noch in Sicht.
Der Lust zuliebe schweift nicht aus;
Ein wackrer Mann hält auf die Pflicht.

Die Heimchen zirpen durch das Haus,
Ein jeder Arbeitskarren ruht;
Und wären wir nicht heut vergnügt,
Wär Tag und Mond verlornes Gut.
Doch sei die Lust nicht Saus und Braus;
Zuerst bedenkt, was wehe tut.
Der Lust zuliebe schweift nicht aus;
Ein wackrer Mann hält sich in Hut.

Ü: V. v. Strauß

Überdruss am Staatsdienste

aus dem Schi-King (10. – 7. *Jh. v. Chr.*)

Schiebe nicht den großen Wagen;
Wirst dir selbst nur Staub erregen.
Denke nicht der hundert Plagen;
Wirst dir selbst nur Leid auflegen.

Schiebe nicht den großen Wagen;
Wirst vom Staub nur übernommen.
Denke nicht der hundert Plagen;
Wirst dem Trübsinn nicht entkommen.

Schiebe nicht den großen Wagen;
Wirst vom Staub verhüllt nur werden.
Denke nicht der hundert Plagen;
Machst dir selber nur Beschwerden.

Ü: V. v. Strauß

Beim Lesen des Buchs von den Bergen und Meeren

Tau Tjian (372 – 427)

Frühsommer ist's. Es wachsen Gras und Bäume,
Rings hängen um das Haus die Zweige nieder,
Die Vöglein singen fröhlich ihre Lieder.
Auch mir sind traut der stillen Hütte Räume.
Des Pflügens und des Säens Arbeit ist getan.
Zu meinen Büchern kehr ich nun beglückt,
Fern bin ich allem Lärm der Welt entrückt.
Nur Freunde halten oft den Wagen bei mir an.
Erfreut bewirt ich sie mit selbstgebrautem Wein,
Und meines Gartens Früchte setz ich ihnen vor.
Ein leichter Regenschauer steigt im Ost empor,
Und kühlen Windhauch führt er mit, erfrischend rein.
Wenn ich so lese von des alten Königs Reisen,
Wenn ich durchblättre dann das Buch von Berg und Meer,
Da breitet Erd und Himmel sich vor meinen Blicken:
Und was bedarfs zu wahrer Freude mehr?

Ü: R. Wilhelm

Der Blumennarr

Ein altes chinesisches Märchen

Zur Zeit des Kaisers In Tsung aus der Sung-Dynastie lebte in der Provinz Kian Nan in einem Dorf ein Greis. Er hieß Tschou Schian. Dieser liebte die Blumen über alles. Sobald er schöne Blumen und Bäume sah, konnte er die wichtigsten

Dinge vergessen, und deshalb nannte man ihn den Blumennarren. Er gab all sein Geld für Blumen aus, und wenn er kein Geld mehr hatte, verpfändete er seine Kleider. Böse Menschen, die von seiner Narrheit wußten, suchten überall die schönsten Blumen zusammen, brachen sie ab, umgaben die Narben mit Erde und ließen sich hohe Summen dafür zahlen. Das war natürlich Betrug, aber seltsam, wo auch immer er diese abgebrochenen Blumen einpflanzte, sie gediehen, und mit der Zeit hatte er einen großen Garten, von einem Bambuszaun umgeben, in dem die herrlichsten Schlinggewächse, Staudenpflanzen, Kletterranken und Blumen mit tausenderlei Namen wuchsen. Fast zu allen Jahreszeiten hatte er Blüten in seinem Garten, und auch in seinem kleinen, von einem Glasdach überdeckten Grashaus herrschte ständig Frühling. Dicht am Garten lag noch ein kleiner See mit herrlichen Wasserpflanzen, und die Menschen kamen von weit her, um den Garten zu sehen.
Tschou Schian hob jeden Morgen die abgefallenen Blätter unter den Bäumen auf oder fegte sie säuberlich zusammen. Dann schöpfte er im See Wasser und begoß jede Pflanze zweimal am Tage, morgens und abends. Sobald eine Blume aufblühte, konnte er sich nicht genug darüber freuen. Wenn er Tee oder Wein trank, verneigte er sich immer zuerst vor den Blumen und rief dabei dreimal hintereinander: „Zehntausend Jahre!“ Dann genoß er sein Frühstück, ohne den Blick von den Pflanzen zu nehmen. War es im Sommer zu trocken, so genügte es ihm nicht, die Blumen zu gießen, sondern er tauchte mehrmals am Tage einen Besen in den See und schüttelte ihn immer wieder über den Pflanzen aus. Kam aber ein Sturm oder ein Regenguß, so ging er im Regenmantel und mit einem geflochtenen Rohrhut auf dem Kopf unter den Pflanzen einher und sah nach, ob ihnen auch kein Schaden geschähe. Selbst in tiefer Nacht erhob er sich von seinem Lager und ging zu seinen Pflanzen.
Welke Pflanzen warf er nie fort, sondern er trocknete sie und füllte einen Krug mit ihnen. Über dem Krug vergoß er Tränen, bestattete ihn dann und nannte das „die Blumenbestattung“. Waren Blumen vom Regen geknickt worden,

hob er sie von der Erde auf, wusch sie mit lauem Wasser und streute sie dann über den See. Das nannte er „das Blumenbad". Nie erlaubte er, daß ein Zweig abgebrochen oder eine Blume gepflückt wurde. Denn er sagte: „Jede Blume blüht nur einmal im Jahr und ihr Leben dauert nur eine einzige Jahreszeit. Wie viele Gefahren hat sie in dieser kurzen Zeit zu bestehen: Schmetterlinge und Bienen verletzen sie, Vögel und Würmer nagen sie an, Sonne dörrt sie, Sturm schüttelt sie, Regen schlägt sie, Nebel verhüllt sie. Eine gebrochene Blume kann niemals an den Ort zurückkehren, wie ein Verstorbener, der niemals wiederkommt." Dies und noch viel mehr sagte Tschou Schian. Ja, wenn er fremde Leute in ihren Gärten sah, die Blumen abbrachen, kniete er vor ihnen nieder und flehte um das Leben der Blume. In seinen Garten ließ er nur ungern Leute aus Angst, sie könnten eine Blume oder einen Zweig brechen, auch glaubte er, daß der Menschen Ausdünstungen den Blumen schaden könnten.
Alle Menschen in der Umgebung kannten diesen Blumennarren und wagten nicht, gegen seinen Willen zu handeln, denn sogar die Vögel, denen er lieber Weizen und Samenkörner auf den Boden warf, damit sie sich ja nicht an die Blumen wagten, flogen im Garten umher, ohne einen Schaden anzurichten. Niemals berührten sie eine Knospe oder Blüte, es war, als ob die Empfindungen des Blumennarren auf sie übergegangen seien. Darum trug sein Garten auch das meiste Obst, und von dem Erlös des Verkaufs konnte er sorglos leben und noch einen Überschuß abgeben an die Armen. Weit und breit war der Blumennarr geachtet, und die Leute in der Nachbarschaft nannten ihn immer nur „Herr" Tschou (was sonst nicht üblich war). Sie waren sehr höflich zu ihm. Er selber aber gab sich den Namen „der Blumen begießende Greis".
Nun lebte zu der Zeit in der nahen Stadt ein Mann namens Djang We. Er entstammte einem adligen Hause, war grausam und hinterhältig und unterdrückte die ganze Umgebung, weil er viel Macht besaß. Er war immer von Dienern und einer Schar roher junger Leute umgeben, mit denen er Tag und Nacht herumzog. Schon viele Familien waren durch

ihn in Unglück und Verderben geraten. Als er einmal beim Frühstück etwas trunken geworden war und sich in diesem Zustand im Dorf herumtrieb, gelangte er zufällig an Tschous Garten und gewahrte den Zaun und all die Blumen. „Diese Herrlichkeit!" rief er aus. „Wem gehört der Garten?" „Er gehört Herrn Tschou, den man den Blumennarren nennt", antworteten die Diener. „Warum gehen wir nicht hinein, um sie uns näher anzusehen?" erwiderte Djang We. „Der Mann hat ein sonderbares Wesen", erklärten ihm die Diener, „er erlaubt niemandem, seine Blumen anzusehen." „Geht hin und klopft an, mit mir wird er nicht so verfahren."

Es war zu der Zeit, da die Pfingstrosen aufblühten, und Herr Tschou war dabei, sie zu begießen. Er versperrte sofort den Eingang mit ausgebreiteten Armen. „Was wollt ihr hier?" fragte er. „Ich bin der berühmte Junker Djang, das ganze Dorf Djang gehört mir. Ich hörte, du hast so schöne Blumen, und ich komme, sie mir anzusehen." „Ich habe keine Blumen, nur Pfirsiche, Aprikosen und dergleichen, und die sind schon verblüht", wehrte Tschou ihn ab. Doch Djang We hörte nicht darauf, trat vor, bog mit einem Arm Tschous Arm zur Seite und stieß ihn gegen die Brust. Da blieb Tschou keine andere Wahl, er mußte alle einlassen und schloß die Tür hinter ihnen. Nun sahen sie, daß der Garten voll der herrlichsten Blumen war, und keine blühten so schön wie die Pfingstrose, die Königin unter den Blumen. Die Leute Djang Wes waren von ihrem Glanz fast geblendet und des Lobes voll. Djang We aber näherte sich ihnen und wollte daran riechen. Das aber konnte Tschou nicht leiden, und so bat er: „Bitte, geh nicht zu nahe heran!" Djang We, der schon gereizt war durch den gehinderten Eintritt, benutzte die Gelegenheit zu Streit und rief: „Du hast den Garten voll der schönsten Blumen, sagtest mir aber, du habest keine. Statt froh zu sein, daß ich darüber schwieg, führst du noch freche Reden. Nun bin ich erst recht gelaunt, nicht abzulassen." Er bog die Blume zu sich herüber und roch daran. Tschou, der einsah, daß er gegen ihn nicht aufkam, dachte, er werde sie nur ansehen und dann gehen. Doch nun wollte ihn der Junker herausfordern und befahl seinen Dienern, Wein zu bringen: er möchte

in der Nähe der Blumen trinken. „Bitte, bitte, tut das nicht. Seht euch die Blumen an, riecht daran; aber hier ist kein Platz zum Sitzen und Trinken. Der Boden ist schmutzig."
„So werde ich Teppiche holen lassen. Ich will zwischen den Blumen sitzen und trinken!" brüllte Djang We.
In kurzer Frist waren Teppiche ausgebreitet, Essen und Trinken wurde herbeigeschafft, alle tranken, spielten und ergötzten sich, und Tschou Schian saß mit zerstörtem Antlitz daneben.
Da stieg in Djang We ein böser Gedanke auf. „Möchtest du diesen Garten verkaufen?" fragte er zornig. „Dieser Garten ist mein Leben!" sagte Tschou Schian, der ahnte, daß sich jetzt etwas Böses vorbereitete. „Wenn er dein Leben ist, kannst du, wenn du ihn verkauft hast, bei mir bleiben und die Blumen pflegen. Es gibt nichts Besseres für dich." „Du hast Glück, Alter", riefen nun auch alle Diener. „Beeile dich, ihm zu danken." Tschou Schian wußte, daß der andere mächtiger war als er. Zudem war er betrunken, und um ihn abzuwehren, bat er: „Wenn ihr den Garten kaufen wollt, Junker, dann laßt uns in Ruhe darüber reden", sagte er, seine Erregung hinunterwürgend. „Man kann nicht in einem Gespräch zu einem Entschluß kommen." „Also gut, warten wir bis morgen."
Inzwischen hatten alle gegessen und getrunken, und die Diener begannen das Geschirr zu entfernen. Djang We, koste es, was es wolle, versuchte, eine Blume zu brechen. Wohl wehrte ihn Tschou ab und bat um das Leben der Pflanzen, die nur so kurze Zeit zu leben haben und die es so viel Zeit gekostet hatte, sich zu entfalten. Aber Djang We lachte nur: „Du plapperst wieder und sprichst von Sünden, aber wenn der Garten mein ist, kann ich alle brechen, was kümmert's dich!" Tschou Schian wollte ihn festhalten, der Junker umklammerte ihn. „Erschlag mich, aber ich dulde nicht, daß ihr eine Blüte brecht!" „Wahrlich, der Alte ist ein sonderbarer Kauz!" riefen da die anderen. „Eine einzige Blüte, was macht das aus? Wir lassen doch um seinetwillen nicht ab, die Blüten abzubrechen." Sogleich gingen sie hin und rissen überall die Blüten herunter. Tschou Schian schrie laut, ließ ab von dem Junker und versuchte nun, die übrigen von den Blüten

fernzuhalten. Es gelang ihm aber nicht; in kurzer Zeit waren alle gebrochen und von den Zweigen gerissen. „Ihr Bösewichte!“ rief Tschou Schian schmerzlich. Dann ging er zu Djang We und stieß ihn mit dem Kopf vor die Brust. Der Anprall war heftig, und Djang We, zudem betrunken, fiel von dem Stoß zu Boden. Aber kaum konnte er sich wieder erheben, ging er hin, schlug alle Blüten zu Boden und stampfte, damit noch nicht zufrieden, auf ihnen herum. Da wurde Tschou Schians Schmerz so heftig, daß er sich auf die Erde warf und über Himmel und Erde schrie. In der Nachbarschaft vernahm man, daß es im Garten Streit gab, die Leute drangen ein und sahen nun den ganzen Boden bedeckt mit Blüten und Blättern.
Djang Wes Leute wollten sich eben auf Tschou stürzen, um ihn zu schlagen, doch die Nachbarn hoben den Alten vom Boden und entschuldigten sich bei Djang We. „Sagt dem Alten, wenn er mir den Garten schenkt mit artigen Worten, so geschieht ihm nichts, aber sagt er nein, so mag er sehen, was geschieht.“ Die Nachbarn glaubten, Djang We sei betrunken und morgen alles vergessen.
Tschou Schian, laut weinend und klagend, hörte auf niemanden, sondern ging hin und hob alle Blüten und Blätter auf, aber als er sah, wie zertreten und zerschlagen sie waren, kam der Schmerz aufs neue über ihn. Er weinte noch lauter; da sprach eine Stimme hinter ihm: „Warum klagst du so bitterlich?“ Er sah sich um und erblickte ein Mädchen von sechzehn Jahren, fein und lieblich von Gestalt und Antlitz, in einem edlen, doch einfachen Gewande. Er wischte sich die Tränen ab und fragte, woher sie stamme. „Ich wohne hier nahebei, und man sagte mir, die Pfingstrosen in deinem Garten stünden in voller Blüte. Nun bin ich eigens hierher gekommen, um sie mir anzuschauen.“ Als sie von den Pfingstrosen sprach, begann er aufs neue zu weinen, und sie fragte ihn, welchen Kummer er habe. Da erzählte ihr Tschou Schian, was ihm mit Djang We widerfahren war. „Wenn es so ist“, lachte das Mädchen, „könnt Ihr die Zweige und Blüten wieder an den Pflanzen haben.“ „Ihr scherzet, Jungfrau“, erwiderte Tschou Schian. „Ich habe von meinen Ureltern ein

Mittel, ich habe es oft versucht, und es hat nie versagt. Es heißt: ‚Bring Blüten zum Zweig'." Da warf sich Tschou Schian auf die Knie vor ihr und flehte sie an, ihm etwas von jenem wunderbaren Mittel zu opfern. „In Zukunft werde ich Euch bei jeder erblühten Blume rufen, damit Ihr sie betrachten könnt." „So erhebt Euch, und geht und bringt ein Glas Wasser herbei." Tschou Schian stürzte ins Haus, und als er zurückkam, war das Mädchen verschwunden, aber alle Blüten saßen wieder an den Zweigen und nichts lag mehr auf dem Boden herum. Hatten die Blüten vorher nur eine Farbe gehabt, so boten sie jetzt ein Bild farbenreichster Mannigfaltigkeit. Jeder Baum trug Blüten von fünferlei Farben und war noch frischer und prächtiger als zuvor. Tschou Schian freute sich darüber. Er glaubte, das Mädchen müßte hinter dem Gebüsch stehen. Er suchte den ganzen Garten ab, fand die Tür verschlossen und wunderte sich, warum das Mädchen ohne Gruß und Abschied gegangen war, ohne ihm das Mittel zu sagen. Am See trockneten die Fischer ihre Netze. „Habt ihr beide ein Mädchen gesehen, und wißt ihr, in welche Richtung sie ging? Ich habe ihr unendlich viel zu danken." Er erzählte ihnen, was ihm, dank der Jungfrau, widerfahren sei. Sie hatten niemanden gesehen und auch nichts gehört, und vor allem wollten sie das Wunder mit eigenen Augen sehen. „Das muß ein Geist gewesen sein, ein Geist vom Himmel, denn niemand sonst könnte die zertretenen und abgerissenen Blüten wieder auf ihre Stengel bringen. Er kam Euch zu Hilfe, weil Ihr von jeher die Blumen so liebtet. Oh, wie wird Djang We sich morgen ärgern, wenn er das sieht!"

Sie erzählten das Wunder überall, und da sich Tschou jetzt schämte, daß er den Garten immer verschlossen gehabt hatte, ließ er alle Dorfbewohner ein, das Wunder zu schauen. Er bat sie nur, keine Blumen abzubrechen. Als Djang We mit seinen Leuten ankam und von dem Gerücht hörte, hielt er es für Rederei des Alten. Wie erstaunte er aber, als sich aus den jetzt weitgeöffneten Toren die Leute drängten, die hin und her gingen und von dem Geist erzählten! „Selbst wenn Geister in dem Garten wohnen, so will ich ihn erst recht besitzen!" sagte Djang We, und zugleich fiel ihm eine andere Bosheit ein. „Morgen schon wird der Garten mein sein! Ich weiß eine List. Sagt ihm nichts davon“, sagte er zu seinen Kumpanen. Und als sie ihn fragten, was er mit dem Alten vorhabe, sagte er: „Ihr wißt, daß Tang Tsai seit langer Zeit einen Aufstand unternimmt und das Volk durch Zauberei anlockt. Die Regierung hat soeben einen Aufruf erlassen, man möge die Zauberer und deren Helfershelfer gefangen nehmen. Dreitausend chinesische Taler Belohnung sind für denjenigen ausgesetzt, der unter bestimmten Beweisen solche Leute zur Anzeige bringt. Die Blüten, die wieder an die Zweige zurückgekehrt sind, sind ein großartiger Beweis. Ich werde also den Alten anzeigen, daß er das Volk durch Zauberei verlockt habe, und kann er die Folter nicht ertragen, so wird er seine Schuld eingestehen und ins Gefängnis geworfen. Der Garten kommt dann zum Verkauf, doch niemand außer mir wird es wagen, ihn zu kaufen, und die Dreitausend sind mein.“ „Eine treffliche List, Junker“, sagten seine Leute, liefen sofort nach der Stadt und ließen die Anklage schreiben. Sofort nahm man Tschou Schian gefangen, da viele Zeugen da waren, die sowohl die gefallenen Blätter und Blüten wie jene wiedererstandenen gesehen hatten. Als die Amtsknechte ihn mit Stricken binden wollten, erschrak Tschou heftig und fragte: „Welche Schuld habe ich?“ Die Leute schimpften ihn „Zauberer“ und „Friedensstörer“ und ließen nicht zu, daß er sich verteidigte. Das Volk und alle Neugierigen flohen vor Angst, und der Greis wurde abgeführt und vor Gericht gebracht. Dort hatte Djang We die Beamten tüchtig bestochen, und sie brachten Folterwerkzeuge herbei, beschuldigten ihn der Zauberei und fragten nach seinen Helfershelfern. Tschou Schian erzählte alles der Wahrheit gemäß, aber die Richter höhnten und waren kurz angebunden. „Mancher bemüht sich jahrelang, einem Geist zu begegnen, und es gelingt nicht. Wie sollte nun deinetwegen nur durch Weinen ein Geist auf die Erde kommen und die abgefallenen Blüten wieder zum Blühen bringen, dann – ohne seinen Namen zu nennen – wieder verschwinden?“ Kaum hatte er aber befohlen, den Greis zu foltern – die Amtsknechte wollten sich gerade wie Tiger auf ihn stürzen –, befiel den Richter ein heftiger

Schwindel, und er befahl nunmehr den Amtsknechten, Tschou nur mit dem Halsbrett ins Gefängnis zu werfen. Er wollte morgen über ihn zu Gericht sitzen.

Des Nachts konnte Tschou Schian auf seiner Pritsche kein Auge schließen und versank in tiefe Traurigkeit. „Ich weiß nicht, welcher Geist es war, der meine Blumen rettete, nur damit ich selber durch Djang We zugrunde gehe. Lieber Geist, wenn du dich meiner erbarmst und rettest nun auch mein Leben, so wollte ich gern mein Haus verlassen und in das Tao eingehen."

Da war es ihm, als nahte sich ihm wieder der Geist. „Wollt Ihr der Not entkommen?" hörte er eine Stimme hinter sich, und noch ehe er antworten konnte, kam der Geist langsam auf ihn zu und befreite ihn von dem Halsbrett. „Wer bist du?" Er fragte nach seinem Namen. „Ich bin eine Blumenwächterin", antwortete der Geist, „gesandt von der königlichen Mutter des südwestlichen Himmels. Da dein gutes Herz mich erbarmte, ließ ich die Blätter und Blüten wieder anwachsen. Wer hätte gedacht, daß der böse Mensch es gegen dich mißbrauchen könnte. Doch ist auch dies Notwendigkeit, morgen aber wirst du der Not entrinnen. Djang We hat Blumen gekränkt und Menschen betrogen. Der Blumengott hat es dem Himmelsgott berichtet. Djang Wes Leben wird verkürzt und seine Leute bestraft werden. Du aber wirst unter die Gottmenschen eingehen. Wenn du nichts mehr issest als Blumenblätter, so wird dein Leib leicht werden und sich flaumenleicht in den Himmel heben." Dann lehrte sie ihn, auf welche Weise die Blumenblätter gegessen werden müssen. Tschou Schian kniete nieder und dankte ihr. Als er aufsah, stand das Mädchen nicht mehr da, aber er gewahrte es oben auf der Kerkermauer, und es winkte ihm zu. „Komm mit!" Er begann hinaufzuklettern, aber obgleich er klomm und klomm, schien er immer schwerer zu werden und fühlte, daß er nicht weiterklettern konnte. Mit einem Mal vernahm er den Schlag eines Gongs, und eine Stimme rief: „Der Zauberer ist geflüchtet! Auf, suchen wir ihn." Da erschrak er, seine Hände zitterten, seine Füße erstarben, schwer fiel er von der Mauer zu Boden. In diesem Augenblick erwachte er vor

Schreck und sah, daß er noch auf der Pritsche lag. Er überlegte lange das Traumerlebnis und wurde ruhig, weil er nun glaubte, daß alles gut zu Ende gehen würde.
Djang We aber freute sich, da er daran dachte, daß Tschou Schian nun auf seiner Pritsche lag. Er wollte sich sofort in seinem Garten ergötzen, ohne von ihm gestört oder gehindert zu werden. Er hieß die Diener, Speisen und Getränke besorgen, und als sie am Garten anlangten, öffneten sie die Tür und traten ein. Keiner der Nachbarn, die Djang We alle für ein höheres Wesen hielten, wagte ihn daran zu hindern, denn sie fürchteten ihn. Kaum aber hatte Djang We den Garten betreten, sah er, daß keine einzige Pfingstrose blühte, daß alle Blüten und Pflanzen kreuz und quer auf der Erde lagen, zertreten, wie er sie zuletzt damals verlassen hatte. „Seht", rief er seinen erstaunten Leuten zu. „Nun seht, was er für ein Zauberer ist. Sicherlich wußte er, daß wir hierherkommen würden, und er ließ alle Blüten und Zweige wieder verwelken. Er hat sie verzaubert! Nun denn, laßt uns dem abgeschlagenen Zeug da die Trinkweihe bringen!" Sie breiteten wieder Teppiche auf dem Boden aus, und bald steigerte der Wein sie zu toller Ausgelassenheit. Sie zechten bis zum späten Nachmittag, und als die Sonne sank, war nicht einer mehr nüchtern. Mit einem Mal erhob sich ein jäher Wirbelwind und wehte alle die Blüten empor. Sie standen auf und waren im Nu in lauter winzigkleine Mädchen verwandelt, nicht größer als ein Fuß. „Was ist das?" rief Djang We und alle Leute erschraken. Kaum hatten sie das Wort gesprochen, wuchsen die Mädchen im stiebenden Wind in die Höhe. Sie waren alle fein und lieblich von Gestalt und glänzten in berückenden, farbigen Gewändern. Da sprach eines der Mädchen: „Schwestern, wir lebten hier mehr als zehn Jahre innigst geschützt und betreut von Herrn Tschou Schian. Wer hätte gedacht, daß diese Bösen uns so kränken würden. Sie haben durch List Herrn Tschou Schian in das Gefängnis gebracht, und nun stehen sie hier und wollen sich des Gartens bemächtigen. Warum schlagen wir den Feind nicht, der vor unseren Augen steht?" Sie schwang ihre breiten Ärmel wie ein Windsegel und der eisige Hauch, den sie

erzeugten, bohrte sich kalt bis ins tiefste Gebein. „Geister!" schrien die Leute, „Geister!" und liefen in tödlicher Verwirrung durcheinander, ohne mehr einer den andern zu gewahren. Diesen rissen die Zweige blutig, jener fiel hin, andere stürzten über ihn, der Wirrwarr war grenzenlos. Als sich endlich der Wind legte und Ruhe eintrat, fehlte keiner, nur Djang. Aber obwohl der Garten nicht groß war und sie ihn drei- oder viermal nach allen Richtungen hin durchsuchten, war von Djang We keine Spur zu entdecken. Doch als sich die Leute schon alle entfernen wollten, rief ein Feldarbeiter: „Da auf dem Baumzweig ist der weiche Hut unseres Herrn!" „Wenn der Hut da ist, kann auch der Herr nicht fern sein", antworteten die Leute. Sie leuchteten die Mauer entlang, da vernahmen sie deutlich einen Wehruf unterhalb des Gemäuers. Dort befand sich eine Mistgrube, und als sie zusahen, erblickten sie darin zwei menschliche Füße senkrecht gegen den Himmel gestreckt. Die Diener erkannten Djang Wes Stiefel und wußten nun, daß kein anderer als ihr Herr in der Grube lag. Mühsam arbeiteten sie sich durch Mist und Gestank und holten Djang We hervor. Er war tot. Anderntags begruben sie ihn.

Als nun der Richter Tschou Schian abermals verhören wollte, überbrachte man ihm die Todesnachricht und erzählte ausführlich alle die sonderbaren Umstände, die zu seinem Tode geführt hatten. Während der Richter noch an den Erzählungen zweifelte, erschienen hundert Bürger aus dem Dorf Tsiang-Lo und brachten dem Richter ein Schreiben. Sie schilderten darin, daß Tschou Schian die Blumen über alles geliebt habe und keineswegs ein Zauberer sei, sondern wie Djang We versucht habe, ihn zugrunde zu richten. Da gedachte der Richter seiner geheimnisvollen Unpäßlichkeit, während er Herrn Tschou Schian verhört habe, ließ diesen aus dem Gefängnis kommen und sprach ihn frei. Zugleich ließ er an seiner Tür die Bekanntmachung anheften, worin er verbot, Blumen zu pflücken oder zu beschädigen.

Alle Ortsbewohner und Tschou Schian dankten ihm, und als der Greis heimkehrte und auch den Nachbarn für ihre Hilfe gedankt hatte, öffnete er seine Gartentür und fand alle

Pfingstrosen wieder blühend. Der ganze Garten prangte im Blütenschmuck.
Von da ab aß Tschou Schian täglich von den Blättern der hunderterlei abgefallenen Blüten, entwöhnte sich aller übrigen Speisen und gab alles Geld, was er durch den Verkauf des Obstes erwarb, dahin, um Gutes zu tun. Eines Tages, in der Mitte des Augusts, als die Sonne strahlend am Himmel stand und keine Wolke im reinen Blau erschien, begann ein leister Wind zu wehen und baute bunte Wolken wie siedenen Dampf in die Lüfte, aus denen süße Musik herunter scholl. Ein wunderbarer Wohlgeruch erfüllte den Garten. Auf der Wolke saß die Blumenwächterin. Als Tschou Schian sie gewahrte, warf er sich sofort auf die Knie, sie aber sprach: „Deine Tugend ist nun zu ihrem Gipfel gelangt. Der Himmelsgott verleiht dir den Namen des Blumenbeschützers. Du sollst künftig der Herrscher über alle Blumen der Erde sein." Tschou Schian dankte ihr und bestieg die Wolke. Das Grashaus und alle Blumen und Bäume schwebten mit ihm langsam gen Süden. Die Leute vom Dorf sahen dies und warfen sich auf die Erde. Später wurde der Ort das „Dorf des Geisteraufstiegs" oder der „hundert Blumen" genannt.

Wohin du immer gehst, geh mit deinem ganzen Herzen

Sprichwörter IV

Man kann seine eigenen Fehler
nur mit anderer Leute Augen sehen.

Mach Freundschaft mit eines Menschen Güte,
nicht mit seinem Gut.

Wer mich ins Gesicht beschimpft,
kann doch ein ehrbarer Mann und mein Freund sein.

Willst du über wen die Wahrheit wissen,
so frag seine Nachbarn.

Tu nie etwas, von dem du nicht willst,
daß man es weiß.

Sei nie prahlerisch; es könnte jemand dabei sein,
der dich als Kind gekannt hat.

Verwahr den Schimpf in deinem Herzen,
und du magst nach wie vor mit dem Beleidiger zusammenkommen.

Himmel und Erde, Menschen und Geister,
alles liebt den Geringen, nicht den Stolzen.

Inmitten einer großen Freude soll man niemandem irgend etwas versprechen, inmitten eines großen Ärgers soll man keinen Brief beantworten.

Ins Ohr geflüsterte Worte können tausend Meilen weit dröhnen.

Tadle andre nicht deiner Mängel wegen.

Tadle an dir, was du an andern tadelst,
und entschuldige an andern, was du dir entschuldigst.

Der kluge Mann tut nicht den Tölpel schelten.

Wer mir schmeichelt, ist mein Feind,
und wer mich tadelt, ist mein Lehrer.

Verdächtigst du einen,
so beschäftige ihn nicht in deinen Diensten, und
beschäftigst du ihn, so verdächtige ihn nicht.

Das Tor der Barmherzigkeit ist schwer zu öffnen
und schwer zu schließen.

Schöne Dinge und gute Menschen machen ist schwer.

Der ist ein guter Mensch, der Unrecht tragen kann.

Du kannst kein Buch öffnen, ohne etwas daraus zu lernen.

Liest du ein Buch zum erstenmal, lernst du einen neuen Freund kennen; liest du es ein zweites Mal, begegnet dir ein alter.

Ein Mann wird in hundert Jahren nicht vollkommen,
aber verdorben wird er in weniger als einem Tag.

Himmel und Erde, Menschen und Geister, alles liebt den Geringen, nicht den Stolzen.

Der Irrtum eines Augenblicks wird zur Sorge eines Lebens.

Wird man auch nicht hundert Jahre alt,
so bereiten sich die Menschen Sorgen für tausend Jahre.

Man kann auch noch bessere Menschen finden
als selbst die besten.

Es ist der schöne Vogel, den man in den Käfig tut.

Es ist leichter, zu wissen wie man etwas tun soll,
als es zu tun.

Ein bißchen Wissen ist eine gefährliche Sache.

Wer dich einen Tag unterrichtete,
ist das ganze Leben lang dein Vater.

Lieber einer, der zuzuhören versteht,
als einer, der zu sprechen versteht.

VII. JAPAN

DER WEG DER GÖTTER

„Ist die Welt ein Traum?
Ist sie wesenhaft? Sage! –
Weder wesenhaft
Noch auch Traum, daß ich wüßte,
Ein Etwas, ein Nichts in einem.“

Yamato war der Name des Landes der Aufgehenden Sonne, später von den Chinesen „Nippon“ genannt. Die Mythologie berichtet von Japans ersten Göttern: das Paar Izanagi (der Reine, Helle, Himmlische) und Izanami (das Trübe, die Erde, das Land). Als sie einst über die Himmelsbrücke schritten, schleuderten sie einen Speer mit Sonnenfeuer an der Spitze ins Meer. Das Meer gebar eine Insel, die Insel einen Kaiser. Er ist der Sohn der Sonnengöttin und er und das Volk sind der Götter Kinder.

Die japanische Volksreligion ist der Shintoismus, und Shinto heißt soviel wie „Weg der Götter“.

Mythen vom Werden der Götter und Welt sowie Riten der auf den Staat bezogenen Verehrung von Natur- und Ahnengottheiten sind noch heute lebendig. Das eigentliche religiöse Leben Japans wird seit 552 n. Chr. vom über China eingedrungenen Buddhismus bestimmt. Besonders die sogenannte Zen-Schule prägte fortan die japanische Kultur. Zen verinnerlicht und vereinfacht die ursprüngliche buddhistische Lehre von den verschiedenen Stufen, die zur Erleuchtung führen. Ziel ist nicht mehr vor allem die Haltung einer Weltflucht, sondern das Erlebnis der Einheit. In allen Erscheinungen der Welt ist das geheimnisvolle Ganze enthalten. Die letzte Wahrheit aber ist nicht mitteilbar, sondern muß von jedem selbst erfahren werden.

Genauso wie in der Religion haben die Japaner auch in Literatur und Kunst die Einflüsse Chinas und Koreas aufgenommen und in ihre eigene Kultur eingearbeitet. Die wohl schönsten literarischen Werke sind Gedichte, fünf- oder dreizeilig, „Tanga“ und „Haiku“ genannt, – mit Grazie und naturnahem Sinn vollendet gemalte Bilder in Worten.
Die ältesten dichterischen Zeugnisse stammen bereits aus dem 5. bis 7. Jahrhundert n. Chr.. Sie wurden in den Ko-ji-ki, den „Berichten über alte Angelegenheiten“, dem Nihon-gi, den „Chroniken von Japan“, und in der „Zehntausend-Blätter-Sammlung“, dem Manyo-shu, gesammelt. Das klassische Zeitalter, die Heian-Periode, von ungefähr 792 bis 1186 wendet sich mehr dem Kurzgedicht, dem Tage- und Skizzen-Buch zu, in dem Stimmungen, Einfälle und der Alltag der höfischen Kultur ihren Niederschlag fanden.

Und immer spürt man die Leichtigkeit, mit der selbst schwere Gedanken in Worte gefaßt und zu Versen von zarter Poesie verdichtet wurden:

„Dies Erdenleben,
womit mag ichs vergleichen?
Wie wenn von Booten,
frühe hinausgerudert,
keine Fährte zurückbleibt.“

Haiku I

Der Lebenstraum

Yokoi-Yayü

Ihr meint, das Leben sei kurz?
Mir schien der Traum
so lange...

Mein Schatten

Sodô

Oh leuchtender Vollmond!
Mit mir wandert
mein Schatten nach Hause.

Berge im Nebel

Bashô

Seht nur! Selbst die namenlosen Berge
hat der Frühling heute
mit Nebelschleiern zärtlich bedacht!

Der stumme Schmetterling

Bashô

Ach Schmetterling!
Könntest du singen,
in einem Käfig wärst du schon lange!

Ki No Tsurajuki

Die Menschen? Ich weiß
Nimmer, was ihr Herz erfüllt.
Doch in der alten
Heimat duften die Blüten
Mir noch wie in alter Zeit.

Ü: O. Hauser

Sobald die Steine schwimmen, versinken die Blätter

Sprichwörter I

Die Blüte kehrt nicht zurück zum Zweig.

Wo man gern lacht, kehrt auch der Reichtum ein.

Ein starker Baum kommt leicht zu Fall.

Auch ein Affe fällt vom Baume.

Beim Überschreiten eines flachen Flusses denke,
er wäre sehr tief.

Unglück, welches man selbst verschuldet,
kann man nicht vermeiden.

Übermaß von Höflichkeit wird lästig.

Nicht aus Stein und nicht aus Holz
ist das Herz des Menschen.

Wenn man etwas mit ganzem Herzen tut,
braucht man keinen Helfer.

Die Lebensspanne ist dieselbe, ob man sie lachend
oder weinend verbringt.

Der Sprechende mag ein Tor sein –,
wenn nur der Hörer weise ist.

Mit zehn Jahren ein Wunderkind,
mit zwanzig ein Genie,
nach dreißig –
ein ebenso gewöhnlicher Mensch wie jeder andere auch.

Blenden verblendet am Ende den Blender.

Erlernen heißt –
den Lebenswagen einen Berg hinaufschleppen:
Läßt du auch nur einen Augenblick locker,
so rollt er jählings zurück.

Hüte dich vor Menschen,
denen ein gewinnender Ton Gewohnheit wurde.

Wo ich lebe, da ist es am schönsten.

Der Handelsreisende pflügt mit der Zunge
seinen Acker.

Die Piraten des Meeres beschuldigen
die Räuber des Dschungels der Verbrechen.

Der immer nur von heute auf morgen Lebende
verbringt ein Tröpfeldasein.

Niemand kann vor seinem eigenen Schatten
davonlaufen.

Berate dich, wenn du sonst niemanden hast,
mit deinem Knie.

Man braucht bloß vor die Tür zu treten,
so hat man sieben Feinde.

Auch das Gerede der Leute dauert nur
fünfundsiebzig Tage.

Inmitten des Flusses kann man anhalten,
nicht aber inmitten der Menschen.

Wenn ein Affe dumm ist, greift er nach dem Mond.

Wer Geld hat, kann sich sogar vom Teufel
bedienen lassen.

Wer allzu klug ist, findet keine Freunde.

Manche schlagen mit dem Geldbeutel des anderen an die Glocke.

Wo Menschen sich freuen, freue dich mit.

Wer andere beschäftigt, den beschäftigen sie.

Man soll die Pfeile nicht erst schäften, wenn der Krieg in nächste Nähe rückt.

Würde der Fasan nicht schreien, würde er nicht geschossen.

Im eigenen Dorf darf man sich unter gar keinen Umständen etwas zuschulden kommen lassen.

Nichts ist so sichtbar, als was man verbergen will.

Gegen Diebe stelle einen Dieb als Wache auf.

DER WURZELGALLERTEDISPUT

Japanisches Volksmärchen

Einmal lebte irgendwo in einem einsam gelegenen Tempel ein wegen seiner Weisheit weit und breit berühmter Priester. Wandernde Bonzen kehrten oft bei ihm ein, um die Nacht im Disput mit dem gelehrten Mann zu verbringen. Nun mußte er einstmals einen wichtigen Gang über Land machen und überlegte, wem er für die Zeit seiner Abwesenheit die Obhut über den Tempel anvertrauen könnte. Schließlich fiel seine Wahl auf den Wurzelgallertehändler Hachibe, einen schweigsamen Mann. Er hieß ihn die Priesterrobe anlegen und schärfte ihm nachdrücklich ein, etwaigen Besuchern keine

Antworten auf ihre Fragen, welcher Art sie auch seien, zu geben, sondern in tiefem Schweigen zu verharren. Damals kam nun gerade ein wandernder Priester, selbst ein hochgelehrter Mann, der den Ruf von der Weisheit seines Amtsgenossen vernommen hatte, dorthin in der Absicht, sich mit ihm im Disput zu messen, und voller Hoffnung, den Sieg in diesem Rededuell davonzutragen. Als er den Tempel betrat, sah er dort den Wurzelgallertehändler Hachibe schweigend, wie in tiefer Meditation versunken, sitzen, und da dieser kein Wort an ihn richtete, so glaubte er, er sei in der Ausführung einer schweigenden Bußübung begriffen. Voll ehrfürchtiger Scheu näherte er sich ihm und nahm gleichfalls schweigend ihm gegenüber Platz. Dann beschrieb er mit dem Finger einen Kreis und wollte damit die Frage stellen: „Unseres Herrn Buddha Herz…?" Hachibe dachte: „Was mag er wohl meinen?" und breitete dann beide Arme seitwärts aus. Der Priester aber glaubte, er wolle damit sagen: „…ist groß wie der weite Ozean", und war von der Antwort befriedigt. Nun streckte er beide Hände mit gespreizten Fingern aus, um so zu fragen: „Das gesamte Weltall...?" Zur Antwort streckte ihm Hachibe eine Hand mit ebenfalls gespreizten Fingern entgegen. Der Priester glaubte, dies solle bedeuten: „…verharrt in den fünf Todsünden", und nickte dazu befriedigt. Dann zeigte er drei Finger, um damit zu sagen: „Die drei Inkarnationen des Amida…?" Auf diese Frage antwortete Hachibe damit, daß er nach Art von Kindern wie zum Zeichen der Schadenfreude mit einem Finger das untere Augenlid nach unten zog. Der mehr und mehr eingeschüchterte Priester schwieg betroffen, und da er glaubte, Hachibe hätte ihm damit sagen wollen: „…suche sie in dir selbst", räumte er beschämt das Feld, denn er dachte, jener wolle damit sagen: „Störe mich nun nicht länger in meiner Meditation!"

Bei seiner Rückkehr erfuhr der Priester, was sich zugetragen hatte, und war mit seinem Stellvertreter zufrieden. Er fragte Hachibe, was er sich bei den Fragen des Wanderpriesters gedacht habe und was er mit seinen Antworten gemeint habe. Hachibe sagte lachend: „Ach, das war ganz einfach. Jener Bonze hatte es natürlich gleich herausbekommen, was für ein Geschäft ich betreibe. Er machte mit den Fingern einen Kreis. Damit meinte er natürlich: „Wie groß sind deine Gallertewurzeln?" Ich zeigte ihm beide Handflächen. Das sollte heißen: „So groß sind sie." Dann streckte er alle zehn Finger aus und meinte damit natürlich: „Wieviel kosten zehn Stück?" Ich gab ihm mit fünf ausgestreckten Fingern zu verstehen, daß ich fünfhundert Mon dafür verlange, und der Bonze ließ mich durch drei ausgestreckte Finger wissen, daß ich den Preis auf dreihundert Mon ermäßigen solle. Nun, darauf antwortete ich ihm, indem ich „Akambei" machte, um ihm zu zeigen, daß ich sein Angebot lächerlich fände. Na, da war er ganz klein geworden und machte sich beschämt auf die Beine."

Ü: H. Hammitzsch

Die Menschen sind Buddha

Chorgesang des Zenlehrers Haku-in

Die Menschen sind in ihrem tiefsten Wesen Buddha,
Wie Wasser Eis ist. Und wie es kein Eis gibt
Ohne Wasser, so gibt es ohne Buddha
Nicht einen Menschen.
Weh den Menschen, die in weiter Ferne suchen
Und, was nahe liegt, nicht wissen!
Sie gleichen denen, die mitten im Wasser stehen
Und doch nach Wasser schreien.
Als die Söhne des Reichsten und Vornehmsten geboren,
Wandeln sie gleichwohl in Armut und Elend
Trostlos dahin.
Die Ursache des ewigen Kreislaufes im sechsfachen Reich
Ist der düstere Weg eigener Stumpfheit und Blödheit.
Doch immer dunkler und dunkler wird es um sie
Im Dunkel des Irrtums.
Wann sollten sie je sich lösen
Von Leben und Tod ?

Japanische Wandmalerei, *Kondo des Horyu-ji* (Ausschnitt), Ende 7. Jh.

O Wunder der vollkommenen Schau des Mahâyâna,
Das über alles Lob erhaben ist!
Alle Tugenden: Wohltun und Gebottreue,
Alle gute Tat: Lobpreisung Buddhas,
Reue und Übungen,
Alle münden sie hier!
Wem nur ein einmaliger Sitz sich vollendet,
Dem verschwindet unermeßlich aufgehäufte Sünde.
Wo sollte sich denn ein Ort der Verbannung
Finden für das Böse, wenn
Reines Land so nahe ist ?
Wer nur einmal diese lobpreiswürdige Wahrheit
Vernimmt und heilige Wonne fühlt,
Dem wird unermeßliches Glück zuteil,
Noch mehr, wenn er ihr sich hingibt
Und unmittelbar seine eigene Natur erlebt.
Dann ist sein eigenes Wesen nichts anderes
Als die Natur des vollendeten Nichts,
Und es ist erhaben über des Denkens Spiel.

Weit öffnet sich das Tor der Einheit
Von Ursache und Wirkung,
Und der einzige Weg tut sich auf, geradeaus-hin,
Kein zweiter und dritter.
Wer ihn beschreitet, der nimmt an als Gestalt
Die Gestalt des Gestaltlosen,
Und weder sein Gehen noch Kommen
Sind ihm fremd.

Der nimmt an als sein Denken das Denken
des Nicht-Denkens,
Und sein Singen und auch sein Tanzen
Sind Stimme der Wahrheit.
Der Himmel der Samâdhi
Ist unbehindert ausgespannt,
Und es leuchtet der volle Mond
Der vierfachen Weisheit.

Was fehlt da noch,
Wo sich offenbart das Nirvâna ?
Hier ist nichts anderes als Lotos-Land,
Und dieser Leib hier ist nichts anderes
Als Buddha!

Ü: A. Faust

Wer eine grüne Brille trägt, sieht alles grün

Sprichwörter II

Ohne Feuer kein Rauch.

Folge der Arbeit und laß dich nicht von ihr verfolgen.

Was bald einkommt, geht bald aus.

Der ehrliche Mann hat einen geraden Schatten.

Eine schlechte Tat wird meilenweit bekannt,
aber eine gute kommt nicht aus der Tür.

Das Schlechte, was du getan, folgt dir immer nach.

Jeder Mann hat seine Märchenprinzessin.

Bitterer als der Verlust eines Goldklumpens
ist dir die Erinnerung an eine Frau,
die du hättest haben können.

Ehen schließt der Zufall.

Eheleute sind spätgeborene Zwillinge.

Das Herz des Vaters schlägt höher als der höchste aller Berge,
das der Mutter gründet tiefer als das tiefste aller Meere.

Die Eltern ertrinken in der Liebe zu ihren Kindern.

Elternliebe übertrifft Kindesliebe um das hundertfache.

Was du deinen Eltern schuldig bist, weißt du erst,
wenn du selbst ein Kind hast.

Die Nachbarn gebe ich nicht für meine Schwestern
in der Stadt.

Besser noch der Feind eines guten Menschen als der
Freund eines schlechten.

Bist du alt, so gehorche deinen Kindern.

In einem Streit sind beide Teile schuldig.

Bringe deine Schultern mit jenen in eine Reihe,
denen du gewachsen bist.

Die Inkarnation der göttlichen Führung
ist immer in der Mitte
des Gedränges der Masse.

Im Augenblick des Zusammenkommens beginnt
die Trennung.

Eine Frau, die nicht eifersüchtig wird,
ist ein Ball, der nicht springt.

Ohne Frauen würde es weder Tag noch Nacht.

Der schlechten Welt adieu sagen
und im Paradies auf einer Lotosblüte beisammensitzen,
so träumt, wer liebt.

Dumme Kinder werden mehr geliebt als kluge.

Keine Feindschaft vermag ein Ehepaar
in der Nacht zu trennen.

Liebst du dein Kind, dann schicke es auf Reisen.

Geliebt werden heißt bedrängt werden.

Zu einem Mädchen, das man hinter Schloß
und Riegel hält, kommen Insekten.

Kinder, die schreien, werden groß.

Aus Armut stiehlt man, aus Liebe singt man.

Ein richtiger Sperling tanzt auch noch mit hundert Jahren.

Der Kranich baut kein Nest
auf einen abgestorbenen Baum.

Wenn sie alles daran setzt, frißt die Maus die Katz'.

Wenn dir der Bauch nicht weh tut,
laß ihn nicht untersuchen.

Die Blinden fürchten sich nicht vor Schlangen.

Schön und schnell verträgt sich nicht.

Wenn die Wildgans aufsteigt,
richtet auch die Schmeißfliege ihre Flügel.

Auch Quallen begegnen Knochen.

Im Herzen ist die Hölle, ist das Paradies.

Wer mit dem Feuer spielt,
macht in der Nacht das Bett naß.

Japanische Malerei, *Suzuki Harunobu*: *Junge Frau beim Zubettgehen*, 17. Jh.

DER MOND DER WAHRHEIT

Joka (um 700 n. Chr.)

Hast du nie einen Menschen gesehen,
der die Wahrheit selbst ist,
Der, über aller Wissenschaft und Lehre stehend,
Sich auch über alles Wirken und Bewirkte
Erhebt und völlig frei ist?
Er sucht keine Wahrheit mehr, er verwirft nicht
Den Irrtum. Der Unklarheit wahre Natur
Kann ja nichts anderes sein als Buddha-Natur.
Der vergänglichen Einbildung leere Gestalt
Ist nichts anderes als die der Wahrheit.
Und wer sie schaut, der erreicht zuletzt
Das vollendete Nichts.
Die Ich-Natur, ursprünglich in sich ruhend,
ist wahrer, ursprünglicher Buddha.

Lasset euch selbst nur los, lasset los
All das vierfach Große
Und saget ihm ab!
Trinkt und eßt, wie es euch gefällt,
Inmitten der Natur des
Vollkommenen Nirvana!
Vergänglich ist die Welt.
Nichts ist Alles, und
Alles ist vollendetes Nichts.
Das ist Buddhas vollkommenes Erleben.

Gehen ist Zen,
Sitzen ist auch Zen.
Rede ich, schweige ich,
Ruhe ich, eile ich:
Dem Wesen nach ist alles
Das Unbewegte.
Drohen mir Speer und Schwert,

Mir zuckt keine Wimper.
Schleicht Gift heran,
So bin ich nicht bange.
Seitdem mein Lehrer
Den Nento-Buddha hat erblicken dürfen,
War er geduldig und blieb ein Einsiedler
Einst, unabsehbare Zeit lang.

Wie oft bin ich wiedergeboren,
Wie oft wieder gestorben!
Unaufhörlich und unermeßbar
Dauerte mir mein Leben und Tod.
Doch, seit ich das Ungeborene
Blitzlings erlebte,
Frage ich nichts mehr nach Glück
und Unglück.

Den Ursprung muß man ergreifen
Und alles Drum und Dran
Beiseite lassen.
Er ist wie ein Kleinod,
In welchem Mondesglanz leuchtet.
Jetzt enthülle ich in mir diese Perle
Vollkommener Freiheit:
Mich selbst zu retten und andere,
Werde ich nie aufhören,
Niemals in alle Ewigkeit!

Der Mond ergießt eine
Fülle des Lichtes über den Strom.
Leise atmen die Kiefern.
Wer führt diesen heiligen Abend
Der ewigen Nacht entgegen?
Tief im Herzen trägt er das Siegel,
Die reine Perle der Buddha-Natur.
Er hüllt sich, wie in Gewänder,
In Nebel und Tau,
In Wolken und Schleier.

Ein und derselbe Mond spiegelt sich
In allen Wassern.
Alle Monde im Wasser
Sind Eins in dem einen einzigen Mond.
Die Gestalt der Wahrheit aller Buddhas
Durchdringt meine Natur,
Und die meinige wiederum
Wird eins mit Dem, der da ist.

Ü: A. Faust

Stunden der Musse und Langeweile

aus dem Tsurezure-gusa des Kenko Hoshi (1283 – 1350)

Als ich einst im zehnten Monat über eine Örtlichkeit namens Kurusu-no weiterschritt, eine gewisse Berggegend aufsuchte und daselbst angekommen war, fand ich eine einsame Hütte am Ende eines sich lang hinziehenden, schmalen, moosbewachsenen, durch öfteres Hin- und Hertreten gebildeten Pfades. Kein Laut war da vernehmbar, ausgenommen die fallenden Tropfen aus einer Wasserleitungsröhre, die unter Blättern ganz begraben lag. Auf dem Akadana (Altar, wo Wasser dargebracht wird und buddhistische Idole aufgestellt werden) waren abgepflückte Astern und Ahornzweige usw. eingesteckt, ein offenbares Zeichen, daß hier jemand wohne. Wie ich so bei mir dachte, „auch auf solche Weise läßt sich doch leben!", da bemerkte ich drüben im Garten einen großen Orangenbaum, dessen Zweige von Früchten gebogen waren, der aber ringsum strengstens umzäunt war. Mein Entzücken wurde dadurch etwas abgekühlt, und ich meinte: „Wenn nur dieser Baum nicht wäre!"

Mit einem gleichgestimmten Menschen ruhig von heiteren Dingen oder auch von der Trübsal des Lebens reden, in voller Unbefangenheit reden, dies wäre wohl erfreulich. Ein solcher Mensch aber lebt nicht, und habe ich jemand vor mir, der mir nicht widersprechen mag, so fühle ich mich allein. Man spricht Gedanken offen gegen Gedanken aus, also kann man wohl die Stunde der Muße und Trübsal hinbringen, über dieses und jenes sprechen. Wenn aber der andere nur von minderwertigen Dingen redet, welchen Gewinn soll man daraus ziehen?

Ein Samurai, der das Bogenschießen lernte, stellte sich vor dem Ziel mit zwei Pfeilen in seiner linken Hand auf. Der Lehrer sagte zu ihm: „Ein Anfänger soll nicht zwei Pfeile bei sich haben, er rechnet sonst mit dem zweiten und ist nicht achtsam mit dem ersten Pfeil. Ihr müßt Euch immer vorstellen, daß Ihr nur den einen Pfeil habt."
Diesen Rat könnte man auf zehntausend Dinge ausdehnen. Wer studiert, zählt meist am Abend des einen Tages auf den nächsten, des Morgens auf den Abend. Er verschiebt, was er lernen soll. Wenn man einen Gedanken hat, soll man ihn auch ausführen.

Nicht hinschwinden; so wie der Tau auf der Ebene Adashinos, nicht sich auflösen, wie der Rauch vom Berge Toribe sich auflöst, vielmehr ewig in dieser Welt sein, wäre dies möglich, wie könnte man dann die Trauer in den Dingen begreifen? Wir lieben das Leben nur, weil es uns ungewiß ist. Dennoch, wenn wir alles Lebende betrachten, so ist da nichts, was den Menschen an Lebensdauer gleichkommt. Die Eintagsfliege erlebt den Abend nicht, die Sommergrille kennt nicht den Frühling noch den Herbst. Uns aber ist es süß und leicht, ein Jahr ohne Tun zu verbringen. Hängt man gar sehr am Leben, so wären tausend Jahre nur wie der Traum einer Nacht. So aber in dieser flüchtigen Welt wozu erst unser mäßiges Bild zurücklassen? Je länger man lebt, desto mehr schämt man sich seines Lebens. Man müßte vor seinem vierzigsten Jahr sterben, zu höchsten. Nach diesen Jahren ist man nicht mehr hochsinnig genug, sich seiner Häßlichkeit zu schämen, vielmehr will man überall obenan sein, man protzt mit seinen Kindern und Enkeln, man wünscht möglichst lange zu leben, um auch ihre Erfolge zu genießen. Kurz, man wird gierig nach allem, man denkt nicht mehr, wie traurig die Welt ist. Man wird verächtlich.

Der Mensch vertrödelt seine Zeit. Kennt er ihren Wert? Oder ist er ganz einfältig? Für die Trägen ist ein Groschen nichts. Erst wenn die Groschen gehäuft sind, bilden sie einen Schatz. Der Krämer jedoch schätzt einen jeden Groschen. Beachten wir einen unserer Augenblicke nicht, darum weil ihre Zahl groß ist, so kommt der Augenblick des Lebensendes zu bald. Nur wer den Weg verfolgt, soll die Monde und Tage schätzen und zu gebrauchen wissen.

Sieben Arten von Männern taugen nicht zu Freunden:
Ein im Rang vorgesetzter Mann.
Ein allzu junger Mann.
Ein sehr kräftiger und Zeit seines Lebens gesund
gebliebener Mensch.
Ein Mann, der den Reiswein zu sehr liebt.
Ein zu angriffslustiger Krieger.
Ein Lügner.
Ein Geiziger!
Drei sind gute Freunde:
Ein freigebiger Mensch.
Ein Arzt.
Ein kluger Mensch.

Ü: P. Heß

Mache einen Umweg, wenn du es eilig hast

Sprichwörter III

Der Scherz ist oft das Loch, aus dem die Wahrheit pfeift.

Eine Freude vertreibt hundert Sorgen.

Hebt man den Blick, so sieht man keine Grenzen.

Wenn man geduldig wartet, wird das schönste Wetter.

Selbst ein Weg von tausend Meilen
beginnt mit einem Schritt.

Während der Himmel noch am Menschen schafft,
fängt die Erde schon an, sein Grab zu bereiten.

Der schreitet rasch vorwärts, dem es leicht ist um das Herz.

Ohne gelegentliches Bücken
läßt die Welt dich nicht hochkommen.

Glück ist ein Buckel, der schwer zu tragen ist.

Urteile nicht über Dinge,
von denen du nur Echo und Schatten kennst.

Auch in der Hölle gibt es Leute, die man kennt.

Das Wasserschlürfen der Kuh wird Milch.
Das Milchsaugen der Schlange wird Gift.

Das treffende Wort kann dem Dolch deines Gegners
die Schärfe nehmen.

Des Schwätzers Worte haben keine Enkel.

Nicht ausgesprochene Worte sind Blumen des Schweigens.

Am Ende war das Leben weniger
als der Blick auf das weiße Fohlen,
das hinter der Zaunlücke vorbeitrabte.

Der Erfahrene zieht sich zurück,
solange er noch Licht vor den Füßen hat.

Nach drei Jahren mag sogar ein Unheil zu etwas nütze sein.

Mit dem Augenblick des vollen Erblühens
setzt der Verfall ein.

Nicht einmal dich selbst darfst du deinem Herzen
anvertrauen.

In ein Haus, in dem gelacht wird,
kommt das Glück.

Der Tag, an dem man einen Entschluß faßt,
ist ein Glückstag.

Es ist leicht zu sterben, aber schwer zu leben.

Wer sich mit Suppe den Mund verbrannte,
bläst sogar kalte Suppen.

Selbst in das runde Ei kann man Ecken schneiden.

Besser nicht genug als zuviel.

Über Dinge, die dich selbst angehen,
mußt du andere fragen.

Eine Stunde Wohlleben dauert tausend Jahre.

Kein Gewinn ohne Verlust.

So viele Wünsche und nur eine kleine Welt.

Am Fuß des Leuchtturms herrscht Dunkelheit.

Mit dem Ort wechseln die Dinge.

Freude ist die große Wäsche des Herzens.

Aus dem Kopfkissenbuch der Hofdame Sei Shonagon
(968 – 1000)

Was süsse Erinnerungen erweckt

An einem Regentag, an dem man sich schrecklich langweilt, findet man plötzlich die Briefe eines früheren Geliebten.
Eine helle Mondnacht.
Der Stoffrest eines früher angefertigten Kleidungsstückes, der sich plötzlich zusammengepreßt in einem Buche findet.
Der Fächer, den man im vorigen Jahr gebraucht hat.

Was fern, doch nah ist

Das Paradies.
Der Abstand zwischen Mann und Frau.

Was nahe, doch fern ist

Kaltherzige Geschwister.
Verwandte.
Der Zickzackweg auf den Berg Kurama.
Die Zeit zwischen dem 31. Dezember und dem 1. Januar.

Über Briefe

Ein Brief ist eine ganz alltägliche, doch wunderbare Sache. Man ist um eine Person besorgt, die in weiter Ferne lebt. Und ist es dann nicht wunderbar, wenn man von ihr einen Brief bekommt und beim Lesen das Gefühl hat, als spräche man innig mit dieser Person?
Wenn man einen Brief geschrieben und abgegeben hat, so ist einem leicht ums Herz, obwohl man gut weiß, daß die Person den Brief noch nicht erhalten hat.
Wie verschlossen und sorgenvoll wäre die Welt, wenn es keine Briefe gäbe!

Japanische Malerei, *Das Nirwana*, 1084

Über die Schönheit des Menschengesichtes

Gesichter, die für ungewöhnlich schön gelten, können immer wieder angesehen und doch interessant gefunden werden, während schöne Bilder durch wiederholtes Betrachten nicht mehr auffallend wirken. Den Bildern des Wandschirmes, der immer im Zimmer steht, schenkt man keine Aufmerksamkeit mehr, obwohl sie eigentlich sehr schön sind. Mit den Menschengesichtern ist es etwas anderes. Auch häßliche Gesichter haben irgendeinen Vorzug, weswegen man sie anblicken kann, und das ist ein großer Trost für die Menschen.

Herzerfreuendes

Eine Rückkehr von der Spazierfahrt. Die Wagen brechend voll, und jetzt treiben die Lenker die Ochsen so gut an, daß die Wagen in Trab kommen!

Ein Brief auf reinweißes Michinoku-Papier geschrieben, mit einem Pinsel, so fein, daß man denkt, er könne keinen Strich ziehen.

Ein Boot kommt flußabwärts auf uns zu. Tadellos geschwärzte Zähne.

Nacheinander einige glückliche Würfe.

Eine Sühnung, gegen bösen Zauber an einem Flußufer von einem Priester wohl gesprochen.

Des Nachts, beim Erwachen, ein Schluck Wassers.

In einer Mußestunde der Langweile kommt ein Besucher, kein allzu naher Freund, und auch nicht ganz fernestehend. Er plaudert von allen Geschichten des Tages, netten Geschichten, abscheulichen Geschichten, außergewöhnlichen Geschichten, von diesem und jenem, Staatssachen und persönlichen Dingen. Das erfreut unser Herz.

Was Herzklopfen macht

Sperlinge, die ihre Jungen füttern.
In der Nähe von Kinderspielplätzen vorbeigehn.
Allein im Zimmer beim Duft eines erlesenen Räucherwerks.
Oder unser chinesischer Spiegel zeigt eine leichte Trübung.
Ein schöner Mann hält seinen Wagen vor uns an, kündet leichthin seinen Besuch an.
Sein Haar waschen. Sich ankleiden: Die Kleider sind noch durchzogen vom süßen Weihrauch; und auch wenn wir ganz allein sind, klopft unser Herz dabei.
Nächtliche Erwartung. Ein Regenguß. Ein leichtes Wehen der Stoffe im Wind. Das alles macht das Herz klopfen.

HAIKU II

Sami no Mansei

Dies Erdenleben,
womit mag ichs vergleichen?
Wie wenn von Booten,
frühe hinausgerudert,
keine Fährte zurückbleibt.

Sosei Hoshi

Hör ich den Kuckuck
neu die Stimme erheben,
stört den Frieden mir
– wüßte nicht, wem es gälte –
ein Verlangen: was soll das!

Wohin soll ich denn
fliehen, die Welt zu meiden?
Geht mein eigen Herz,
sei es im Felde, im Wald,
allewege doch irre.

Fujiwara Okikaze

Blühende Blumen,
alle die tausend Arten,
flüchtiger Flitter!
Doch wer möchte dem Frühling
so ganz darum böse sein?

Izumi Shikibu

In die Kohlenglut,
die, in Asche gebettet,
keinen Schläfer stört,
starrenden Blickes für nichts
Nächte um Nächte durchwacht.

Das ist nun der Mond,
eine Nacht lang betrachtet.
Was hats geholfen?
Herz, es will sich nicht lösen.
Auge, es blickt ins Leere.
Vor Verlangen ist,
Liebster, in tausend Stücke
mein Herz zerbrochen.
Aber es ging von allen
auch nicht eines verloren.

Japanische Malerei, *Fujwara Tosa Hirokane*: *Das Märchen vom Himmelsprinzen* (*Amewakahiko no sôshi*), 1. Hälfte des 15. Jh.

Sasaki Nobutsuna

Wir wandeln uns.
Mein Selbst von gestern,
das Ich von heute –
welches mag wohl
das wahre Ich sein?

Ü: G. Debon

Kehrverse – Im Volkston

Durch perlbesetzten
Vorhangs offene Spalte
komme zu mir auf Besuch!
Wird mich die Mutter,
die Behüterin, fragen,
werde ich sagen: der Wind.

Wer hat im Schilfe
bei der Mündung des Flusses
die Halme denn umgeknickt?
Ich, meines Liebsten
winkenden Ärmel zu sehen,
ich habe sie umgeknickt.

Prinzessin Shikishi

Überschlage ich,
was die flüchtig entschwundnen
Jahre mir gebracht:
habe von Lenz zu Lenze
den Blüten mein Leid geklagt.

Ü: W. Gundert

Das Himmelsmädchen

Ein japanisches Märchen

Heute ist es schon sehr lange her. Zur Zeit der Regierung des Kaisers Koan lebte ein alter Mann, der flocht Körbe aus Bambusrohr, verkaufte sie an Leute, die sie brauchten, und bestritt davon seinen Lebensunterhalt. Einmal ging er in den Wald, um Bambusrohr für seine Körbe zu schneiden, da sah er im Walde etwas, das hell leuchtete und strahlte. Die Strahlen gingen vom Knoten eines Bambusstammes aus. Als er diesen spaltete, fand er darin ein winziges Menschenkind, das kaum drei Zoll groß war.

Der Alte sah sich das Kind an und dachte: „Seit vielen Jahren schlage ich mir hier meinen Bambus, so etwas aber habe ich noch nie gefunden." Er freute sich über den Fund, setzte das winzige Menschenkind auf seine eine Hand, nahm die gesammelten Bambusrohre in die andere und kehrte nach Hause zurück. Dort rief er seine Frau herbei und erzählte ihr: „Dort im Bambus habe ich dieses kleine Mädchen gefunden." Da freute sich auch die Frau über den seltsamen Fund. Sie legten das kleine Wesen in ein Bambuskörbchen und zogen es auf. Schnell wuchs es heran. Schon nach drei Monaten hatte es die Größe gewöhnlicher Menschen bekommen. Als das Mädchen dann erwachsen war, gab es keine andere, die man an Adel und Schönheit mit ihr hätte vergleichen können, und während die beiden Alten ihre Tochter mit großer Liebe und Sorgfalt bedachten, wurde das Gerücht von deren Schönheit bald im ganzen Lande bekannt.

Nicht lange danach ging der Alte wieder in den Bambushain, um Rohr zu schneiden. Beim Spalten der gesammelten Rohre fand er diese mit Gold gefüllt. Schnell trug er den Fund nach Hause und war so unverhofft zu einem reichen Manne geworden. An Stelle der alten Hütte ließ er sich nun einen prächtigen Palast bauen und wohnte darin. Zahlreiche Speicher, mit Kostbarkeiten aller Art gefüllt, umgaben das Haus, und eine vielköpfige Dienerschaft war bereit, die Wünsche der Bewohner zu erfüllen. So ging den Alten – seit dieses Kind zu ihnen gekommen war – alles nach Wunsch, und sie umgaben es weiterhin mit aller nur erdenklichen

Sorgfalt und Liebe.
Die Tochter erhielt bald von allen Seiten, von Fürsten und großen Herren Briefe verliebten Inhalts zugesandt. Als sie auf ihre Briefe ohne Antwort blieben, verdoppelten die Schreiber ihren Eifer, ihr die Gefühle ihrer Herzen zu offenbaren. Dem ersten ließ das Mädchen nun sagen: „Fange den Donner, der den Himmel erschüttert, und bringe ihn mir. Dann will ich dich erhören." Dem zweiten ließ sie sagen: „Irgendwo wächst die Zauberblume Udonge. Hole sie und bringe sie mir, so will ich dich erhören." Dem dritten schickte sie die Nachricht: „Es soll eine Trommel geben, die dröhnt ganz von allein, ohne geschlagen zu werden. Suche diese, und wenn ich ihren Ton höre, dann will ich auch dich erhören."
Mit ähnlichen Antworten fertigte sie all die anderen Bewerber ebenfalls ab. Betört von der unvergleichlichen Schönheit des Mädchens waren alle verliebten Männer bereit, ihren unerfüllbaren Wünschen nachzukommen. Die einen befragten einen alten weisen Mann, wo man diese Dinge bekommen könne. Andere fuhren hinaus aufs Meer, um in fremden Ländern danach zu suchen. Wieder andere verzichteten auf die Freuden dieser Welt und gingen in die Berge, ob sie dort den gewünschten Gegenstand finden möchten. So verloren die einen das Leben, und die anderen kehrten nimmermehr in ihre Heimat zurück.
Indessen war der Ruf von der Schönheit des Mädchens auch zu den Ohren des Kaisers gedrungen. Der sagte: „Von allen Seiten höre ich, daß dieses Mädchen so unvergleichlich schön sein soll. Ich will hinziehen und sie mir ansehen, und wenn ich sie wirklich so edel finde, wie man sagt, dann werde ich sie zu meiner Gemahlin machen." Er trat die Reise sofort an und kam in Begleitung seiner Minister und seines ganzen Hofstaates zum Palast des Alten. Dort sah der Kaiser, daß der Palast seinem eigenen an Pracht und Schönheit gleichkam.
Er ließ das Mädchen rufen, und als er es sah, fand er es wirklich von dieser unvergleichlichen Schönheit, die man ihm mit so vielen Worten gerühmt hatte, und er dachte bei sich:

„Alle die anderen hat sie nicht erhört, nur um meine Gemahlin zu werden. Bald werde ich sie in meinen Palast führen, um sie zu meiner Gemahlin zu machen." Deshalb fragte er sie: „Willst du nicht mit mir in meinen Palast kommen, um meine Gemahlin zu werden?"

Da antwortete ihm das Mädchen: „Mit großer Freude würde ich deinen Wunsch erfüllen und gern deine Gemahlin werden, doch ich bin kein menschliches Wesen." Als der Kaiser nun bestürzt fragte: „Was bist du dann für ein Wesen? Bist du eine Gottheit oder ein Dämon?" gab sie ihm zur Antwort: „Ich bin weder eine Gottheit noch ein Dämon, aber ich darf nicht hier in dieser Welt bleiben; bald wird man mich zum Himmel hinaufholen lassen. Gib daher deine Absicht auf, Kaiser, und ziehe wieder an deinen Hof zurück."

Der Kaiser dachte bei sich, als er dies gehört hatte: „Was meint sie mit ihrer Rede? Das ist doch unmöglich die Wahrheit. Sicherlich hat sie nur deshalb erzählt, daß der Himmel sie holen wird, um einen Vorwand zu haben, meine Werbung auszuschlagen." Während er sich aber noch solchen Gedanken hingab, kamen viele Wesen vom Himmel herab, die eine Sänfte mit sich führten. Sie ließen das Mädchen die Sänfte besteigen und trugen es sodann zum Himmel empor. Die Gestalt dieser himmlischen Boten aber glich nicht dem Aussehen der Menschen dieser Welt.

Der Kaiser dachte nun, als er sich alles noch einmal vor Augen führte: „Ja, dieses Mädchen war sicherlich nicht von dieser Welt!" Er kehrte in seinen Palast zurück, aber später erinnerte er sich ihrer noch oft, und jedesmal, wenn er an sie dachte, erschien sie ihm in der Erinnerung schöner als alle Menschenkinder der Welt. Dann sehnte er sich nach ihr, die er nicht vergessen konnte, aber da er sah, daß hier seiner Macht Grenzen gesetzt waren, blieb ihm nichts anderes übrig als schmerzlicher Verzicht.

Niemand weiß, wer dieses Mädchen war. Niemals fand man eine Erklärung dafür, warum sie in das Haus jenes Alten kam, um dort als dessen Tochter zu leben. Den Menschen dieser Welt blieb dies alles unverständlich und seltsam.

Ü: R. Lange

Hebt man den Blick, so sieht man keine Grenzen

Sprichwörter IV

Daß der Mond zu- und abnimmt, ist der Welt Lauf.

Eine Frau sagt nein und nickt ja.

Wer sagt, ich hasse, sagt, ich liebe.

Armut macht Diebe, Liebe macht Dichter.

Mann und Frau sind nie so weit auseinander,
daß sie nicht beisammen wären.

Schönheit und Glück sind selten zusammen.

Abwarten bringt schöne Tage.

Wo ich lebe, ist es am schönsten.

Wer seinen Sohn lieb hat, schickt ihn auf Reisen.

Reisfelder anbauen trägt mehr ein als Dichten.

Poesie bewegt Himmel und Erde.

Der Schnee auf meinem Schirm wiegt leicht,
denn er gehört mir.

Red' von einem Mann und sein Schatten taucht auf.

Glück, das ist in beiden Händen Blumen halten.

Das Glück tritt gern in ein Haus, wo gute Laune herrscht.

Sobald die kleine Quelle versiegt,
trocknet der große Strom aus.

Das Unglück, das man selbst herbeigezogen hat, läßt sich nicht aufhalten.

Das Vergangene ist das Künftige von heute.

Was voll ist, läuft über.

Wenn man lange genug wartet,
wird das schönste Wetter.

Besser nicht genug als zuviel.

Hebe deine Augen auf und du wirst die Sterne sehen.

Des Menschen Leben ist so vergänglich
wie des Morgens Tau.

Der Spiegel ist die Seele der Frauen.

Eine frische Frau und ein neuer Teppich taugen etwas.

Drei Töchter haben, kostet ein Vermögen.

Zu den Eltern ist man so recht lieb erst, wenn sie nicht mehr da sind.

Herkunft ist viel, Bildung ist mehr.

Die anderen Blumen sind immer röter.

Genier dich nicht, dir deine Fehler abzugewöhnen.

Ein gesprochenes Wort
holen vier Pferde im Galopp nicht ein.

VIII. Südsee

Voll zauberischer Macht

Die Völker der Südsee – von Indonesien, dem früheren Insulinde, bis nach Australien, Melanesien, Mikronesien und Polynesien – pflegten jahrtausendelang ihren Glauben an Naturgeister, ihren Ahnenkult und Totemismus. Mythen und Märchen erzählten von Initiationsriten, von Seelen- und Himmelsreisen, vom ewigen Kreislauf des Lebens.
In ihren Liedern werden aber auch irdische Gefühle wie die Sehnsucht und das Verlangen nach der geliebten Frau ergreifend besungen.

Die Erschaffung der Welt

Indonesisches Märchen aus Java

Als der Schöpfer den Himmel, die Sonne, den Mond und die Erde geschaffen hatte, beschloß er, nachdem er in geraumer Zeit alle Vorbereitungen getroffen hatte, auch für Lebewesen auf der Erde zu sorgen. So wollte er denn Menschen schaffen.
Er nahm etwas Lehm und knetete daraus eine menschliche Gestalt. Darauf rief er einen der von ihm erschaffenen Geister, um der Gestalt Leben zu geben, und setzte ihn in das Haupt des Wesens. Die Lehmform war jedenfalls zu schwer, denn der Geist konnte sie nicht tragen. Sie fiel hin und schlug auf dem Boden in tausend Stücke. Und da die Form durch den Geist bereits beseelt war, besaß jede der Scherben Leben. Sie verbreiteten sich über die Erde und wurden zu den scheusäligen bösen Geistern, denen die Menschen hernach den Namen Teufel gaben.

Malerei der Südsee, *Tapa*, bemalter Rindenbaststoff aus Viti

Der Schöpfer bedachte sich und merkte, daß er dem von ihm gebildeten Wesen keine Lebenskraft gegeben hatte, die doch nötig war, damit es als ordentlicher Mensch wirken konnte. Und so formte er ein neues Gebilde aus Lehm, das war besser als das erste; er gab ihm das Aussehen eines Mannes und die Kraft der Dreiheit: Leben und Gemüt, Willen und Charakter, Geist und Seele. Als er dem Wesen diese Eigenschaften verliehen hatte, wurde es lebendig, und der Mensch war erschaffen.

Der Schöpfer verfiel wieder in Nachdenken und meinte: „So habe ich also den Mann erschaffen, doch vermag er allein die Erde nicht zu bevölkern. Ich will ihm also eine Gemahlin geben, auf daß er sich ihres Besitzes erfreue." Und als der Schöpfer ein Wesen schaffen wollte, das zur Frau des Mannes werden sollte, merkte er, daß all der Stoff bei der Bildung des ersten mißglückten Wesens aufgebraucht worden war. Doch er wußte sich nach ernstlichem Nachdenken zu helfen, um dem Manne eine schöne Gattin zu erschaffen.

Er nahm die Rundung des Mondes, das Winden der Schlange, das Umarmen der Schlingpflanzen, das Zittern des Grases, die Schlankheit der Gerte, den Duft der Blumen, die Leichtigkeit und Beweglichkeit der Blätter, den Blick des Rehs, die Freundlichkeit und Fröhlichkeit des Sonnenstrahls, die Geschwindigkeit des Windes, die Tränen der Wolken, die Zartheit der Flaumfedern, die Schreckhaftigkeit eines Vogels, die Süßigkeit des Honigs, die Eitelkeit des Pfaus, die Schlankheit der Schwalbe, die Schönheit des Diamanten und das Girren der Turteltaube. Alle diese Eigenheiten mengte er durcheinander und bildete daraus ein weibliches Wesen, dem er auch die vorhin schon erwähnten – dem Manne gegebenen – Eigenschaften verlieh. Und als es Leben geworden, übertraf es alle Schöpfungen an Anmut, Liebreiz und Schönheit. Der Schöpfer gab dieses Wesen dem Manne zum Weibe, damit nunmehr die Erde bevölkert werde.

Nach einigen Tagen kam der Mann zum Schöpfer und sagte: „Herr, die Frau, die Ihr mir gabt, vergiftet mir das Leben. Sie schwatzt ohne Unterbrechung, sie nimmt meine ganze Zeit

in Anspruch, sie klagt bei den geringsten Anlässen, und sie ist alleweil krank." Da nahm der Schöpfer die Frau wieder zu sich, um den Gatten zu treffen.
Schon nach einer Woche kam der Mann wieder und sagte. „Herr, ich bin einsam, seit Ihr mir die Frau wieder fortgenommen habt. Sie tanzte und sang bei mir. Ich muß immerfort daran denken, wie lieblich sie mich ansehen und mich liebkosen konnte, wie schön sie mit mir spielte und bei mir Schutz suchte." Da gab der Schöpfer dem Manne die Frau zurück.
Kaum waren drei Tage vergangen, war der Mann wieder beim Schöpfer, um Klage zu führen. „Herr", sagte er, „ich verstehe es einfach nicht; und wenn ich darüber nachdenke, dann fühle ich, daß die Frau mir mehr Ärger als Freude macht. Bitte, befreie mich von ihr." Aber der Schöpfer sprach zu ihm: „Tu nur dein Bestes. Damit du im Einverständnis mit deiner Frau lebst und damit du sie leiden kannst, soll sie dir gehorsam sein."
Doch der Mann antwortete hoffnungslos: „Ich kann nicht mit ihr zusammenleben." „Kannst du denn ohne sie leben?" fragte der Schöpfer. Da ließ der Mann bekümmert das Haupt auf die Brust sinken und sagte: „Weh mir! Ich kann nicht mit ihr, aber auch nicht ohne sie leben."

Überlieferung der Batak

Der Ibis und der Mond

Australisches Märchen

Der Ibis Muregu hatte lange als Einsiedler gelebt. In der Einsamkeit hatte er sich viele Bumerangs, Keulen, Speere, Schilde und Decken aus Opossumfell angefertigt. Die Waffen hatte er schön mit einem Opossumzahn beschnitzt und die Decken auf der Innenseite prächtig bemalt. Dann hatte er sich aus einem Emuknochen eine Nadel gemacht, sie eingefädelt und die Decken mit Opossumsehnen zusammengenäht.

Nun besah der Ibis stolz seine Arbeit. Da kam der Mond Balu herbei und sagte zu ihm: „Leih mir bitte eine Decke.“ „Nein“, entgegnete der Ibis, „ich verleihe keine Decken.“ „Dann verkaufe mir eine.“ „Nein, ich verkaufe auch keine.“ Balu sah sich um und erblickte die schön beschnitzten Waffen. Er sagte: „Muregu, verkaufe mir wenigstens einige Waffen.“ „Nein, ich verkaufe niemanden etwas von meinen Sachen“, war die Antwort des Ibis.

Wieder sagte Balu: „Die Nacht ist kalt, leih mir doch eine Decke.“ Doch der Ibis antwortete: „Ich habe dir meine Meinung schon gesagt – ich verleihe meine Decken nicht.“

Nun sagte Balu nichts mehr. Er ging fort, suchte sich einige Rindenstücke und baute daraus eine kleine Hütte. Als sie fertig war und er behaglich darinnen saß, begann es in Sturzbächen zu gießen. Es regnete ohne Unterlaß, bis zuletzt die ganze Gegend unter Wasser stand. Muregu ertrank. Seine Waffen schwammen fort, und die Decken verfaulten im Wasser.

Ü: R. Jockel

Gesang der Totengeister vor den Göttern

Fiji-Inseln (Melanesien)

Ihr Götter! Wie furchtbar sind wir begraben worden,
Begraben mit starr zum Himmel stierendem Gesicht:
Wir sehen die Regenwolke über den Himmel fliegen, –
Mit Füßen stampft man Verbrauchte uns in den Grund.

Auseinandergerissen die Rippen, Stützpfeiler unseres Hauses,
Zerstört die Augen, mit denen wir einander uns sahen,
Eingefallen die Nasen, mit deren Kuß wir uns grüßten,
Zertrümmert die Brüste, die wir umarmten,
Niedergebrochen die Schenkel, mit denen wir uns umfingen,
Verwelkt der Mund, mit dem wir uns anlachten,
Ausgefallen die Zähne, mit denen wir bissen,
Dahin ist die Hand, die den „tinka“-Stab warf,
Weggerollt die Steine des Falken (= Hoden),
Vergangen die Haare von Scham und Bart!

Australische Malerei der Aborigines, *Topsy Nangala Ross*: *Emu (Yankirri)*

Horchet auf die Klage der Mücken:
„Mögen sie doch sterben und fahren dahin,
Aber wehe um mein Ohr, das sie fortgerissen haben!"
Horchet auf die Klage der Fliegen:
„Mögen sie doch sterben und fahren dahin,
Aber ach! auch das Auge ist dahin, aus dem ich trank!"
Horchet auf die Klage der schwarzen Ameise:
„Mögen sie doch sterben und fahren dahin,
Aber wehe! meinen Walzahn (Phallus) nahmen sie fort!"

U: W. Müller

MIKRONESISCHE LIEBESLIEDER

Insel Yap, Mikronesien

Wir, die wir deine Altersgenossen sind, Mädchen,
Wollen Zungenküsse mit dir tauschen; wir beiβen deinen Mund,
Deinen Mund, der schön geschnitten ist!
Schön geschnitten ist dein Auglid,
Schön sind deine Brauen,
Hoch geschwungen sind sie in deinem Antlitz.
Du rollst die Augäpfel,
Du zwinkerst mit den Augenbrauen,
Die schön geschwungen in deinem Antlitz stehen,
Perlschnurförmig sind sie, wie ein Flimmertierchen.
Wie Zacken ist dein Zahnfleisch,
Ganz wie eine rote Frucht.

Du machst Helligkeit
Mit deinem Haarknoten,
Der gerade so ist, als sei er mit einem Hobel geglättet.
Dann drehst du ihn,
Du biegst die Spitzen in die dichte Masse der Haare zurück.
Unsere Gedanken verweilen auf ihm.
Ein Mädchen geht fort von uns,
Ein Wunder, das unser ist.
Du bist ein Trotzkopf,
Du erschöpfst unsere Lungen, Liebe,
Du zerbrichst
Unseren Mund.

Ü: W. Müller

DIE SAGE VOM ZERBROCHENEN STERN

Märchen aus Hawaii

Auf der uralten runzeligen Insel Oahu wächst heute noch in manchen trockenen Hochtälern ein spindeliger, graugrünfarbiger Busch. Seine unscheinbaren Blätter sind in der

Blütezeit nahezu verdeckt durch einen Schaum von weißen, in der Sonne, aber auch bei hellem Mondenschein fast blendenden Blüten.
Die kleinen sternförmigen Blumen duften ebensowenig wie die Sterne des Firmaments, und doch umgibt sie ein Hauch der Lieblichkeit, der das Schmeicheln weiterer Sinne erübrigt.
Die Blumen sind Krüppel. Sie werden als solche aus ihren schmalen silbernen Knospen geboren, und sie sterben als solche – jede einzelne. Mag der Strauch so reich bestirnt sein wie ein Sommernachtshimmel, aus lauter zerbrochenen Sternen sind seine seltsamen Blüten gebildet. Doch nicht als einfach vierblättrige Blumen wurden sie geschaffen. Der Platz des fünften Blütenblattes ist da – aber leer, als wenn ein Käfer es abgenagt hätte, leer wie der Platz eines fehlenden Kinderzähnchens. Nur eine sehr alte Sage weiß dieses Rätsel zu erklären, eine Pelesage, die wohl ursprünglich von Peles Insel, Hawaii, stammt:
Lange ehe die ersten Weißen auf ihren hohen Flügelschiffen nach Hawaii kamen, lebte auf der Insel des ewigen Feuers ein junges, über alle Maßen schönes und anmutiges Liebespaar. Hinanu, der Jüngling, war groß und schlank wie eine junge Kokospalme und trotz seiner kaum siebzehn Jahre der Schnellste und Stärkste der ganzen Insel. Beim Wellenreiten oder Kanurennen war er stets der Beste, und auch auf der Fischjagd traf sein Speer immer tödlich. Klug war er auch, und sein Gedächtnis so sicher, daß er alle Heldengesänge, sogar die längsten, auswendig kannte, alle Fische und Vögel, Pflanzen und Sternbilder beim Namen zu nennen vermochte, und das Wetter einen halben Tag früher als jeder andere genau vorauszusagen wußte.
Ilima, seine Braut, hätte, dem Aussehen nach, seine Schwester sein können. Ihre großen Augen waren geheimnisvoll wie Waldquellen; ihre Haare, die bis über ihre feinen Waden reichten, flossen weich und schwer wie das klare schwarze Wasser aus den Farnbaumwurzeln. Am schönsten jedoch waren ihre schlanken Hände und Füße, die sie im Tanze leicht wie Flügel bewegte.

Malerei der Südsee, *Tapa*, Viti

Oft sah man die beiden am Strande badend oder spielend, und ihr Lachen plätscherte sanft wie die grünen Wellen, in denen sie fast ebenso zu Hause waren wie auf der Erde.
Eines Abends, als ein wilder Sonnenuntergang den Wellen goldene Schaumlocken gab und den Strand blutrot färbte, folgten die Liebenden, seltsam in sich versunken, der Schlangenlinie der Ebbe auf dem spiegelnden Sand. Die Sonne glitt gerade ins Meer, aber ihre letzten schrägen Strahlen schossen tief brennend über das Wasser und entzündeten die Palmen zu großen grünen Fackeln. Von hinten beleuchtet, schritten die beiden jungen Menschen langsam – hohe, flammenumränderte Silhouetten – zwischen Land und Meer. Ilimas Haar schien wie lebendiges Feuer, das sie zu verzehren drohte.
Hinanu, plötzlich gepackt von ihrer übermenschlichen Schönheit, fiel sanft nieder, und seine Arme um ihre Knie geschlungen, rief er leidenschaftlich:

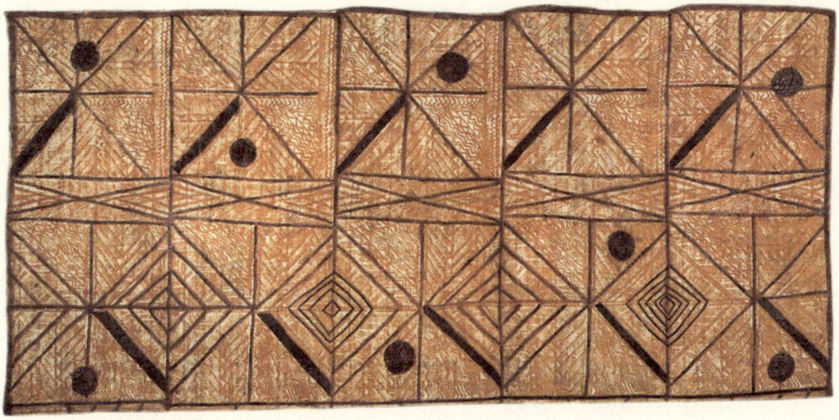

Malerei der Südsee, *Tapa*, Samoa

„Oh, Ilima, Geliebte, du bist so schön wie Pele – nein, viel, viel schöner!" Erschrocken über seine Tollheit (denn die Kratergöttin ist heilig und ihr Name unnennbar im Vergleich mit einem Sterblichen), versuchte Ilimas Finger rasch den geliebten, frevelnden Mund zu beschwichtigen. Aber zu spät. Die eitle, eifersüchtige Göttin hatte keine Silbe überhört, und ihr Zorn loderte sofort hoch auf.

Etwas wie ein trockener Blitz durchzuckte die Luft. Der Himmel verfinsterte sich schlagartig. Über dem Berg Manuna Loa, der schon bebte und dröhnte, blähte sich eine giftschwarze Wolke, die aus dem Kilauea-Krater stieg. Ein stets wachsender Mahlstrom von Rauch und Asche und ein dichter Steinregen zogen von Sekunde zu Sekunde näher.

„Pele!" zischte Ilima warnend, und ihre Hand umklammerte Hinanus schmerzhaft. Wie gehetztes Wild flohen sie in der Richtung des Landungsplatzes, wo ihre Boote verankert lagen.

Dort angekommen, fanden sie die Dorffamilien bereits in den Booten. Um ihr Leben paddelten sie der offenen See zu. Allein Hinanu und Ilima konnten nicht folgen, denn alle Boote, auch ihre eigenen, waren fort. Sicherlich lag irgendwo abseits noch ein Kanu, aber in der dichten augenbeißenden Nacht von Rauch und Asche waren sie völlig

blind. Dichter und dichter hagelten die heißen, kokosnußgroßen Steine, alles um sich herum niederschmetternd. Keuchend rannten die Liebenden umher. Irgendein Boot hofften sie noch in der Dunkelheit zu ertasten. Jeglicher Anhaltspunkt war wie ausgewischt. Ihre krampfhaft gehaltenen Hände blieben als einziger fester Pol in dieser wankenden Wildnis.
Immer schmerzhafter ging ihr Atem, denn ihre Lungen waren dicht mit Asche belegt. Ilimas Füße stolperten schon, und Hinanu, der ihre Schwäche spürte, legte seinen Arm stützend um ihre von Husten erschütterten Schultern.
„O ihr Himmel, was habe ich getan!" betete er still verzweifelt. „Ihr Götter, Ilima ist doch schuldlos – rettet sie! Nehmt mein Leben, aber rettet Ilima!"
Nicht umsonst flehte er. Ein kleiner Stern, der das Ereignis gespannt verfolgt hatte, wurde so von Mitleid hingerissen, daß er, alle Verbote des Himmels vergessend, selbst einzugreifen beschloß. Einen starken Lichtstrahl stach er durch den Rauch und Asche hindurch, das einzig übriggebliebene Kanu, das abseits unter einem Kiawebaum versteckt lag, hell beleuchtend. Mit einem Schrei der Freude warfen es die beiden in die dunkle See und paddelten mit fast übermenschlichen Kräften dem Horizont und der Rettung entgegen.
Pele merkte bald, wie sie um ihre Beute betrogen war. Mit noch gesteigerter Wut spuckte sie Feuer und Steine auf das verlassene Dorf, seine Häuser in die Erde zermalmend oder niederbrennend. Selbst die Wellen drohte sie in dem immer dichteren Aschenregen zu ersticken. Doch bis zu den Menschen, weit draußen auf dem offenen Meer, reichte ihre Macht nicht. Als sie dieses merkte, wandte sich ihr ganzer Zorn dem kleinen Stern zu, der sie um ihre Rache gebracht hatte. Diesen riß sie mit ihrer letzten Kraft aus dem Himmel und schleuderte ihn mit einem fürchterlichen Fluche zur Erde.
Der Stern fiel. Wie eine brennende Fackel fiel er die ganze Nacht und noch einen Tag durch die Sphären, seinem eigenen verbotenen Strahle nach. Er fiel mit solcher Wucht,

daß er beim Anprall sich tief in den Sand grub – genau dort, wo das rettende Kanu gelegen hatte. Dabei brach seine unterste Spitze ab, die ebenfalls metertief unter dem Strande begraben lag.

Am nächsten Abend, als Pele, noch grollend, aber erschöpft, sich in ihren Krater zurückzog und auch der anhaltende feine Aschenregen sich endlich gelegt hatte, kehrten die Hawaiianer zurück zu den Ruinen ihres Dorfes. Ein Geisterdorf erwartete sie im Mondschein. Ausgebrannt, ausgehöhlt war die Handvoll Hütten, die noch stand. Der Seewind blähte ihre leichten Wände; auch sie sollten anscheinend weggefegt werden, damit man ganz von neuem beginnen müßte.

Schweigend zogen die Leute ihre Boote an Land.

Als Hinanu und Ilima das Kanu auf seinen alten Platz zurückbringen wollten, fanden sie auch den Kiawebaum verschwunden. An seiner Stelle stand hoch aufgerichtet ein großer, fremdartiger Busch, den noch niemand je gesehen hatte. Er hatte schmale, aschgrüne Blätter und war über und über besät mit blendend weißen Sternen. Doch jedem Stern fehlte eine Spitze – die Liebenden sahen einander erschrocken an – denn sie wußten, wessen Grab die seltsamen Blüten schmückten.

Malerei aus Mittelamerika, aus: Codex Tro-Cortés, *Maya Bilderhandschrift* (Ausschnitt)

AMERIKA

IX. NORDAMERIKA

X. MITTELAMERIKA

XI. SÜDAMERIKA

IX. NORDAMERIKA

DIE STIMME DA DROBEN

Gemeinsam ist den indianischen Völkern Nord-, Mittel- und Südamerikas der Glaube an eine Schöpfergottheit. Magische Kulte und Geheimbünde, Schamanismus und Totemismus spiegeln sich in den jahrhundertelang mündlich weitererzählten und fortentwickelten Märchen und Mythen.
Sonne und Mond sind Gegenstand religiöser Verehrung, Tiere und Geister wirken als Heilbringer oder ränkeschmiedende Dämonen. Mit dem Glauben vom Anfang korrespondiert die Vorstellung verschiedener Weltzeitalter und -stufen.

DER ROTE SCHWAN

Drei Kinder, von denen das älteste kaum Kraft besaß, um einen schwachen Bogen zu spannen, hatte der plötzliche Tod ihrer Eltern zu Waisen gemacht. Der Vater war ein Einsiedler gewesen, der sich schon in seiner Jugend von seinem Stamme getrennt hatte, um ein ruhiges und ungestörtes Leben zu führen.
Es schien ein guter Manito über diese Knaben zu wachen; sie litten nie Not, und der älteste davon ward sogar in ganz kurzer Zeit ein tüchtiger und glücklicher Jäger. Er lehrte diese Kunst auch seine beiden Brüder, die ebenfalls darin recht erfreuliche Fortschritte machten.
Da sich nun jeder einen großen Köcher machen wollte, wozu sie starke Tierhäute brauchten, so gingen sie eines Tages auf Hochwild aus, und jeder schlug seinen eigenen Weg ein, weil jeder zuerst ein Tier erlegen wollte.
Otschipwe, der Jüngste, konnte sich dieses Glückes rühmen; denn gleich danach, als er sich von den andern getrennt

hatte, lief ein wohlgenährter Bär an ihm vorbei, den er mit einem gutgezielten Pfeile niederstreckte. Während er nun mit dem Abziehen der Haut beschäftigt war, kam es ihm vor, als sehe er etwas Rotes über sich hin und her wehen. Er glaubte sich zu täuschen und rieb sich die Augen, aber die geheimnisvolle Erscheinung schwebte noch immer ganz deutlich vor ihm in der Luft hin und her. Auch hörte er eine fremde Stimme, die ihn ans Ufer des nahen Sees rief. Er folgte ihr und sah einen großen roten Schwan vor sich auf dem Wasser schwimmen. Da er in Schußweite war, so sandte er gleich einen Pfeil nach ihm, der ihn zwar traf, aber wirkungslos an ihm abprallte. Der zweite Pfeil hatte denselben Erfolg, und so verschoß er auf diese Art nach und nach seinen ganzen Vorrat, ohne dem Schwan nur den geringsten Schaden zuzufügen.

Danach lief er nach Hause und holte die zurückgelassenen Pfeile seiner Brüder und verschoß sie ebenfalls vergebens. Da sah er denn den roten Schwan mit großen Augen an, und es fiel ihm ein, daß sein Vater einst gesagt, er habe drei magische Pfeile in seinem Medizinsack stecken. Schnell holte er dieselben, und als er zurückkam, war der Schwan noch immer da.

Der erste Pfeil flog vorbei; der zweite kam schon etwas näher, und der dritte flog dem Schwane mitten durch den Hals, worauf er sich erhob und dem Untergange der Sonne zusegelte. Dies ärgerte nun den jungen Otschipwe ganz gewaltig, und da er wußte, daß seine Brüder nicht sehr glimpflich mit ihm verfahren würden, wenn die magischen Pfeile fehlten, so watete er ins Wasser, um sie wiederzuholen. Aber er fand nur zwei, denn der Schwan hatte den dritten weggetragen. „Nun", dachte er, „so weit kann er damit doch nicht fliegen, als daß ich ihn nicht mit Leichtigkeit einholen könnte". Otschipwe war nämlich berühmt wegen seiner Schnelligkeit; er konnte so schnell laufen, daß ein von ihm abgeschossener Pfeil weit hinter ihm niederfiel.

Er lief nun den ganzen Tag durch Wälder und Täler, über Berge und Prärien, ohne jedoch dem Schwan nahe zu kommen. Als er sich am Abend ein Schlafplätzchen suchte, kam

es ihm vor, als würden in seiner Nähe Bäume gefällt; aber er konnte niemanden sehen und tröstete sich vorläufig mit dem Gedanken, daß der folgende Morgen diesen Umstand wohl näher erklären werde.
Mit Aufgang der Sonne raffte er sich von seinem Lager auf. Sein Weg führte ihn auf einen steilen Hügel, von dessen Spitze er eine weit ausgedehnte Stadt vor sich erblickte. Auf dem höchsten Punkte derselben stand der Wächter und schrie in einem fort: „Madschi Kokokoho!" Dadurch wollte er nämlich die Leute aufmerksam machen, daß ein Fremder nahe. Gleich gingen einige dem jungen Manne entgegen und führten ihn in die Hütte ihres Häuptlings.
Der alte Häuptling freute sich ungemein über den schmucken Jüngling und befahl seiner Tochter, ihm augenblicklich ein kräftiges Mahl zu bereiten, seine Mokassins zu trocknen und überhaupt ein sorgsames Auge auf ihn zu haben, „damit es", wie er sagte, „meinem lieben Schwiegersohn an nichts fehle." Dieses Wort klang doch dem jungen Otschipwe etwas zu kurios; so mir nichts dir nichts zum Schwiegersohne und Ehemanne gemacht zu werden, ohne daß man ihn dabei auch nur mit einer Miene gefragt hätte, kam ihm doch etwas verdächtig vor. Aber das Mädchen war schön, und so dachte er das eheliche Leben auf kurze Zeit schon aushalten zu können.
Er begab sich also gemächlich zur Ruhe und erwachte am andern Morgen etwas früher als gewöhnlich. Einige Fragen, die er an seine junge Frau richtete, blieben unbeantwortet, und als er ihr einen Kuß geben wollte, drehte sie ihm kalt den Rücken.
„Was willst du von mir?" fragte sie endlich voll Ingrimm.
„Sage mir, mein liebes Kind, ist der rote Schwan schon vorüber geflogen? Ich verfolge ihn seit gestern; denkst du, daß ich ihn einholen werde?"
„Kwapadisid!" (Dummkopf), erwiderte sie mürrisch; aber sie gab ihm später doch die Richtung an, welche er einzuschlagen habe, worauf denn der junge Mann seine trockenen Mokassins anzog und seine Reise fortsetzte.
Als es wieder Abend geworden war, sah er abermals eine

große Stadt vor sich, deren Wächter ebenfalls in den früher erwähnten Worten den Besuch verkündete.
Otschipwe wurde wieder auf die liebenswürdigste Weise in die Hütte des dortigen Häuptlings geführt und mußte es sich gefallen lassen, als Gemahl eines noch schöneren Mädchens zu figurieren. Doch war dasselbe etwas freundlicher und gab ihm auch am andern Morgen die genaue Richtung des roten Schwans an.
Während des Tages begegnete Otschipwe nichts Besonderes auf seiner Reise. Gegen Abend kam er an eine Hütte, durch deren halboffene Türe er einen alten Mann einsam am Feuer sitzen sah.
„Nischime!" sagte derselbe, „komm herein und trockne deine Kleider; ich will dir inzwischen etwas zu essen kochen!"
Diese Einladung war Otschipwe recht erwünscht, denn er war müde, hungrig und durstig. Der Alte schien ein Zauberer zu sein, denn auf sein Kommando kam plötzlich ein großer, mit Wasser gefüllter Kessel zur Türe hereingelaufen, hing sich ohne Beihilfe über das Feuer, und der Alte warf dann ein einziges Maiskörnlein nebst einer Heidelbeere hinein. „Das ist eine schlechte Gelegenheit, deinen fürchterlichen Hunger zu stillen", dachte Otschipwe bei sich selber; doch als ihm der Zauberer winkte, munter zuzugreifen, siehe! da war der ganze Kessel bis an den Rand voll nahrhafter Speise, und trotzdem nun Otschipwe wie einer drauflosaß, der acht Tage gehungert hat, sah man ihn doch nicht leer werden. Als er satt war, gab der Alte dem Kessel wieder ein magisches Zeichen, und derselbe verschwand wieder. Danach steckten sich beide ihre Pfeifen an, und Otschipwe mußte den Zweck seiner Reise erzählen. Der Zauberer ermutigte ihn zwar in seinem Unternehmen, riet ihm jedoch, sich auf das Schrecklichste vorzubereiten, da noch keiner, der dem roten Schwane gefolgt, zurückgekehrt sei. Morgen werde er einem seiner Kollegen begegnen, der ihm weitere Auskunft geben werde.
So kam's denn auch. Der zweite Magier nahm ihn ebenfalls sehr freundlich auf und zeigte ihm den Weg nach dem dritten. Derselbe kam ihm liebreich entgegen, führte ihn in

seine Hütte und setzte ihm in einer medizinernen Schüssel ein stärkendes Mahl vor. Nachdem sich Otschipwe gehörig gesättigt hatte, sagte der Alte: „Junger Mann, du gehst einen gefährlichen Weg, von dem noch keiner zurückgekommen ist. Der rote Schwan ist die Tochter eines berühmten Medizinmannes, der sie wie heiliges Wampum behütet. Er trug einst einen großen Wampumskalp als Mütze, um den er jedoch von betrügerischen Feinden beschwindelt wurde. Dieselben hatten ihm nämlich erzählt, daß die einzige Tochter ihres Häuplings todkrank sei und nur durch den Anblick seines Skalpes genesen könne, worauf er ihn von seinem kahlen, blutigen Kopfe zog und gegen das Versprechen weggab, daß er ihn am nächsten Tage wieder zurückbekommen würde. Aber er hat bis jetzt vergebens darauf gewartet. Die fremden Krieger banden ihn auf eine lange Stange und umtanzten, verhöhnten und verspotteten ihn auf alle mögliche Arten. Bei dem geringsten Schimpfe nun, der diesem Wampumskalpe angetan wird, schreit der alte Häuptling laut auf vor Schmerzen, und er hat daher demjenigen, der ihn wieder zurückbringt, seine schöne Tochter, den roten Schwan, zur Frau versprochen. Dieser rote Schwan hat schon gar viele Wagehälse angelockt, und mancher tapfere Krieger hat schon sein Leben bei jenem mächtigen Feinde gelassen. Doch wenn du über gewaltige und erfahrene Schutzgeister zu gebieten hast, so ist es leicht möglich, daß du Erfolg hast. Morgen wirst du in die Nähe seines Wigwams kommen, er wird dich sogleich hineinrufen und verschiedene Fragen hinsichtlich deiner Träume und Manitos an dich stellen und dann verlangen, daß du ihm seinen heiligen Skalp wieder holst, damit sein wunder Kopf heile."

Danach wies er Otschipwe eine Schlafstelle an. Am andern Morgen gab er ihm das Geleite nach der Wohnung des unglücklichen Häuptlings. Derselbe saß in einer dunklen Ecke seines Wigwams und seufzte und stöhnte jämmerlich.

„Ach", klagte er, „ich bin ein armer Mann; meine Kopfwunde heilt nicht und ich habe niemanden, der mich bedient!"

Otschipwe bemerkte aber, daß er doch nicht so verlassen und einsam war, denn seine Hütte war in der Mitte geteilt,

und der rote Schwan befand sich im andern Zimmer.
Otschipwe ließ sich ruhig nieder, hing seine Mokassins vors Feuer und hörte die Erzählung des Alten geduldig an. Darauf fragte ihn dieser nach seinen Träumen, und Otschipwe teilte ihm mehrere derselben mit, zu denen er jedoch bedenklich den Kopf schüttelte und sagte: „Mein Sohn, du wirst mein Leben nicht retten können, wenn du nichts Besseres geträumt hast."
Nun erzählte er ihm seinen letzten Traum. „Das ist der rechte", schrie der Alte laut auf, „das ist der Traum, auf den ich so lange gewartet habe! Du wirst mein Retter sein!"
Am andern Morgen ging Otschipwe weiter. „Wenn du übermorgen", sprach er beim Abschiede zum Alten, „das Geschrei des Habichts hörst, so denke, daß ich Erfolg gehabt habe und dir deinen Skalp zurückbringe."
Nachdem er beinahe abermals eine Tagereise hinter sich hatte, kam er in ein großes Dorf, in dessen Mitte eine große Stange aufgerichtet war, um die munter getanzt wurde. Als er näher kam, sah er auch den besagten Wampumskalp daran flattern. – Ehe er noch bemerkt wurde, verwandelte er sich schnell in einen Kolibri und summte den Leuten die Ohren voll. Dann nahm er die Gestalt eines winzigen fliegenden Insektes an, band den Skalp ungesehen los und flog damit langsam fort. Dann gab er das verabredete Signal, der Alte streckte seinen blutigen Kopf heraus und Otschipwe setzte ihm seine lange vermißte Wampumkopfhaut wieder auf. Aber er mußte sie ihm in der Geschwindigkeit doch ein wenig zu unsanft aufgedrückt haben, denn der Häuptling wurde todkrank und erwartete mit jeder Minute sein Ende. Doch er erholte sich zuletzt wieder und Otschipwe wußte vor Erstaunen gar nicht, was er eigentlich sagen sollte, da anstatt eines abgelebten Greises ein junger, rüstiger Mann vor ihm stand, der sich in den feinsten Worten für seine Errettung bedankte.
Beide wurden sehr enge Freunde, aber der Magier ließ nie ein Wörtchen hinsichtlich des geheimnisvollen Schwanes fallen. Deshalb erinnerte ihn Otschipwe bei der Abreise, daß er öffentlich bekannt gemacht habe, seinem Retter den

roten Schwan zur Frau zu geben. Darauf öffnete der Magier das andere Zimmer, in dem eine reizende Jungfrau saß. „Sie ist meine Schwester", sprach er, „nimm sie mit zu deinen Freunden und behandle sie gut, denn sie ist deiner würdig."
Danach nahm das junge Ehepaar freundlichen Abschied und begab sich auf die Reise nach Otschipwes Heimat. Bald kamen sie an die Hütte des dritten Alten, welcher vor Freude über das Glück des Jünglings fast närrisch wurde. Er bewirtete beide mit dem Besten, was sein magischer Kessel hervorbringen konnte, und machte auch Otschipwe einen großen Medizinsack zum Geschenk, der allerlei heilige Sachen enthielt.
Auch die beiden anderen Alten beschenkten ihn in ähnlicher Weise. Darauf kam er mit seiner Frau in die zweite Stadt, in welcher er wieder vom Häuptling beherbergt und Schwiegersohn genannt wurde. Seine Tochter benahm sich immer noch so gleichgültig gegen ihn wie früher und würdigte ihn kaum eines Blickes, wozu sie natürlich jetzt auch mehr Ursache hatte. Aber dem wußte Otschipwe schon abzuhelfen. Langsam öffnete er einen seiner drei Medizinsäcke, welcher Wampum und allerlei kostbare Federn enthielt, und bot ihn dem Häuptling zum Andenken an. Als dies die Tochter sah, nahm ihr Gesicht gleich einen ganz andern Ausdruck an, ihre Zunge löste sich, und als sie der Vater nun hieß, sich zur Abreise fertig zu machen, hatte sie augenblicklich ihr Bündlein gepackt.
Damit schien aber ein anwesender junger Mann nicht einverstanden zu sein, denn er rief plötzlich: „Wer auch der Freche sei, der mir meinen Schatz für ein paar lumpige Geschenke entführt, ich werde ihn töten, und wenn ihn tausend Manitos beschützen!" Dabei zog er ein langes Messer aus einem Gürtel und ging auf Otschipwe los, aber mit dem Stechen wartete er ruhig, bis ihn der Häuptling festhielt, denn er war ein feiger Prahlhans, der sich kaum getraute, einen alten Hund anzufassen.
Am andern Tag nahm Otschipwe die Tochter des Häuptlings mit, und bald verkündete ein Wächter die Nähe der ersten Stadt. Alle Weiber und Kinder liefen herbei, um die drei

Fremden zu sehen, die ihren Weg schnurstracks zur Hütte ihres Häuptlings nahmen. Derselbe bewirtete sie freundlich; er stopfte Otschipwe eine prachtvolle Pfeife und ließ sich dessen Reiseabenteuer erzählen. Als er damit fertig war, führte ihm der Alte seine schöne Tochter zu und bat ihn, sie als Frau anzunehmen. Das schien aber wieder einem anwesenden närrischen Liebhaber sehr nahe zu gehen, denn er sprang wild auf und schrie: „Das Mädchen gehört mir, und der Fremde ist ein Kind des Todes!" Der Häuptling ergriff ihn beim Arme, aber er wand sich los und versuchte dem glücklichen Otschipwe, der übrigens tat, als hörte er ihn nicht, einen Schlag zu versetzen. Ehe er dazu jedoch recht ausholen konnte, hatte ihn der Alte mit seiner Keule niedergestreckt. Als er sich nach geraumer Zeit wieder erholt hatte, wurde ihm bedeutet, das Haus so schnell wie möglich zu verlassen und künftighin die Gesellschaft alter Weiber, in die er am besten passe, mit seiner Gegenwart zu beglücken.
Am andern Morgen gab er Otschipwe seine Tochter mit und begleitete seine Gäste noch eine lange Strecke. Bald sah Otschipwe seine alte Heimat wieder. Er ließ seine schönen Gefährtinnen ein wenig ausruhen und ging allein voraus, um seine Brüder auf den angenehmen Besuch vorzubereiten. Das war denn auch sehr gut, denn ihre Hütte lag über und über voll Schmutz und Asche, und sie selber waren auch nicht viel reinlicher. Der eine saß mit greulich geschwärztem Gesichte neben dem Feuer und weinte, als ob er nicht recht bei Sinnen sei; der andere hatte seinen Kopf mit allerlei merkwürdigen Federn besteckt, so daß sich Otschipwe kaum des Lachens enthalten konnte. „Lacht doch auch!" rief er ihnen zu, „denn ich habe jedem ein köstliches Weiblein mitgebracht."
Als dies Madschikihwis hörte, sprang er wie besessen aus seiner Ecke und guckte durch die Türe. „Halt!" sagte Otschipwe, „habt nur Geduld und wascht euch vor allen Dingen den Dreck aus den Gesichtern, damit sich die Mädchen nicht vor euch zu fürchten brauchen." Das taten sie. Aber Madschikihwis mußte dabei jeden Augenblick durch die Türritze sehen, und als die Jungfrauen endlich hereinkamen,

lief er wie ein Verrückter hin und her und wollte bald diese, bald jene haben. Doch er mußte die nehmen, die ihm zugeteilt ward, und befand sich zuletzt auch recht glücklich mit ihr. Die dreipaarige Familie führte nun ein recht zufriedenes und sorgenfreies Leben, und nach kurzer Zeit liefen auch schon recht muntere Stammhalter um ihre Wigwams herum.
Aber eines Tages gab's doch bedenklichen Streit, denn die beiden Brüder drangen in Otschipwe, die magischen Pfeile ihres Vaters, die er heimlich mitgenommen habe, wieder zu ersetzen. Damit hatten sie aber böse Absichten; sie wollten ihn nämlich gerne aus dem Wege schaffen, so daß einer von ihnen den roten Schwan zur Frau nehmen könnte. Otschipwe, der dies nicht im entferntesten ahnte, zog auch wirklich aus, um die Pfeile zu suchen.

Da gelangte er auf seiner beschwerlichen Reise an ein großes Loch in der Erde, das ihn zu den Wohnungen der Geister leitete. Das Land schien recht hübsch zu sein; auch gab es darin Wild in Hülle und Fülle. – Das erste Tier, das ihm entgegenkam, war ein Büffel; der redete ihn wie ein Mensch an und fragte ihn, was er eigentlich im Lande der Toten suche.

„Die magischen Pfeile meines Vaters", erwiderte Otschipwe.

„Wir wissen es", sagte der nur aus Knochen bestehende Büffel, „aber ich rate dir, so schnell wie möglich wieder zurückzugehen, denn deine Brüder wollen dein Weib verführen!"

Otschipwe erblickte darauf ein blendendes Licht in seiner Nähe, das er für die Sonne hielt. „Was ist das?" fragte er.

„Es ist der Ort, wo die Guten wohnen."

„Und was bedeutet diese dunkle Wolke?"

„Das ist der Wohnplatz der Schlechten."

Darauf fragte Otschipwe nichts mehr. Kraft seiner mächtigen Schutzgeister gelangte er bald wieder an die freie Luft und vor die Türe seines heimatlichen Wigwams.

Der Büffel hatte die Wahrheit gesprochen. Seine beiden sauberen Brüder lagen sich gerade in den Haaren, da jeder Otschipwes Weib besitzen wollte. Dieser trat jedoch auf einmal in die Hütte und zerschmetterte ihnen mit einem furchtbaren Keulenschlage den Hirnschädel so, daß keiner mehr ans Leben, viel weniger an Weiberverführung dachte. Danach lebte Otschipwe in ungestörtem Glück bis an sein seliges Ende.

nach: Schoolcraft

Die heilige Gabe des Festes

Überlieferung der Eskimo vom Colvillefluß in Nordalaska

Es war einmal eine Zeit, da die Menschen keine Freude kannten. Ihr ganzes Leben bestand aus Arbeit, Essen, Verdauung und Schlaf. Ein Tag verging ihnen wie der andere. Sie schliefen nach ihren Mühen ein, nur um zu neuer Anstrengung zu erwachen. Und ihr Sinn verzehrte sich in Einförmigkeit.
In diesen Zeiten lebte ein Mann mit seiner Frau einsam in einem Dorf, nicht weit vom Meere entfernt. Sie hatten drei Söhne, tüchtige Knaben, die gerne ebenso große Jäger werden wollten wie ihr Vater. Sie trieben allerhand Leibesübungen, die sie stark und ausdauernd machten, noch ehe sie erwachsen waren. Und Vater und Mutter waren stolz auf sie; denn sie sollten ihre Stütze im Alter werden und ihnen Nahrung verschaffen, wenn sie selbst es nicht mehr vermochten. Aber da geschah es, daß zuerst der älteste Sohn auf der Jagd verschwand und dann der zweitälteste. Sie kamen nicht zurück, und sie hinterließen keine Spur. Niemand konnte nach ihnen suchen. Vater und Mutter trauerten tief über ihren Verlust und achteten nun ängstlich auf den jüngsten Knaben, der schon so groß war, daß er mit seinem Vater auf die Jagd gehen konnte. Der Sohn – er hieß Teriaq – jagte am liebsten das wilde Renntier; der Vater ging am liebsten auf Seetierfang. Da Jäger nicht ihr ganzes Leben in Angst verbringen können, durfte der Knabe gehen, wohin er Lust hatte, tief ins Land hinein, während der Vater in seinem Kajak auf das Meer hinaus ruderte.

Malerei aus Mittelamerika, aus: Codex Tro-Cortés, *Maya Bilderhandschrift*, Hieroglyphen und Darstellung der Neujahrszeremonien

Eines Tages war Teriaq wie gewöhnlich auf Renntierjagd. Da erblickte er einen gewaltigen Adler, einen großen, jungen Adler, der über ihm kreiste. Teriaq nahm hurtig seine Pfeile hervor. Da senkte sich der Adler herab und setzte sich ein wenig von ihm entfernt auf die Erde. Er streifte seine Kapuze vom Kopf und wurde zum Menschen. Und er sprach zum Renntierjäger und sagte: „Ich bin es, der deine beiden Brüder getötet hat. Ich werde auch dich töten, wenn du mir nicht versprichst, Gesangfeste zu feiern, sobald du nach Hause kommst. Willst du, oder willst du nicht?"
„Ich will es gern, aber ich begreife nicht, was du sagst. Was ist Gesang? Was ist Fest?"
„Willst du, oder willst du nicht?"
„Ich will gern, aber ich weiß nicht, was es ist."
„Wenn du mir folgst, wird meine Mutter dich lehren, was du nicht verstehst. Deine beiden Brüder verschmähten die Gabe des Gesanges und des Festes; sie wollten nicht lernen; darum tötete ich sie. Nun kannst du mir folgen, und sobald du gelernt hast, Worte zu einem Gesang zusammenzusetzen und diesen zu singen, und sobald du gelernt hast, vor Freude zu tanzen, wird es dir frei gestattet sein, in dein Dorf heimzukehren."
„Ich komme mit", antwortete Teriaq. Dann brachen sie auf. Der Adler war kein Vogel mehr, sondern ein großer und kräftiger Mann in schimmerndem Gewand aus Adlerfedern. Sie gingen und gingen weit, weit über das Land hin, durch Schluchten und Täler, bis zu einem hohen Berge, den sie zu besteigen begannen. „Hoch oben auf dem Gipfel dieses Berges liegt unser Haus", sagte der junge Adler.
Und sie stiegen den Berg hinan, kamen höher und höher hinauf und hatten eine weite Aussicht über die Ebenen, wo die Menschen Renntiere zu jagen pflegen. Als sie sich dem Berggipfel näherten, hörten sie plötzlich einen pochenden Laut, der stärker und immer stärker wurde, je näher sie dem Gipfel kamen. Es hörte sich an wie der Schlag von gewaltigen Hämmern, und so stark war das Dröhnen, daß Teriaq die Ohren sausten.
„Kannst du etwas hören?" fragte der Adler.

„Ja, einen seltsamen, ohrenbetäubenden Laut, den ich niemals je zuvor gehört habe!"
„Es ist meiner Mutter Herz, das klopft", antwortete der Adler. Dann kamen sie zum Hause des Adlers, das ganz oben auf dem höchsten Gipfel erbaut war. „Warte hier, bis ich zurückkomme, ich muß meine Mutter vorbereiten", sagte der Adler und ging hinein. Nach kurzer Zeit kehrte er zurück und holte Teriaq. Sie traten in einen großen Raum, der in gleicher Weise gebaut war wie die Häuser der Menschen; drinnen auf der Schlafbank saß ganz allein die Mutter des Adlers, alt, hinfällig und betrübt. Nun ergriff der Sohn das Wort und sagte:
„Hier ist ein Mann, der versprochen hat, ein Gesangfest zu halten, wenn er nach Haus kommt. Aber er sagt, daß die Menschen nicht verstehen, Worte zu einem Gesang zusammenzusetzen, und sie verstehen auch nicht, die Trommel zu schlagen und vor Freude zu tanzen. Mutter, die Menschen verstehen nicht, ein Fest zu feiern, und nun ist dieser junge Mann gekommen, um es zu lernen!"
Diese Worte brachten großes Leben in die alte, hinfällige Adlermutter, und ihre müden Augen leuchteten plötzlich auf, während sie sagte: „Zuerst müßt ihr ein Festhaus bauen, in dem sich viele Menschen versammeln können." Nun bauten die beiden jungen Männer das Festhaus, das „Qagsse" genannt wird und das größer und schöner ist als gewöhnliche Häuser. Und als es fertig war, lehrte sie die Adlermutter, Worte zu einem Gesang zusammenzusetzen und die Töne zusammenzufügen, so daß sie zu Melodien wurden. Sie fertigte eine Trommel an und lehrte sie, die Trommel im Takt zu den Liedern zu schlagen, und sie zeigte ihnen, wie man zu den Gesängen tanzen muß.
Als Teriaq all das gelernt hatte, sagte sie: „Vor jedem Fest sollt ihr viel Fleisch sammeln und dann viele Menschen einladen. Dies sollt ihr tun, wenn ihr euch ein Festhaus gebaut und eure Lieder gedichtet habt; denn der Menschen Beisammensein in der Freude erfordert große Festgelage!"
„Aber wir wissen von keinem anderen Menschen als von uns selbst", antwortete Teriaq.

„Die Menschen sind einsam, weil sie noch nicht die Gabe des Festes erhalten haben", sagte die Adlermutter. „Trefft nun eure Vorbereitungen, so wie ich euch gesagt habe. Wenn alles bereit ist, sollst du hingehen, um nach Menschen zu suchen. Du wirst sie zu zweien treffen. Du sollst sie versammeln, bis es ihrer viele sind, und sie einladen. Und dann sollt ihr ein Gesangfest feiern."
So sprach die alte Adlermutter, und als sie Teriaq genau eingeprägt hatte, was er tun solle, sagte sie schließlich: „Wohl bin ich ein Adler, aber doch auch eine alte Frau, welche die gleichen Freuden hat wie andere Frauen. Ein Geschenk verlangt ein Gegengeschenk, und es wäre angebracht, wenn du mir zum Abschied ein wenig Sehnenschnur geben wolltest. Unbedeutend bleibt zwar deine Wiedervergeltung, aber sie würde mich doch erfreuen." Teriaq war zuerst unglücklich; denn woher sollte er sich hier, so weit weg von seinem Dorf, Sehnenschnur verschaffen? Aber dann dachte er an die Sehnenschnüre seiner Pfeilspitzen, wickelte sie ab und gab sie dem Adler. So unbedeutend war sein Gegengeschenk für alles, was er bekommen hatte.
Darauf zog der junge Adler sein schimmerndes Gewand wieder an und bat seinen Gast, sich auf seinen Rücken zu setzen und die Arme um seinen Hals zu schlingen. Dann flog er rasch den Berg hinunter. Ein starkes Sausen entstand ringsum, und Teriaq glaubte, es wäre vorbei mit ihm. Doch das Ganze dauerte nur einen Augenblick, dann hielt der Adler an und bat ihn, die Augen zu öffnen. Da waren sie bereits an jener Stelle, wo sie sich getroffen hatten. Sie verabschiedeten sich herzlich voneinander; sie waren Freunde geworden und trennten sich nun. Teriaq aber eilte nach Haus zu seinen Eltern und erzählte ihnen alles, was er erlebt hatte.
Mit diesen Worten schloß er seinen Bericht: „Die Menschen sind einsam und leben ohne Freude, weil sie kein Fest zu feiern verstehen. Nun haben mir die Adler das heilige Geschenk des Festes gegeben, und ich habe gelobt, alle Menschen daran teilnehmen zu lassen."
Vater und Mutter lauschten verwundert den Worten des Sohnes und schüttelten ungläubig das Haupt; denn wer nie-

mals sein Blut heiß werden und nie sein Herz in Erregung schlagen gefühlt hat, kann des Adlers Geschenk mit seinen Gedanken nicht erfassen. Aber die Alten durften nicht widersprechen; denn schon zwei ihrer Söhne hatten die Adler genommen, und sie verstanden, daß das Gebot befolgt werden mußte, wenn sie den letzten Sohn behalten wollten. Darum taten sie alles, was die Adler verlangt hatten. Ein Festhaus gleich dem des Adlers wurde gebaut, und die Fleischständer wurden mit Fleisch der See- und Renntiere gefüllt.

Vater und Sohn setzten fröhliche Worte zusammen, schilderten Liebe und ernste Erinnerungen im Gesang, den sie zu Melodien stimmten. Sie machten sich Trommeln, lärmende Holztrommeln aus runden Holzrahmen mit ausgespannten Renntierfellen, und im Takt mit den Schlägen der Trommeln bewegten sie Arme und Beine zu den Liedern in ausgelassenen Sprüngen, in mutwilligen Krümmungen des Körpers. Und sowohl der Körper als auch die Gedanken wurden heiß; sie begannen alles ringsum in vollkommen neuer Weise zu fühlen und zu sehen. Es konnte vorkommen, daß sie manch einen Abend spaßten und lachten, schwatzhaft und übermütig, zu einer Zeit, da sie sonst aus Langeweile über einen endlosen Abend geschnarcht hätten.

Sobald alle Vorbereitungen getroffen waren, ging Teriaq hinaus, um die Leute zum Fest einzuladen, das sie feiern sollten. Zu seinem großen Erstaunen entdeckte er nun, daß er und seine Eltern nicht mehr einsam waren, wie sie es stets zuvor gewesen. Frohe Menschen erhalten Gesellschaft. Er traf plötzlich überall Menschen, aber nur zu zweit, seltsame Menschen, einige in Wolfspelze gekleidet, andere in Felle von Vielfraß, Luchs, Rotfuchs, Silberfuchs, Kreuzfuchs, ja in Pelze von allen Tierarten. Teriaq lud sie zum Gastmahl in seinem Festhaus ein, und sie folgten ihm alle mit Freuden.

Dann hielten sie das Gesangfest ab – ein jeder brachte seine eigenen Lieder vor. Man lachte, erzählte und lärmte; und die Menschen waren sorgenfrei und froh, wie sie nie zuvor gewesen. Gastmähler wurden abgehalten, Fleischgaben ausgetauscht, Freundschaften geschlossen, und es gab auch

einige, die sich Geschenke von kostbarem Pelzwerk machten. Die Nacht verging, und erst als das Morgenlicht ins Festhaus schien, nahmen die Gäste Abschied.
Während sie in wildem Getümmel aus dem Hausgang stürzten, fielen sie alle vornüber auf ihre Hände und sprangen fort auf allen Vieren. Jetzt waren Sie keine Menschen mehr, sondern verwandelten sich in Wölfe, Vielfraße, Luchse, Silberfüchse, Kreuzfüchse, ja in alle Tiere des Waldes. Das waren Gäste, die der alte Adler geschickt hatte, damit Vater und Sohn nicht vergebens bitten sollten. So gewaltig war die Macht des Festes, daß selbst Tiere zu Menschen wurden. Und die Tiere, die immer einen leichteren Sinn hatten als die Menschen, wurden der Menschen erste Gäste in einem Festhaus.
Kurz darauf geschah es, daß Teriaq wieder draußen war, um zu jagen, und wieder traf er den Adler. Dieser schlug sofort seine Kapuze zurück und wurde zum Menschen, und sie gingen zusammen zur Adlerwohnung hinauf, denn die alte Adlermutter wollte noch einmal den Mann sehen, der das erste Fest der Menschen gefeiert hatte. Aber schon bevor sie sich dem Gipfel genähert hatten, kam ihnen die Adlermutter entgegen, um zu danken, und siehe: die alte, hinfällige Adlerin war wieder jung geworden. Denn wenn die Menschen Feste feiern, werden alle alten Adler jung.

Ü: R. Jockel

DIE MÄCHTIGE STIMME

Navaho Indianer

Die Stimme, die das Land verschönt!
Die Stimme da droben,
Die Stimme des Donners,
Zwischen den dunklen Wolken
Erschallt sie wieder und wieder,
Die Stimme, die das Land verschönt!

Die Stimme, die das Land verschönt!
Die Stimme da droben,
Die Stimme der Grashüpfer,
Zwischen den Blumen und Gräsern
Erschallt sie wieder und wieder,
Die Stimme, die das Land verschönt!

Wie Yetl die Menschen erschuf

Überlieferung der Tlinkit

Yetl wollte Menschen erschaffen. Er arbeitete menschliche Gestalten aus Stein. Er blies auf sie, und die Steine wurden lebendig. Alsbald aber starben sie. Da machte er menschliche Gestalten aus Erde, blies auf sie, und sie wurden lebendig. Aber auch sie starben bald wieder. Er schnitzte Menschen aus Holz und belebte sie, indem er auf sie blies. Auch sie starben bald. Da machte er menschliche Gestalten aus Gras und blies auf sie. Sie wurden lebendig und wurden die Ahnen des Menschengeschlechts. Daher wachsen und vergehen die Menschen wie Gras.

Ü: R. Jockel

X. MITTELAMERIKA

DER URSPRUNG DER AGAVE

Überlieferung der Azteken

Die Götter sprachen untereinander: „Die Menschen werden immer traurig sein, wenn wir nicht etwas schaffen, um ihr Herz zu erquicken, damit sie Freude am Leben auf der Erde haben und uns preisen, singen und tanzen." Als Quetzalcouatl dies vernahm, sann er bei sich darüber nach, wo er wohl ein Getränk fände, das man den Menschen schenken könnte, um ihnen Freude zu bereiten. Bei diesen Gedanken kam ihm eine göttliche Jungfrau namens Mayauel in den Sinn, die von ihrer Großmutter, der Göttin Tzitzimitl, behütet wurde. Sofort begab er sich zu ihnen. Er fand sie schlafend, weckte die Jungfrau auf und sagte zu ihr: „Ich komme dich holen, um dich in die Welt zu geleiten." Sie war sogleich damit einverstanden, und beide stiegen vom Himmel herab, wobei er sie auf den Schultern trug. Auf der Erde verwandelten sie sich beide in einem Baum, der zwei Äste hatte. Der eine Ast, der „Quetzalweidenbaum", war Quetzalcouatl, der andere Ast, „Blumenbaum", war die Jungfrau Mayauel. Als nun Tzitzimitl aus ihrem Schlafe erwachte und ihre Enkelin nicht mehr vorfand, rief sie sofort die anderen Göttinnen herbei, und alle stiegen zur Erde hinab, um Quetzalcouatl zu suchen. In demselben Augenblick brachen die beiden Äste auseinander. Der Ast der Jungfrau wurde auf der Stelle von der alten Göttin erkannt. Sie ergriff ihn, zerbrach ihn und gab jeder der anderen Göttinnen ein Stück, das sie verzehrten. Den Ast Quetzalcouatls aber zerbrachen sie nicht, sondern ließen ihn liegen. Sobald die Göttinnen wieder zum Himmel emporgestiegen waren, verwandelte sich Quetzalcouatl wieder in seine alte Gestalt zurück. Er sammelte nun die Knochen der Jungfrau, die die Göttinnen verzehrt hatten, und verscharrte sie. Aus ihnen wuchs eine Pflanze empor, die man Metl, Agave, nennt und aus der man Wein bereitet, den man trinkt und mit dem man sich berauscht.

XI. SÜDAMERIKA

DER STERN

Überlieferung der Cherente in Zentralbrasilien (*Parana*)

Es war einmal ein Jüngling, der lebte im Junggesellenhaus. Eines Nachts blickte er empor zum sternenfunkelnden Himmel. Da fiel ihm ein Stern besonders auf, der einen ruhigen, hellen Glanz hatte. „Wie schade, daß ich dich nicht in meine Kürbisflasche einschließen kann, um dich nach Herzenslust zu bewundern!" rief er aus, seufzte und starrte lange Zeit zärtlich zu dem gefühllosen Stern hinauf.
Endlich ging er in das Junggesellenhaus, wo seine Brüder bereits schliefen. Er schlief ein und träumte von dem schönen Stern. In der Nacht wachte er plötzlich auf und sah zu seiner Überraschung ein junges Mädchen mit hellen, leuchtenden Augen zu sich herabblicken. Er dachte, es wäre eine „Versuchung", und beschwor sie, ihn sofort zu verlassen. „Warum?" antwortete sie. „Ich bin der helle Stern, den du in deiner Kürbisflasche zu haben wünschtest."
Der junge Mann war im ersten Augenblick stumm vor Erstaunen. Dann sagte er: „Aber du kannst doch sicherlich nicht in meine Kürbisflasche hinein." „Doch, das kann ich", antwortete der Stern. Der junge Mann öffnete seine Kürbisflasche und tat das Sternmädchen hinein. Sie erhob ihre Augen zu ihm, und sie waren wunderschön in ihrem leuchtenden Glanz. Von nun an hatte der Jüngling keine Ruhe mehr. Während des Tages ging er hinaus in den Wald. Er konnte an nichts anderes denken als an den Stern, den er sich in einem Augenblick der Narrheit gewünscht hatte und dessen Gegenwart ihn nun so beunruhigte.
In seiner Abwesenheit wollten seine Brüder ihm einen Streich spielen und ihm die Palmnüsse stehlen, die er gewöhnlich in seiner Kürbisflasche aufbewahrte. Einer von ihnen kletterte hinauf, um die Kürbisflasche von dem Balken

loszubinden, an dem sie befestigt war. Der andere stand unten und fing sie auf. Als er sie öffnete, ließ er sie mit einem Schrei fallen. „Es ist ein Tier mit feurigen Augen darin", schrie er. Sie liefen beide davon und ließen die Kürbisflasche am Boden liegen.
Als der Jüngling zurückkam, erzählten ihm die Brüder, was sich ereignet hatte, und warnten ihn, die Kürbisflasche zu berühren. Aber er war ärgerlich auf sie, verhehlte ihnen die Wahrheit, so gut er konnte, und hing die Kürbisflasche auf wie zuvor. Das Sternmädchen kam nur des Nachts aus seinem Versteck, und der junge Mann, obgleich noch etwas ängstlich, weidete seine Augen an ihrer Schönheit.
Eines Tages forderte der Stern den jungen Mann auf, jagen zu gehen. Sie kamen an eine Bacabapalme, und das Sternmädchen bat ihn, hinaufzuklettern und ihr einen Büschel Früchte zu holen. Als der Jüngling den Wipfel erreicht hatte und die Früchte pflückte, rief sie ihm zu: „Halte dich fest!" Und indem sie auf den Baum sprang, schlug sie mit einer Rute dagegen. Da begann der Baum zu wachsen, er wuchs und wuchs, bis er den Himmel erreichte. Dort band sie ihn mit den Blättern an eine dicke Wand, und sie sprangen beide in den Himmel hinein.
Der Jüngling fürchtete sich sehr. Er sah ein weites, ödes Feld und in weiter Ferne ein Haus. Das Sternmädchen verließ ihn und ging auf das Haus zu. Sie kam bald mit Speisen für ihn zurück. Dann bat sie ihn, sich nicht von seinem Ort zu entfernen, und ging wieder fort. Der Jüngling blieb zurück, traurig und verwirrt durch alles, was ihm widerfahren war. Nach einer kleinen Weile hörte er nicht weit entfernt den Klang von Jagdhörnern und Stimmen. Ein Fest schien dort mit Gesang und Tanz gefeiert zu werden. Das Sternmädchen kam zurück und beschwor ihn, den Platz nicht zu verlassen und vor allem nicht der Versuchung zu unterliegen, hinzugehen und dem Tanze zuzusehen.
Dann ließ sie ihn allein. Er aber war nicht imstande, seine Neugierde zu meistern, und er ging zu dem Fest. Er sah Schreckliches! Es war eine Art Totentanz. Viele Skelette drehten sich im Tanz, in formlosem Wirrwarr. Das verfaulte

Fleisch hing von den Knochen, und ihre Augen lagen vertrocknet in den eingesunkenen Höhlen. Die Luft war schwer von dem faulen Geruch.
Voll Entsetzen rannte der junge Mann davon. Da traf er das Sternmädchen, das ihn ernstlich tadelte, weil er ungehorsam gewesen war. Sie ließ ihn baden, damit er sich von der Befleckung säubere. Dann verließ sie ihn wieder und ging fort. Er aber konnte nicht länger dort bleiben. Sobald er sah, daß sie weit genug fort war, eilte er nach der Stelle, wo sie den Palmbaum angebunden hatte. Sie sah zurück, erriet seine Absicht und lief herbei, um ihn zu hindern. Aber er sprang schnell auf den Baum, der sogleich zusammenschrumpfte, bis er war wie zuvor.
Der Stern sah traurig auf den jungen Mann herunter und sagte: „Du läufst vergeblich davon. Du wirst bald zurückkehren." Und so geschah es. Als er den Erdboden erreichte, fühlte der Jüngling Kopfschmerzen. Er konnte kaum noch seinem Vater und seinen Brüdern erzählen, was geschehen war. Alle Heilmittel waren vergebens. Er starb. So erfuhren die Menschen, daß kein Himmel der Seligkeit sie droben erwartet, wenn auch die Sterne scheinen und sie locken.

Warum die Menschen sterben

Überlieferung der Kaschinava aus Westbrasilien (Alto Jurua)

Die Menschen lebten zufrieden, bewohnten viele schöne Dörfer und hatten Überfluß an Nahrungsmitteln. Sie dachten an nichts Schlimmes und waren sehr glücklich. Sie wohnten am Ufer des reißenden Stromes. Da begann es zu regnen, unaufhörlich. Es regnete am hellen Tag; es regnete in tiefer Nacht. Unaufhörlich regnete es in Strömen. Kein Mensch konnte weit vor das Haus gehen. Alle lagen in ihren Hütten. Der Blitzstrahl schmetterte herab. Der Donner krachte. Alle fürchteten sich und blieben liegen. Da barst der Himmel und kam herab und tötete sie alle. Er tötete ebenso alle Jagdtiere, alle Fische, alle. Er machte allem ein Ende und verschonte nichts. Erde und Himmel wechselten den Platz; der Himmel fiel auf die Menschen und tötete sie. Dann wendete sich der Himmel wieder um, und die Seelen, die im Himmel wohnten, nahm er mit sich. Jetzt weilen sie im Himmel und sind dort sehr glücklich.

Auf der Erde blieb nichts Lebendes zurück. Im Himmel war eine schwangere Frau. Der Blitzstrahl schmetterte herab und tötete sie. Vom Himmel warf man die tote Frau auf die Erde hinab. Als sie auf die Erde fiel, kam der Krebs aus seinem Loch heraus. Er sah die Tote liegen und öffnete ihr mit dem Messer den Leib. Ihre Kinder blieben am Leben. Es waren Zwillinge, ein Knabe und ein Mädchen. Der Krebs freute sich über die beiden Kleinen. Er nahm sie in seine Arme und brachte sie seiner Frau. Auch diese freute sich über sie und legte sie in ihre Hängematte. Als beide weinten, bereitete sie ihnen Stärkebrühe und gab ihnen davon zu trinken. Sie sättigten sich daran und beruhigten sich.

Die Leute des Krebses sagten: „Gib uns die Kleinen!" Aber er wollte nichts davon wissen, sondern zog sie allein auf. Sie wuchsen heran, und als beide erwachsen waren, verheiratete sie der Krebs miteinander. Dann kehrte er mit seinem Weibe in den Fluß, seine Wohnung, zurück.

Die Geschwister zogen weit weg auf einen schönen Hügel. Dort legten sie eine Pflanzung an, in der sie wohnen blieben. Zuerst hatten sie keine Pflanzennahrung, dann aber holten sie aus einer Wildnis Sprößlinge der Makaschera und der Banane, sie holten Inhame und Bataten, Papaya, Zuckerrohr, Bohnen und Erdnüsse. Sie pflanzten sie in ihr Feld, und die Pflanzen wuchsen heran und trugen Frucht. Die Früchte reiften, und nun hatten sie gute Nahrung.

Dann befruchtete der Bruder die Schwester, und sie gebar ihm einen Sohn. Darauf gebar sie ihm eine Tochter. Als die Kinder herangewachsen waren, verheirateten sie sie miteinander. Diese bekamen wieder Kinder, und so vermehrten sie sich. Auch die Jagdtiere und die Fische vermehrten sich und pflanzten sich fort.

Der Name des Mannes, der von dem Krebs aufgezogen wor-

den war, war Schaka, seine Schwester hieß Maschi. Beider Sohn hieß Pöka, ihre Tochter Iriki. Ein anderer Sohn hieß Mana, eine andere Tochter Matsiani. So waren die Namen derer, die sie aufzogen.
Wo sie wohnten, gab es keine Pium und keine Karapana, es gab keine Dunkelheit, keine Nacht. Man schlief am hellen Tage. Da zog Mana fort und holte die Pium und die Karapana, die Wespe und die Nacht mitten aus einem reißenden Fluß. Die große Schlange gab ihm den Schmetterling, die Spinne die Nacht; die Eidechse gab ihm die Wespe und die Karapana.
In einer kleinen Flasche holte Mana die Nacht. Hätte er sie nicht geholt, würden wir am hellen Tage schlafen müssen. Er zog jedoch die Nacht hervor, und so schlafen wir im Dunkeln. Von nun an lebten die Menschen sehr glücklich und hatten keine Schmerzen zu erdulden.
Als Manas Vater sehr alt geworden war, fragte ihn sein Sohn: „Wann wirst du sterben, Vater?" „Ich will sterben", antwortete er, „aber du mußt mich töten, denn anders kann ich nicht sterben. Bringe mir eine giftige Sache zum Essen, damit ich sterbe!" Da brachte ihm Mana die Kröte und gab sie ihm. Der Vater wusch sie nicht, er briet und aß sie. Keine andere Speise nahm er zu sich und erbrach sich fortwährend. Einen ganzen Tag hindurch aß er nur Kröte.
Als die Sonne unterging, rief Mana: „Vater, wie ist es nun?" „Du hast mich getötet", antwortete dieser, „ich bin am Sterben! Ich sterbe, und ich werde zum Himmel emporsteigen. Auf dem ganzen Wege werde ich rufen. Wenn du es hörst, antworte mir! Rufe ich: ‚Wechsle die Haut! wechsle die Haut!' und ihr hört es, so werdet ihr – wenn ihr alt geworden sein werdet – eure alten Häute wechseln und hier mit neuen Häuten weiterleben. Wenn ihr aber schlecht hört, so werdet ihr sterben." So unterrichtete der Vater den Sohn, und dann starb er.
Am anderen Tage, als die Sonne hoch stand, donnerte es ununterbrochen. Nun stieg des Vaters Seele zum Himmel empor und rief. Sein Sohn horchte; „Jetzt steigt mein Vater zum Himmel empor; er rief vom Himmel her; ich antworte".

Der Vater rief: „Wechsle die Haut! Wechsle die Haut!" Der Sohn horchte und horchte. Sein Bruder fragte: „Was ruft er da?" Mana antwortete: „Der Vater rief: ‚Höre auf! Höre auf!' So werden wir aufhören und werden sterben."
Die Menschen hörten schlecht, deshalb sterben sie. Nur die Schlange hörte und die große Eidechse und der Mulattenbaum. Sie, die gehört hatten, wechseln die Haut. Wir aber sterben. Mana hörte schlecht, deshalb sterben wir alle. Zuvor verwandelten wir hier unsere Seelen, wenn wir starben. Starben wir damals als Greise, so verwandelten wir uns wiederum in Knaben. Wenn alte Frauen starben, verwandelten sie sich wieder in junge Mädchen. So machten wir es, wenn wir starben. Aber Mana hörte schlecht, deshalb sterben wir nun und kehren nicht mehr zurück.

Ü: R. Jockel

Die Plejaden

Überlieferung der Tembe in Ostbrasilien

Ein Mann hatte sieben Söhne, die jeden Tag weinten und nach den Eltern riefen: „Papa, wir wollen etwas zu essen haben! Mama, wir möchten etwas zu essen haben!" Die Eltern antworteten: „Ach, Kinder, wir gaben euch schon zu essen, und jetzt ist es genug!" Da weinten sie weiter, und die Mutter fuhr sie an: „Ihr seit Freßsäcke!"
„Du willst uns also nichts zu essen geben, Mutter?" riefen sie. Die Muter nahm eine Tapirkinnlade vom Bratrost und warf sie ihnen hin mit den Worten: „Da habt ihr zu essen!" „Das reicht nicht für uns, Mutter", riefen die Kinder. Da nahm der älteste Sohn seine jüngeren Brüder und gab jedem von ihnen ein Stück zu essen. „Da habt ihr zu essen, meine Brüder, aber es reicht immer noch nicht für uns." Jeder nahm sein Stück und verzehrte es.
Dann sprach der älteste Bruder: „Gut, meine Brüderchen, wir wollen zum Himmel gehen, um Sterne zu sein!" Er packte

darauf seine kleinen Brüder unter seine beiden Arme, und sie tanzten und sangen: „Laßt uns gehen zum Onkel Ueré! Laßt uns gehen zu Ueré! Ueré!" Und tanzend stiegen sie empor und entfernten sich.
Die Mutter kam heraus, blickte ihnen nach und sah, wie sie davongingen. „Ach, meine Söhne, wohin geht ihr? Hier ist Speise für euch!" Sie antworteten: „Es ist umsonst, unsere Mutter! Bleibe da! Wir gehen jetzt zum Himmel, um bei unserem Onkel zu wohnen und Sterne zu sein!" So zogen sie tanzend in Kreisen wie der Aasgeier dahin und stiegen höher und höher, bis sie zum Himmel kamen.

Ü: R. Jockel

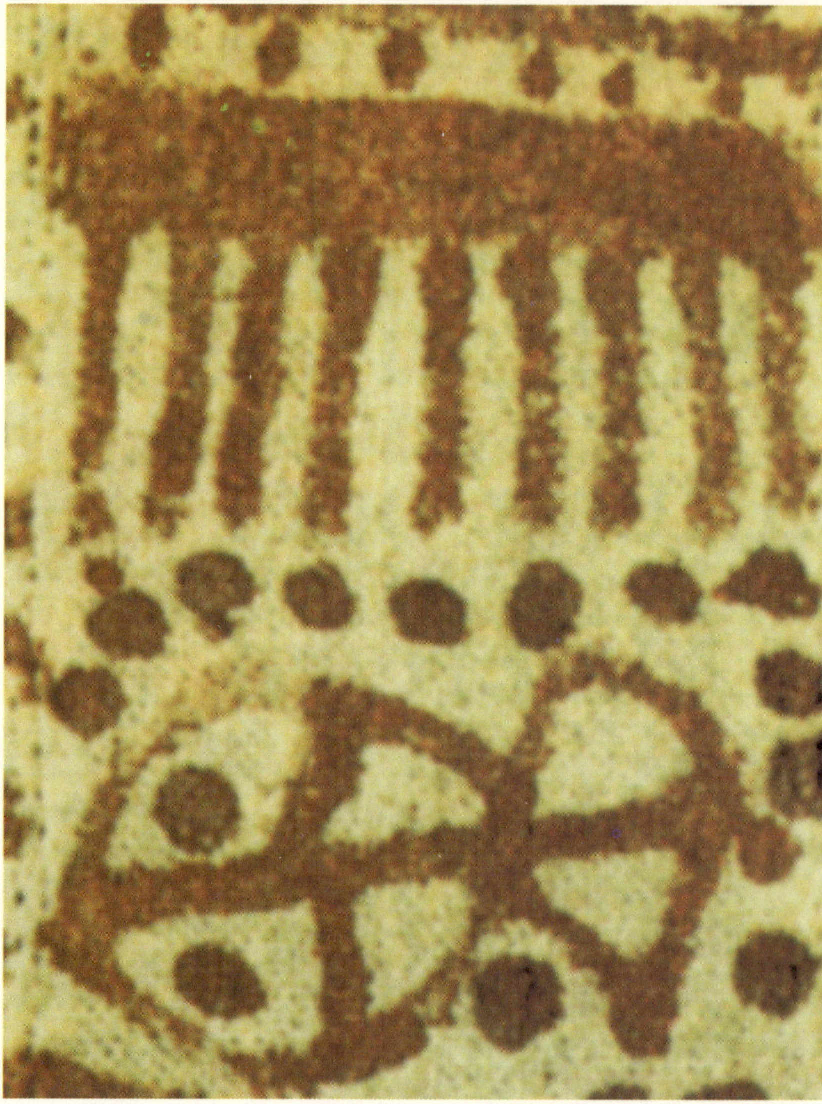

Bemalte afrikanische Decke (Ausschnitt)

Afrika

XII. Völker Schwarzafrikas

XII. Völker Schwarzafrikas

Die Welt ist Wind

„Die Alten sind dahingegangen.
Wo sind ihre Seelen?
Der Wind, der vorübergeht,
Weiß es vielleicht."

Religiöser Gesang aus Äquatorial-Afrika

Unermeßlich ist die Fülle der Kulturen und Religionsformen der afrikanischen Völker. Ob Jäger und Sammler oder Hirten und Ackerbauern, sie alle haben an die Allbeseelung der Welt geglaubt. Dieser Animismus ist in den Mythen und Gesängen Afrikas in großer Vielfalt und poetischem Gewand überliefert worden. Die Geschichten erzählen von dem Ursprung der Tiere und Pflanzen, von der Bedeutung der Naturgewalten, dem Wirken der Geister und dem Warum des Todes. Wenn die Rätsel der Welt und die magischen Kräfte der Zauberer und überirdischen Mächte auch nicht zu erklären sind, sollen sie doch beschrieben oder beschworen werden. So wahren Märchen und Mythen den Respekt vor dem Geheimnis allen Lebens und Sterbens – wie es auch ein altes afrikanisches Sprichwort schon zum Ausdruck bringt: *„Wer alles erzählen will, lügt!"*

Sprichwort aus Tansania

Der Reif der Schlange

Märchen der Watschagga

Ein Jäger ging zur Steppe und wollte seine Wildgrube beschauen. Als er in die Steppe kam, begegnete ihm eine Schlange, die hatte einen sehr großen Kopf, aber ihr Leib war so dünn wie gedrehte Rindersehne, und wo sie vorüberging, schnitt sie ein wie das Scharteneisen, das der Schmied macht, um damit ein Kuhhorn abzuschneiden. Die Schlange sprach zum Jäger: „Wohin des Wegs?" Er antwortete: „Ich will meine Wildgrube besehen." „Folge mir! Wir wollen miteinander gehen!" „O nicht doch, Herr! Laß mich nach meiner Wildgrube!" „Wenn nun aber schon jemand die Wildgrube aufgebrochen hat?" „Wer kann's wissen, Herr!" Und der Mann ging und besuchte seine Wildgrube.

Als er vor die Grube kam, sah er die Schlange darin, der er begegnet war. Sie hatte sich zusammengerollt und füllte die ganze Grube aus. Da ging er weg. Unterwegs begegnete ihm die Schlange wieder. Er sprach zu ihr: „Ich fand, daß schon ein andrer meine Grube aufgebrochen hatte." Die Schlange sprach: „Komm jetzt und geh mit mir!" Und er ging mit der Schlange. Als die Sonne in der Mitte ruhte, sprach der Mann: „Jetzt ergreift mich der Hunger." Die Schlange sprach: „Ah, wenn ich dir einen Rotbock gebe, wirst du den zwingen können?" „Ein wenig werde ich davon essen, Herr."

Da nahm die Schlange einen Reifen von ihrem Schwanze und bespuckte ihn und sprach: „Ringlein, gib heraus ein Böcklein!" Und ein Rotbock kam. Der Mann tötete und häutete ihn. Dann sprach er zur Schlange: „Woher nehme ich nun aber Feuer zum Braten?" Die Schlange spuckte wieder auf den Reifen und sprach: „Ringlein, gib Feuer hervor!" Und Feuer kam. Der Mann briet sein Fleisch und nahm das übrige mit auf die Reise. Nach zwei Tagen war es aufgezehrt. Und der Mann sprach: „Mich ergreift Hunger!" Die Schlange fragte: „Wenn ich dir ein Rind schlachte, mit wem willst du's essen?" „Das weißt du allein, Herr!" Und die Schlange spuckte auf den Reifen und rief: „Ringlein, laß fünf Männer hervor!" Und die Männer erschienen. Sie spuckte wieder und sprach: „Ringlein, lasse ein Rind hervor!" Und das Rind kam. Es wurde geschlachtet und verzehrt. Den Rest bündelten die Männer ein und nahmen ihn als Reisekost mit. Zwei Tage wanderten sie noch. Am dritten Tage kamen sie vor das Heim der Schlange, eine Höhle.

Als sie dorthin kamen, verschwanden meru-meru jene fünf Männer und kehrten in den Reifen der Schlange zurück.

Die Schlange sprach zum Jäger: „Jetzt sind wir daheim. Hörst du es nun kommen: pu, pu, pu, pu – das ist meine Mutter. Hörst du es aber: ruru-ruru-ruru – das ist mein Vater. Hörst du es aber: kaka-kaka-kaka – das ist mein großer Bruder. Wenn du einen solchen Ton hörst, mußt du dich ganz still verhalten in deinem Verstecke!" Die Schlange ging mit ihm hinein in die Höhle und legte sich zum Schlafen nieder. In ihren Ringen aber verbarg sie den Jäger, daß ihn niemand sehen konnte. Und er hörte jene Töne, wie ihm gesagt war. Die Schlangen kamen und witterten den Geruch des Jägers. Sie fragten: „Was stinkt hier so nach einem, der's Leben hat?" Die Schlange antwortete: „Das kommt wohl davon, daß ich im Busche war." Aber sie fragten alle Tage wieder. Da lehrte die Schlange den Jäger, wie er entkommen könne. Sie sprach: „Wenn du gehen willst, so streife mir einen Reifen vom Schwanze und entfliehe damit! Verfolgen sie dich nun und kommen dir nahe, dann spucke auf den Reifen und sprich: „Ringlein, laß Feuer hervor, das brenne hinter mir!" Und was du sonst brauchst auf dem Wege, das kannst du dir von ihm wünschen."

Andern Tages waren die Schlangen wieder da und sprachen: „Es riecht hier doch im Hause, als sei da etwas, das Leben hat!" Die Schlange sprach: „Es kann wohl sein." Da gürtete sich der Mann zur Flucht, streifte den Reifen ab und entfloh. Als die andern das merkten, verfolgten sie ihn. Er hatte aber einen guten Vorsprung. Doch sie erreichten ihn. Aber da spuckte er auf den Reifen. Feuer brannte das Gras hinter ihm, und wenn der Buschbrand nieder war, hatte er wieder Vorsprung. Das geschah so lange, bis es die Schlangen müde wurden und umkehrten.

Wie er so allein durch die Steppe wanderte, fürchtete er sich. Er redete mit seinem Reifen und sprach zu ihm: „Ringlein, schaff Menschen!" Und Menschen kamen. Er wanderte mit ihnen, und die Speise beschaffte ihnen der Reifen. Endlich kamen sie an einen ganz ebenen Ort. „Hier wollen wir bleiben!" Aber er sprach zu den Leuten: „Wartet hier, bis ich nachgesehen habe, ob da auch Wasser ist." Er ging abseits und sprach zum Reifen: Ringlein, schaff einen Graben ums

Land!" Und der Graben ward. Er wünschte sich nun Bananenhaine ins Land und Hütten und Männer und Frauen.
Und alles erstand.
Dann ging er, rief seine Begleiter und führte sie in dieses Land. Er sagte ihnen, es sei eine Siedlung der Massai, die diese verlassen hätten. Jedem Manne gab er einen Hof und Weiber und Vieh. Er aber ward ihr Häuptling.
Noch hatte ihm die Schlange befohlen: „Alles darfst du essen. Aber von jenem Wilde, das man Kindinga nennt, darfst du nichts genießen!" Nun sammelten sich in seinem Lande allerlei Leute. Unter ihnen waren auch Wildgrubenjäger. Einer brachte eines Tages ein Kindinga mit nach Hause. Sie richteten es zu und setzten sich zum Schmause nieder. Während des Essens kam der Häuptling. Er sprach zu den Männern: „Männer, was eßt ihr da? Gebt mir auch etwas ab!" Sie sprachen: „O nein, Herr! Das ist Kindinga, von dem darfst du nichts essen. Aber gelüstet es dich nach Fleisch, so wollen wir dir ein Mastschaf bringen." Der Häuptling lehnte das ab. Sie sprachen: „Es ist dir verboten, Herr! Wir wagen nicht, es dir zu geben. Willst du dir dennoch nehmen und verderben, so verdirbst du dein Land mit dir durch die eigne Hand!" Und der Häuptling trat heran und schnitt sich ein fettes Stück herunter und aß es. Kaum hatte er einen Bissen verschluckt, so hörte er alle Dinge reden. Die Erde, das Vieh, die Menschen und Bäume riefen: „Der Häuptling ißt ein Kindinga, der Häuptling ißt ein Kindinga!"
Mit einem Male war er wieder ein armer Mann geworden wie an jenem Tage, wo er der Schlange begegnete und seine Wildgrube beschaute.

Ü: B. Gutmann

Kinder sprechen mit Gott

Sprichwörter I

Dem Klugen braucht man nur den Anfang zu sagen, das Ende weiß er selber.

Angola

Sieh dich beim Abschied nicht um, sonst meint man, du wolltest zurückkehren.

Angola

Lachen reinigt die Zähne.

Angola

Es gibt vierzig Arten von Wahnsinn, aber nur eine Art von gesundem Menschenverstand.

Bantu

Wer es dir nicht sagt, ist nicht dein Freund.

Bantu

Verschenken ist Für-sich-selbst-Beiseitelegen.

Bantu

Wenn du am glücklichsten bist, sieht dich Gott.

Bantu

Der Mensch wird fertig mit Essen, aber nicht mit Reden.

Ghana

Ein Feind kann dein Glück nicht wegschicken, nur es verzögern.

Guinea

Wer sich nicht küssen läßt, muß sich beißen lassen.

Guinea

Ein geschwätziger Vogel baut kein Nest.

Kamerun

Wenn der Kopf ab ist, hören die Träume auf.

Kamerun

Die Fußspur des Elefanten verdeckt die Spur der Zwergantilope.

Kamerun

Eine Witwe versäumt keinen Tanz.

Kamerun

Wer einen Verrückten im Haus hat, fürchtet sich nicht vor ihm.

Kamerun

Wenn du Tag und Nacht lächelst, läßt man den Arzt kommen.

Senegal

Wenn die Wunde geheilt ist, fliegen die Fliegen davon.

Senegal

Man kann das Herz nicht beugen wie ein Knie.

Senegal

Die Liebe ist ein Esel ohne Zügel.

Senegal

Wenn der Bock auch stinkt, die Zicklein verachten ihn nicht.

Senegal

Nur der Sohn deiner Mutter wird dir sagen, daß du aus dem Mund riechst.

Senegal

Man kann nicht zugleich rennen und sich die Ferse kratzen.

Senegal

Die Hyäne mag Tag und Nacht beten, die Zicklein trauen ihr doch nicht.

Senegal

Wer die eigenen Ahnen beleidigt, beleidigt auch fremde.

Senegal

Nur wer dich liebt, macht dich müde.

Senegal

Wenn man den Weg verliert, lernt man ihn kennen.

Tansania

Wer alles erzählen will, lügt.

Tansania

Das Flußpferd, welches du sehen kannst, wirft dein Boot nicht um.

Tansania

Religiöse Gesänge

Pygmäen in Äquatorial-Afrika

I

Viele Tage sind dahingegangen.
Wir sind das Lager, das wandert.
Lichte Tage vor (uns), vielleicht.

II

Das Licht wird dunkel,
Die Nacht noch mehr Nacht.
Am morgigen Tage der Hunger.

Gott ist erzürnt auf uns.
Die Alten sind dahingegangen.
Ihre Gebeine sind weit weg.
Ihre Seelen irren umher.
Wo sind ihre Seelen?

Der Wind, der vorübergeht,
Weiß es vielleicht.

Ihre Gebeine sind weit weg,
Ihre Seelen irren umher.
Sind sie weit weg da drüben?
Sind sie ganz nahe?
Wollen sie das Blut der Opfer?
Sind sie fern?
Sind sie nahe?

Der Wind, der vorübergeht,
Der Geist, welcher (das welke Blatt) wirbelt.
Wissen es vielleicht.

Ü: W. Schmidt

Von der Vergänglichkeit des Menschen

Dinka, Ostafrika

Als Gott in grauer Urzeit Dinge machte,
Schuf er die Sonne;
Und sie entstehet und vergeht und kehrt doch wieder.
Schuf er den Mond;
Und er entstehet und vergeht und kehrt doch wieder.
Schuf er den Menschen;
Und er entstehet und vergeht und kehrt nie wieder.

Ü: A. Seidel

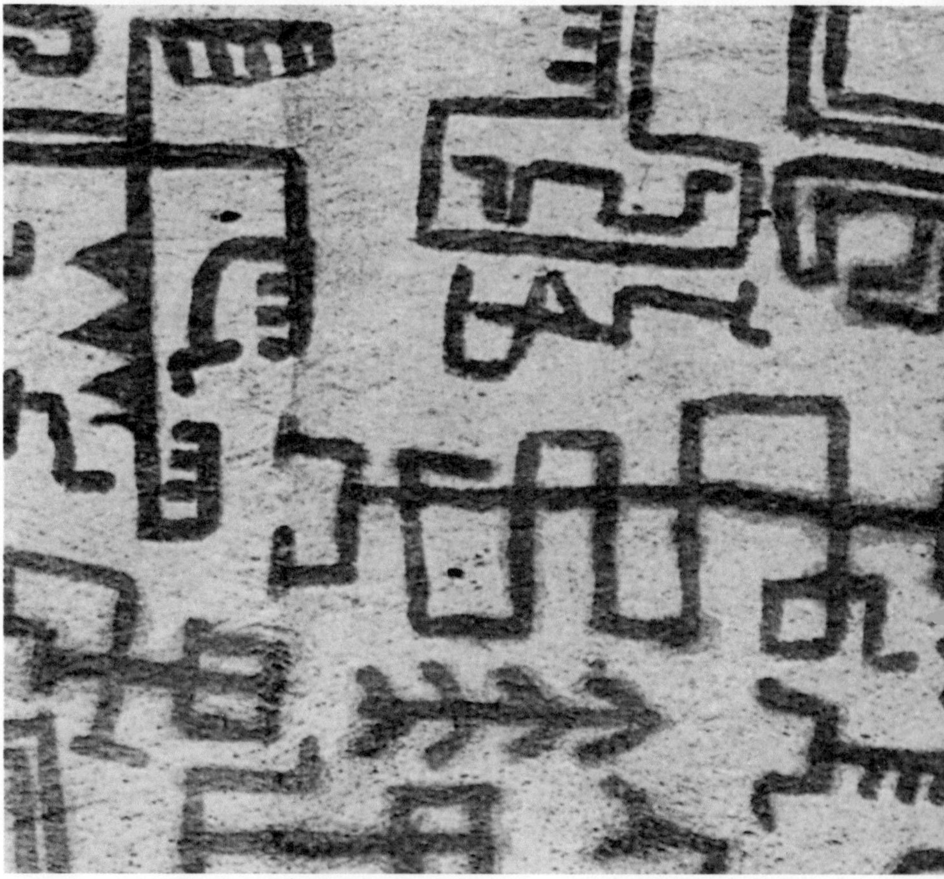

Afrikanische Stoffmalerei (Ausschnitt)

TODESSEHNSUCHT

Ewe, West-Afrika

Ich hab gesungen, bis ich bitter weinte.
Die Welt ist unermeßlich groß.
Ich sag: an meinem Todestage,
Da zieh der Fährmann nur sein Boot ans Land!
Dann wink ich mit der linken Hand den Lebenden:
Ich bin schon unterwegs!
Do, hör! Ich bin schon unterwegs!
Dann kommt das Boot des Todes schaukelnd näher,
ich bin schon unterwegs,
Ich, die so viele Lieder euch gesungen.

Ü: P. Wiegräbe

WELTSCHMERZ

Ewe, West Afrika

I

Der schöne Spielplatz fällt rasch in Trümmer,
Der schöne Vergnügungsplatz fällt rasch in Trümmer,
Der dichte Urwald wird leicht zur Grassteppe,
Unsere schöne Stadt wurde wieder zur Steppe,
Unser schönes Heim wurde wieder zur Steppe.

II

Die Totengräber mögen mich nicht begraben,
Er begrabe die Füße, er lasse den Oberkörper frei;
Daß die Meinen kommen und mein Gesicht sehen,
Daß sie kommen und in mein Angesicht sehen.

III

Die Trommel tönt nicht zur Freude,
„Lebensnot! Lebensnot" tönt die Trommel,
Zur Lebensnot nur tönt die Trommel.

Ü: D. Westermann

Wer zuhört, versteht

Sprichwörter II

Kannst du den Mund nicht halten, so verstopfe dein Ohr.

Nigeria

Wer einen Elefanten auf dem Kopf trägt, soll nicht mit dem Fuß nach Grillen suchen.

Nigeria

Wer eine Lanze im Bauch trägt, kann sich nicht setzen.

Nigeria

Das würdige Kriechen des Wurms erregt den Neid des Hahns.

Nigeria

Wer sagt, er wolle eine Axt verschlucken, dem halte sie hin.

Nigeria

Die Welt ist eine schwangere Frau.

Nigeria

Die Schlange ist vergebens schön.

Nigeria

Vorm Affenhaus schlägt man keine Purzelbäume.

Nigeria

Wenn der Topf überkocht, besudelt er sich selbst.

Nigeria

Das Kind deines Nachbarn ist dein eigenes.

Malawi

Der kluge Reisende läßt sein Herz zuhause.

Ostafrika

Fürchte den schweigsamen Mann, er hat Trommeln auf den Lippen.

Sansibar

Wer seine Nacktheit versteckt, wird nie ein Kind haben.

Sansibar

Ein Ohr geht nie hungrig zu Bett.

Sansibar

Wer reich werden will, soll nicht hasten.

Kenia

Im Haus des Mutigen gibt es Tränen, im Haus des Feiglings wird nicht geweint.

Lesotho

Wer zuhört, versteht.

Liberia

Aus Angst vor dem Leoparden wohnt die Ziege unter den Menschen,

Liberia

Wo man ißt, läßt man Worte zurück.

Liberia

Freunde sind wie vom selben Vater, Liebende wie von derselben Mutter.

Madagaskar

Lieber ein wenig Geduld verlieren als ein wenig Freundschaft.

Madagaskar

Sorge ist wie ein kostbarer Schatz, den man nur den Freunden zeigt.

Madagaskar

Nachdenken verlängert das Lachen.

Mali

Wenn ein Hündchen einen großen Hund anknurrt, dann hat es seinen Vater getroffen.

Mali

Die Welt ist Wind: bläst und vergeht.

Mali

Der Mensch muß ein Topf sein, will er sich zwischen Feuer und Wasser begeben.

Mali

Wenn das Pferd gefesselt ist, gewinnt der Esel das Rennen.

Mali

Ruhm macht das Fährgeld billiger.

Mali

Der Glückspilz wird stets erst morgen durchgeprügelt.

Mali

Wenn der Häuptling durch ein Loch hinauskriecht, kriechen alle anderen hinterher.

Mali

Das Jammädchen Adanume

Märchen

Ein Versprechen ist kein unbesonnenes Wort, ein Versprechen gibt man nicht am Morgen, um es vielleicht schon am Abend zu brechen. Ein Versprechen ist kein Regentropfen, der in die Erde sickert und verschwindet, kein Windzug in den Bäumen, kein Vogeltriller aus der Ferne. Nein, ein Ver-

sprechen bleibt und steht über dir, bis du es erfüllt hast, ja, mitunter, bis dein eigenes Leben abgelaufen ist. Ein Versprechen, das du gabst, kann zuweilen dich selbst überleben.
Bitter wirst du es bereuen, wenn du ein Versprechen brichst.
Das Märchen von Adanume, dem Mädchen, das eine Jamknolle (Die Jamwurzel oder Jamknolle gehört zu einer tropischen Pflanzenfamilie, die den Liliengewächsen nahesteht. Die Knollen ähneln der Kartoffel, enthalten Stärke und werden auch als Brotwurzel, Hottentottenbrot oder Elefantenfuß bezeichnet.) war, wird es dir zeigen.
Eine Frau, die außerhalb ihres Dorfes allein in einer Hütte wohnte, wünschte sich ihr Lebtag ein Kind – am liebsten eine Tochter. Aber Jahr um Jahr verging, ohne daß sie eine bekam – und ihr Verlangen wurde immer größer.
Wenn das Dorf seine Feste feierte, dachte die einsame Frau: „Ach hätte ich doch eine Tochter, das Fest mit ihr zu teilen – meine Freude wäre doppelt so groß!"
Wenn sie auf ihrem Acker arbeitete, so dachte sie: „Wie vergnüglich ließe es sich arbeiten, hätte ich eine Tochter, die mir zur Hand ginge."
Bei den einsamen Mahlzeiten in der Hütte teilte sie das Beste ab und sprach: „Hätte ich eine Tochter, dies wäre für sie! Und Raum ist hier für uns beide."
So kreisten die Gedanken der Frau immer nur um dieses eine, daß sie kein Kind hatte. Junge Dorfweiber machten sich zuweilen über sie lustig, wiesen mit dem Finger auf sie und riefen: „Seht, da geht sie, die kein Kind bekommen kann!"
Doch eines Tages, als die Frau auf ihrem Acker arbeitete und Jamknollen erntete, geschah etwas Merkwürdiges.
Sie hatte gerade ein paar der wohlschmeckenden Hackfrüchte aus der Erde aufgenommen, eine war größer als die übrigen und besonders schön geformt. Die Frau nahm die Jamknolle vorsichtig in die Hand, richtete sich auf, indem sie sie zärtlich betrachtete und sagte: „Ach wenn das ein kleines Mädchen wäre, wie glücklich wollte ich sein!" Zu ihrem großen Erstaunen kam aus der Jamknolle eine Stimme, die sprach: „Wenn ich deine Tochter werde, wirst du mir dann versprechen, mich niemals zu verraten und mir niemals vor-

zuwerfen, daß ich eine Jamknolle war, die du aus der Erde gezogen hast?"
Eine große Freude durchfuhr die Frau bei diesen Worten. Stumm vor Glück verschlug es ihr zuerst die Rede, aber dann versprach sie eifrig, was die Stimme in der Jamknolle begehrte, ja, sie war in diesem Augenblick bereit, das Blaue vom Himmel zu versprechen, wenn nur die schöne Jamknolle sich in ein Menschenkind verwandelte.
Und so geschah das Wunder: Plötzlich stand vor der Frau ein schönes junges Mädchen. Es sprach: „Nun will ich deine Tochter sein. Aber vergiß nicht, was du mir versprochen hast!" Die Frau nannte das Mädchen Adanume, führte es in ihre Hütte und gab ihm das Beste zu essen, was sie hatte.
Das junge Mädchen, das sehr schön war, nannte die Frau hernach Mutter und war ihr eine große Hilfe und Freude. Es buk ihr Maisbrot, grub ihre Hackfrüchte aus dem Acker und verkaufte, was sie selbst nicht brauchten, auf dem Markt des Dorfes. Bald dachte niemand mehr daran, daß sie nicht immer Mutter und Tochter gewesen waren. Das Glück der Frau war so vollkommen, wie sie es sich in ihren Träumen ausgemalt hatte.
Aber eines Tages kam dennoch das Unglück zu ihrer Hütte – durch ihre eigene Unbedachtsamkeit.
Adanume hatte sich am Morgen zum Markt begeben, um wie gewöhnlich die Früchte ihres Ackers zu verkaufen. Das Mädchen blieb lange im Dorf, und als sie bis zum Abend nichts von sich hören ließ, wurde die Mutter ungeduldig. Sie bildete sich sogar ein, daß Adanume aus Ungehorsam trödelte, oder weil sie ihr nicht im Hause helfen wollte. Als die Frau vor ihrer Hütte stand und nach dem Mädchen ausschaute, sprach sie verärgert, doch ohne besondere böse Absicht, vor sich hin: „Wo kann Adanume sein? Das liederliche Mädchen verdiente wirklich kein so gutes Zuhause, wie es bei mir gefunden hat. Geschweige den schönen Namen! Adanume – eine Hackfrucht aus der schwarzen Erde!"
Die verächtlichen Worte der Frau hörte ein kleiner Vogel, der in der Nähe der Hütte auf einem Ast saß und sang – quivitt, quivitt! Rasch flog er weiter, den Pfad zum Dorf entlang.

Unter einem Baum am Wege saß Adanume und ruhte aus. Sie hatte nicht alle Hackfrüchte verkauft und eine recht schwere Bürde zu tragen. Über ihr im Gezweig ließ sich der kleine Vogel nieder und begann zu rufen: „Adanume! Adanume!"

Adanume! Adanume!
Ich weiß, wo du wohnst, quivitt!
Und ich weiß, was du bist, quivitt!
Doch bald glaubt niemand mehr
an den schönen Namen, den du trägst!
Du hast keine eigene Mutter, quivitt!
Kamst bloß aus der Erde Schoß, quivitt!
Eine Jamknolle, so stattlich und groß!
Jam, Jam, Jam! Quivitt, vitt, vitt!
Jam ist dein richtiger Name!
Adanume!

Das Mädchen hörte den Vogel singen. Die Worte des kleinen Angebers füllten es mit Angst und Verzweiflung. Rasch nahm es seine Körbe und lief mit der schweren Last heim zur Hütte.
Das schadenfrohe Zwitschern im Ohr, weinte es bitterlich. Vor der Haustür stieß es auf die Mutter, die ihren Ärger über Adanumes Verspätung schon ganz vergessen hatte. Jetzt erschrak sie, weil das Mädchen weinte. „Adanume, was ist dir, warum weinst du?"
Das Mädchen konnte vor Schluchzen kaum sprechen.

O Mutter! O Mutter!
Ich habe deine bösen Worte gehört!
Was warfst du mir vor,
wie verrietest du mich!
Nun muß ich wieder hinunter!
O Mutter! O Mutter!

Da erinnerte sich die Frau ihrer harten Worte, und ihr Schrecken wuchs, als sie einsah, daß sie damit ihr Versprechen gebrochen hatte.

Adanume! Adanume!
Meine Tochter bist du, mein einziges Kind!
Glaube mir, du bist mir sehr lieb,
glaub meinen Worten, höre auf mich!
Hier ist dein Platz und nicht in der Erde!

Aber Adanume war schon aufs Feld hinausgelaufen. Ihre zarten Schultern bebten vor Schluchzen. Von schlimmen Ahnungen erfüllt, lief die Frau dem Mädchen nach – umsonst. Als sie das Feld erreichte, gab es keine kleine Adanume mehr. Wohl eine besonders große und schön geformte Jamknolle – aber doch nur eine Jam. Und trotz bitterer Reuetränen der Frau blieb die Jamknolle leblos und ohne Stimme.

Ü: M. Joslin

Frischer Kot erfreut die Fliegen

Sprichwörter III

Man kümmert sich nicht um den Fisch, der im Netz ist, sondern um den, der herausspringen will.

Mali

Eile ist die Schwester der Reue.

Maurisch

Der Anblick von Büchern nimmt die Sorge vom Herzen.

Maurisch

Das Schamgefühl eines alten Menschen ist der Zorn.

Namibia

Wenn du ein Kind mit der Rechten züchtigst, zieh es mit der Linken an dein Herz.

Nigeria

Einen wahren Freund halte mit beiden Händen fest.

Nigeria

Man liebt einen anderen nicht, wenn man nichts von ihm annimmt.

Nigeria

Vom Schwatzen wird der Reis nicht gar.

Nigeria

Eine Lüge kann mehr Schmerz verursachen als ein Speer.

Nigeria

Wenn ein großer Herr dir unrecht tut, lächle ihn an.

Nigeria

Freude hat einen kleinen Körper.

Nigeria

Wo Charakter ist, wird hässlich schön; wo kein Charakter ist, wird schön hässlich.

Nigeria

Die Stärke des Leoparden besteht in der Furcht vor dem Leoparden.

Nigeria

Der Mensch ist die Medizin des Menschen.

Nigeria

Eine Mütze bedeckt nicht den Hintern.

Nigeria

Schickst du einen, ruht dein Fuß, doch nicht dein Herz.

Nigeria

Streite dich nicht mit der Matte, auf der du schlafen willst.

Togo

Der Händler ist nie mit dem Markt zufrieden.

Togo

Der Bucklige schläft nicht auf dem Rücken.

Togo

Die Trompete im Haus tut dem Ohr weh.

Togo

Wenn du zu lange unter einem Baum hockst, machen dir die Vögel auf den Kopf.

Togo

Der Schlafplatz eines großen Tieres ist nie ganz frei von Haaren.

Togo

Worte sind leicht, Freundschaft ist schwer.

Uganda

Einen, den du liebst, magst du verurteilen, aber du wirst seine Buße für ihn bezahlen.

Uganda

Der Geschmähte ist immer anwesend.

Uganda

Hoffnung ist der Pfeiler der Welt.

Zulu

Der eigensinnige Sohn

Es war einmal ein junger Mensch, der viele Fallen stellte, um Tiere zu fangen. Als er einst im Walde an einer Schlagfalle arbeitete, den Schlagbalken im Fallengang errichtet hatte und sich nun daranmachte, das Wildgatter weiterzuführen, hörte er, wie schon der Schlagbalken herunterfiel, während er bei der Arbeit war. Als er schnell hinzulief, fand er ein kleines grünes Eichhörnchen darin. Als er die Falle wieder aufstellen wollte, hörte er eine Stimme aus einem Baume rufen: „Laß ihn unten, ich werde das schon machen und will dir helfen!" Da ließ der Mann den Schlagbalken unten und ging wieder an die Arbeit. Bald hörte er wieder, wie der Schlagbaum herunterfiel, und als er hinlief, fand er ein Sumpfeichhörnchen darin vor. Als er nun die Falle aufstellen wollte, rief die Stimme wieder: „Laß ihn unten, ich werde sie schon zurechtmachen." Da ließ es der Mann und ging wieder an die Arbeit. Aber nicht lange, da hörte er schon wieder den Schlagbaum zufallen, und bei seinem Zukommen war ein Rotschenkeleichhörnchen darin. Da sagte er zu sich: „Wie sonderbar ist doch dies! Was das wohl für ein Ding ist, welches die Falle immer wieder aufstellt?" Jedesmal ging es wieder wie vorher: Wenn er die Falle aufstellen wollte, rief die Stimme aus dem Stamm: „Laß es nur, ich werde dir schon helfen." Auf diese Weise fing er noch eine ganze Reihe Nager, so ein Rotbaucheichhörnchen, ein Ölpalmeneichhörnchen, eine kleine Hamsterratte und andere. Da war der Mann des Fangens müde und ging mit seiner Beute ins Dorf. Hier erzählte er seinem Vater, wie es bei dem Fallenstellen zugegangen war und sagte: „Morgen will ich doch eine Axt mitnehmen und den Baum spalten, um festzustellen, was das für eine Stimme ist und wer darin sitzt!" Da sagte der Vater: „Oh, du willst nun diesen guten Geist stören, der dir hilft, alle diese Sachen zu fangen? Das tue lieber nicht, denn dann wird er dir jedenfalls nicht mehr helfen!" Der Sohn aber meinte: „Ich kann deine Worte nicht befolgen, in will sehen, was das für eine Sache ist." Am andern Tage nahm der Sohn die Axt, und als er in den Wald-

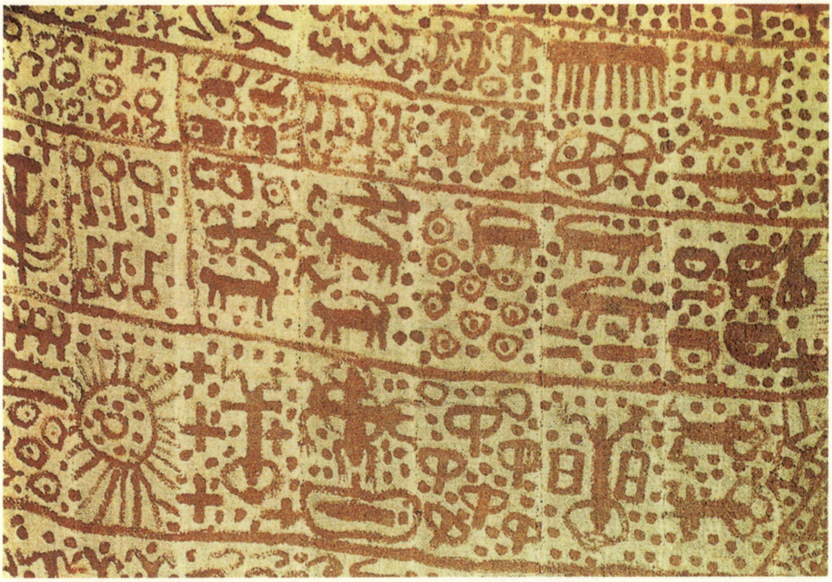

Afrikanische Malerei, *Bemalte afrikanische Decke*, (Ausschnitt)

an die Stelle kam, wo die Falle war, begann er den Baumstamm, der innen hohl war, zu zerspalten. Lange fand er nichts, aber als er in das Wurzelstück gekommen war, sah er einen Quastenstachler darin sitzen. Da sagte er: „Also du bist das gewesen. Wie kommst du denn dazu, mir zuzurufen, ich solle die Falle so lassen, und warum mischst du dich in meine Angelegenheit?" Da nahm er die Axt und tötete das Tier und nahm es mit nach Hause, wo er es zu Mittag verspeiste. Als er dann wieder in den Wald ging, machte er die Falle fertig, aber beim Nachsehen fand er nichts darin, auch am nächsten Tage nicht. Ihn hatte nun das Glück ganz verlassen; er fing seit dem Tage nicht ein Stück mehr. Da sagte sein Vater: „Siehst du, habe ich es dir nicht gesagt, nun hast du deinen guten Geist getötet, der dir half, alle Tiere zu fangen. Vorher hatten wir viel Fleisch und nun nicht ein Stück mehr!" Da sagte der Sohn traurig: „Ja, nun sehe ich ein, daß ich leichtsinnig und dumm gewesen bin, und ich glaube deinen Worten, aber vorher konnte ich ihnen doch nicht beipflichten."

Ü: G. Tessmann

AN DEN SÄUMIGEN GELIEBTEN

Galla, Ost-Afrika

Der Löwe von Sigowada –
Komme nicht, er frißt dich sonst;
Beschleunige nicht dein Kommen,
bleib aber auch nicht aus, –
ich sehne mich nach dir!

Oh süßer Liebling,
Ein Riese bist du und fliehst vor einer Maus.
Solange du lebst, will ich dich beweinen, –
Wenn du stirbst, hörst du mich nicht mehr.

Was fließt, ist Wasser,
Aber was schöpft, was ist das?
Was rinnt, sind Tränen;
Was mich erregt, was ist das?

Was regnet, ist Gott;
Die Wolke ist nur ein Schatten.
Was weint, ist das Herz;
Die Tränen sind nur ein Schatten.

Die Gans ist glücklich,
Weil sie nicht ertrinkt.
Du bist ja Gott,
Dessen Herz keine Sehnsucht kennt.

Ü: P. Paulitschke

Unerbittlichkeit des Todes

Ewe, West-Afrika

I

Ach, die im Grabe sind, die wissen nichts!
Gebunden ward mein Kind, – mein Kind ging fort.
Ist keiner da, der für mein Kind wird sorgen?
Wenn er es tut, ich will ihm herzlich danken.
Unglück befiel mich, unaussprechlich groß.
Weinen und Schluchzen mischt sich in mein Lied:
Ein schönes Kind hatt ich geboren,
Nun ist euch Toten dieser Schatz anheimgefallen.

II

Weine nicht!
Mutter eines einzigen Kindes, weine nicht!
Alles geht den Weg ins Grab.
Lautes Weinen bringt den Toten nicht zurück.
Schönes Singen bringt den Toten nicht zurück.
Mutter eines einzigen Kindes, weine nicht!

III

Man stirbt eben,
Menschen sterben eben.
Auch ich werde einmal sterben.
Dann werd' ich keinen bitten, mir zu helfen.
Ist's aus, ist dann nicht Schluß?

Ü: P. Wiegräbe

Vom Spinnenmann Anansi

Wie die Weisheit zu den Menschen gelangte

Wenn jemand den Ehrennamen „Der Weise" verdient hat, so ist es Anansi, die Spinne, denn nie war einer klüger als der Spinnenvater. Endlich war er sehr, sehr alt geworden, und weil alle Geschöpfe sich ihm anvertrauten, seinen Rat und seine Hilfe suchten, nannten sie ihn Papa Anansi. Freigebig teilte er seine Weisheit aus. Wer einmal von ihr empfangen hatte, kam oft zurück, um noch mehr zu lernen.

Aber eines Tages wurde Papa Anansi sehr böse. Es waren einige Spinnenjünglinge seines eigenen Stammes, die seinen Zorn erregten und ihn zutiefst verletzten. Anansi hörte zufällig, wie sie ihn vor seiner eigenen Hütte verhöhnten, und er vermutete sofort, daß die Rede der Spinnenlümmel die Ansichten anderer und Gescheiterer widerspiegelte.

„Gewiß ist er klüger als alle anderen", hatten sie geäußert. „Gewiß weiß er viel – doch eins weiß er nicht: wie er seine Jugend bewahren soll. Und was bleibt ihm dann von all seiner Weisheit! Bald kann er weder klettern noch gehn, der Tapergreis!"

Ja, so hatten sie in ihrem Übermut gesprochen, und das empörte die alte Spinne so, daß sie für den Augenblick an nichts anderes denken konnte. Sie erkannte, daß sie keine Ruhe finden würde, ehe sie nicht gerechte Rache genommen.

Nach viel Kopfzerbrechen sah Papa Anansi ein, daß er ein lebendes Wesen am schwersten strafen würde, wenn er fortan seine Weisheit für sich behielte und niemanden an ihr teilhaben ließe. Auch alle schon verschenkten Weisheiten wollte er zurücknehmen. Zu diesem Zweck verschaffte er sich einen großen Tonkrug, und in den begann er alle seine Weisheiten einzusammeln.

Der Krug war sehr, sehr geräumig und hatte Platz für viele Weisheiten. Wie man Blut stillt. Wie man Wasser findet, wenn man in dürrer Erde gräbt. Wie man sich Feuer dienstbar macht, indem man zwei Steine gegeneinander schlägt oder zwei Holzstücke gegeneinander reibt. Wie man den rechten Weg durch unbekannte Dschungel findet, indem man die Blätter der Pflanzen studiert. Wie man wilde Ziegen zähmt und sie dazu bringt, dem Hungrigen Milch zu geben. Wie man sich von Kräutern nähren und von bitteren Wurzeln schmackhaftes Brot bereiten kann. Wie man sich gegen Unglück schützt, das der böse Blick alter Hexen heraufbeschworen. Wie man die besten Vogelfallen und -netze anfertigt. All das und viele, viele, ja tausend andere nützliche Ratschläge mehr hatte Anansi den Menschen geschenkt, und zahllose Weisheiten hatte er noch auf Lager. Aber alle, alle stopfte er nun Tag für Tag in den Krug, den er jeden Abend schloß und versteckte, damit niemand ihn wegnahm.

Eines Abends hatte Papa Anansi endlich alle Weisheiten beisammen, auch seine eigenen, die er noch nicht verschenkt hatte. Zufrieden verbarg er seinen Schatz besonders sorgfältig und ging schlafen.

Aber Anansis jüngstem Sohn, Atta Tsin mit Namen, war es nicht entgangen, daß der Vater in den letzten Tagen etwas Ungewöhnliches vorgehabt hatte. Das weckte seine Neugierde, und er beschloß, dem Geheimnis des Alten auf die Spur zu kommen. Atta Tsin setzte sich nieder, um die ganze Nacht zu wachen, und früh am Morgen sah er den Vater aus der Hütte schleichen mit einem großen Tonkrug, der ihm an einem Bande um den Hals hing. Atta Tsin folgte ihm in einiger Entfernung.

Der alte Spinnenvater ging mit seiner kostbaren Bürde tief in den Dschungel hinein. Einen halben Tagemarsch vom Dorf entfernt kam er zu einer Gruppe riesiger Bäume, und hier hielt er an. Vor sich hinmurmelnd ging er von Baum zu Baum und untersuchte sie eingehend. Vor dem höchsten, der am schwersten zu erklettern war, blieb er stehn. Atta Tsin, der sich unbemerkt nahe herangeschlichen hatte, konnte hören, was der Vater sagte.

„Weder klettern noch gehn, weder klettern noch gehn, höhnten diese Gelbschnäbel... ich werde ihnen das Klettern heimzahlen, ich ..."

Dann begann der Alte, den Stamm des Riesenbaumes hinaufzuklettern. Mit großer Mühe gelang es ihm ein Stück zu erklimmen. Am unteren Teil des Baumes gab es nämlich einige Äste und Vertiefungen in der Rinde, in denen er hängenbleiben konnte. Weiter oben war der Stamm ganz glatt, doch nun behinderte Anansis weiteren Aufstieg der große Krug, der ihm auf die Brust herabhing. Er arbeitete so, daß der Schweiß rann, doch alle Anstrengungen waren vergeblich. Das Ganze sah sehr komisch aus, fand Atta Tsin, der sich beinah halbtot lachte, wie er da in einem Gebüsch nicht weit vom Fuß des Riesenbaumes versteckt lag. Aber Anansi hatte sich vorgenommen, bis zur Spitze des Riesenbaumes zu klettern. Dort wollte er den Krug mit der ganzen Weltweisheit festbinden. In der Krone dieses unzugänglichen Baumes, sicher eines der größten im Dschungel, würde niemand seinen Schatz finden. Das war die Strafe für den Spott der Undankbaren.
Aber als Papa Anansi auch die letzten Reste seiner Weisheit in den Krug versenkte, beging er seines Lebens erste Dummheit. Die Folgen bekam er zu spüren, als er jetzt, den schweren Krug auf der Brust baumelnd, an der Rinde des Riesenbaumes kratzte, um die Spitze zu erklimmen.
Schließlich konnte sich Atta Tsin nicht länger beherrschen. Er brach in ein schallendes Lachen aus, trat aus seinem Versteck und rief zu dem Vater in den Baum hinauf – aus vollem Hals, damit der ihn hören sollte: „Warum hängst du den Tonkrug nicht auf den Rücken, dann kannst du klettern so hoch du magst!"
Papa Anansi dreht sich um, und nun entdeckte er den Sohn unten auf der Erde. Der Alte war zugleich verwirrt, weil er sich ertappt sah, und wütend, weil sein jüngster Sohn ihm gute Lehren erteilte. Aber er sah ein, daß der Sohn recht hatte, und jetzt erst dachte er daran, daß er seine letzte Weisheit im Tonkrug begraben hatte. Das machte ihn noch zorniger.
„Ich glaubte, alle Weisheit der Welt sei in diesem Krug, aber nun sehe ich ein, daß du mehr Verstand hast als ich", rief er zu Atta Tsin hinunter. „Ich habe nicht einmal genug übrig,

um zu wissen, wie man es anstellt, einen Baum hinaufzuklettern; erst du, ein Kind, mußt mich belehren, wie ich vorgehen muß."

Zornig riß Papa Anansi den Krug von seinem Hals und schleuderte ihn zu Boden. Er fiel gegen einen großen Stein und zersprang, so daß die Scherben umherrollten. Der kostbare Inhalt, Papa Anansis gesammelte Weisheit, spritzte über die ganze Welt, über Menschen, Tiere und Pflanzen, aber nur Menschen verstanden die Weisheit zu behalten und aus ihr Nutzen zu ziehen. Jeder Mensch erhielt einen Tropfen von Papa Anansis Weisheit, manche bekamen große Tropfen, manche kleine, aber ganz ohne blieb niemand.

Ü: M. Joslin

Griechische Malerei, *Dionysos auf seinem Schiff*,
Attische Vase aus Vulci, 6. Jh. v. Chr.

Europa

XIII. Hellas

XIV. Rom

XIII. HELLAS

ERKENNE DICH SELBST!

„Gleichwie die Blätter der Bäume, so sind der Menschen Geschlechter, Heut' läßt der Wind die einen zur Erde wirbeln, die anderen sprossen morgen im grünenden Wald, wenn der Frühling erscheint. So sproßt hier auch ein Menschengeschlecht, dort welket das andre."

Homer

Die Griechen glaubten, daß der Sitz der Götter auf dem Olymp sei. Abenteuerliche Sagen ranken sich um die unüberschaubare Zahl der Götter, Halbgötter und Heroen, um ihre großartigen, manchmal auch kleinlich rächenden und oft sogar frivolen Taten. Seit Homers großen Epen, der Ilias und der Odysse wandelte sich die religiöse Vorstellungswelt der Griechen. Aus der dunkel drohenden, chaotisch-phantastischen Götterwelt wurde das Ideal eines selbstbestimmenden, diesseitig orientierten Menschen.
Die Gedanken der klassischen Antike verwoben sich später mit der christlichen Lehre und bildeten die geistige Wiege des Abendlandes. Dichter und Denker der Griechen waren bestimmend für die Entwicklung der Philosophie. Ohne das insistierende Fragen eines Sokrates wären die Denkgebäude seiner Schüler Platon und Aristoteles wohl kaum errichtet worden, ohne die Dichtungen von Sophokeles und der anderen griechischen Dramatiker währe das Theater nicht oder ganz anders entstanden. Noch heute schöpft die Literatur aller Gattungen aus dem unendlichem Vorrat der griechischen Mythologie. Vielleicht ist es gerade diese Spannung zwischen irrationalem Götterglauben und rationaler Logik, die das Denken der Griechen gespeist und bis heute Aktualität und Gültigkeit bewahrt hat:

„Mit Unrecht sagt Homer: ‚Möchte doch schwinden der Streit aus der Welt der Götter und Menschen!' Dann ginge ja alles zugrunde. Denn es gäbe keine Harmonie, wenn es nicht hohe und tiefe Töne gäbe, und keine lebenden Wesen, ohne Weibliches und Männliches, was doch Gegensätze sind."

Heraklit (um 500 v. Chr.)

WERKE UND TAGE (Auszug)

Hesiod (*7. Jh. v. Chr.*)

Auf denn Bruder! Erinnere stets dich an unsere Mahnung;
Arbeit', Perseus, wackeren Manns Sohn, daß dich der Hunger
Hasse, dagegen dich liebe die freundlich bekränzte Demeter,
Sie, die Erhab'ne, – und daß sie dir fülle mit Ernte die Scheuer.
Hunger in allweg ist ja des Arbeitscheuen Gefährte,
Und dem zürnen die Götter und Menschen, der ohne die Arbeit
Hinlebt, Drohnen an Art und Sinn, faullenzigen, ähnlich,
Welche der Bienen errungene Speis' auffressen in arger
Arbeitsscheu; du schaffe mit Lust an mäßiger Arbeit,
Daß mit gezeitigter Frucht stets deine Behälter gefüllt sind!
Arbeit macht ja den Menschen an Herden und an allem Besitz reich;
Arbeit machet dich auch viel werter den ewigen Göttern,
(Wie auch sterblichen Menschen; sie hassen die Faulen mit Abscheu.)

Arbeit ist nicht Schande, die Faulheit bringet die Schande.
Wenn du der Arbeit dienst, dann neidet dich der Faule alsbald,
Weil du so reich; und die Tugend folgt und Ehre dem Reichtum.
Kundigem Manne, so wie du's warst, dem frommet die Arbeit,
Wenn du von fremdem Besitze die unverständige Seele
Frisch zum Werke gewandt, für's Brot sorgst, meinem Gebot treu.
Scham ist falsch, wenn diese den dürftigen Menschen geleitet,
Scham, die mächtigen Schaden sowohl, als Hilfe daherführt.
Scham wohnt Armut bei, doch fröhliche Seele dem Reichtum;
Nicht das gestohlene Gut, – was der Himmel gegeben, gedeihet.
Wer mit der Hände Gewalt selbst mächtiges Gut sich errungen,
Oder es auch mit der Zunge geraubt, wie solcherlei oftmals
Leider geschieht, wenn einem das Herz durch schnöde Gewinnsucht
Wurde getäuscht und nun auf Scham schamlose Gesinnung
Folgt: den stürzen die Götter so leicht; dem sinket das Haus hin,
Ja dem folgt nur spärliche Zeit sein glücklicher Reichtum!

Ü. E. Eyth

Nicht eine einzige Art des Streits nur gibt's auf der Erde,
Sondern zwei; und Lob verdienet die eine der beiden,
Aber Tadel die andre; so strebet ihr Sinn auseinander.
Schrecklichen Krieg und Zwietracht verschuldet immer die eine,
Grausame. Niemand liebt sie; nur, weil die Götter es wollen,
Ehrt man gezwungen sie, die schwer auf den Sterblichen lastet.

Aber die andre, die ältere Tochter des nächtlichen Dunkels,
Barg der Kronide, der Lenker des Alls, der den Äther bewohnet,
In den Wurzeln der Erde. Sie ist viel besser den Menschen.
Denn auch den schwerfälligen Mann weckt diese zur Arbeit.
Auf den Anderen blickt der Arbeitsscheue, den Reichen,
Der sich tummelt, mit Pflügen und Pflanzen sein Gut zu bestellen;
Mit dem Nachbar, der strebt nach Gewinn, wetteifert der Nachbar.
Das ist des Streites löbliche Art, die nützet den Menschen.
Laster kannst du dir ohne Bemüh'n in Menge erwerben;
Kurz ist der Weg dahin und nahebei wohnen sie alle.
Doch vor die Tugend setzten den Schweiß die unsterblichen Götter.
Weit und steil ist der Pfad, der zu ihr führet den Wandrer
Und gar rauh im Beginn; doch hat er die Höhe gewonnen,
Geht es sich leicht darauf hin, war auch beschwerlich der Anstieg.

U: H. Diels

Guter Rat

Archilochos (7. *Jh. v. Chr.*)

Herz, mein Herz, wenn dich der Strudel untragbaren Leids erfaßt,
Tauch empor! Setz' dich zur Wehre gegen widriges Geschick und
Wirf ihm keck die Brust entgegen, steh' ihm wie dem nah'nden Feind!
Siegst du dann, so rühme dich nicht offen dessen vor der Welt;

Unterliegst du, wirf zu Haus dich nicht zu Boden gramverzehrt!
Sondern freue dich im Glücke und im Unglück zürne nicht
Allzusehr! Erkenn' den Rhythmus, der im Menschenleben herrscht.

Ü: H. Diels

SPRÜCHE DER SIEBEN WEISEN

(6. *Jh. v. Chr.*)

Maß ist das Beste.

Alles ist Übung.

Was du dem Nächsten verdenkst, tu selber nicht.

Erkenne dich selbst.

Nichts im Übermaß!

Bürgschaft – schon ist Unheil da.

Erkenne den rechten Augenblick!

Die Meisten sind schlecht.

Voreiligkeit ist gefährlich.

Anvertrautes Gut gib zurück.

Gewinne durch Überredung, nicht durch Gewalt.

Ü: B. Snell

Lebensweisheiten

Theognis (6. Jh. v. Chr.)

Reichtum wünsch' ich mir nicht, noch erfleh' ich ihn; aber ich möchte
Froh bei wenigem sein, Freund, und den Sorgen entrückt.

Hüte dich wohl vor vermessenem Wort! Von den Sterblichen keiner
Weiß, was heute die Nacht, morgen der Tag ihm beschert.

Dies wird besser dem einen, dem anderen jenes gelingen,
Doch kein Sterblicher ist tüchtig für alles zugleich.

Zweimal erwäg und dreimal, was irgend dir kam in den Busen,
Denn zufahrender Sinn reißt in Verderben den Mann.

Kose mir nicht mit Worten und denke dann anders im Geiste,
So du mich liebest und treu schläget im Busen dein Herz.
Sondern mich lieb entweder in Lauterkeit oder entsagend
Feinde mich an und erheb offen vor allen den Zwist.

Keiner ist ganz und in allem ein Glücklicher, aber der Edle
Trägt, wenn ihn Kummer umfängt, ohn' es zu zeigen jedoch.

Ü: E. Mörike

HOFFNUNG

Theognis (6. Jh. v. Chr.)

Einzig die Hoffnung blieb von den Himmlischen unter den Menschen,
Zu den olympischen Höhn kehrten die übrigen heim.
Treue, die mächtige Göttin, entwich, es entwich die gestrenge
Zucht, und die Grazien, Freund, suchst du auf Erden umsonst.
Nicht mehr gelten im Volk als heilig die teuersten Eide
Und der Unsterblichen denkt keiner und ehrt sie mit Scheu;
Sondern der Frommen Geschlecht starb aus, und weder des Rechtes
Satzungen achten sie mehr noch den geheiligten Brauch.
Aber so lange du lebst und das Licht noch schauest der Sonne,
Klammre mit treuem Gemüt fest an die Hoffnung dich an,
Und wann unter Gebet süßduftendes Opfer du zündest,
Sei es zuerst und zuletzt immer der Hoffnung geweiht.

Ü: E. Geibel

GESELLSCHAFTSREGEL

Theognis (6. Jh. v. Chr.)

Nötige nie beim Feste den Gast ungern zu verweilen,
Noch auch mahn ihn zu gehn, eh' es ihm selber gefällt.
Auch wenn einer der Zecher vielleicht, vom Weine gepanzert,
Sanft in Schlummer verfiel, wecke den Schläfer nicht auf;
Noch verweise, bevor er es wünscht, aufs Lager den Muntren;

Griechische Malerei, *Sitzende Muse mit einer Leier*, Attisches Ölgefäß, 5. Jh. v. Chr.

Denn im tiefsten Gemüt ärgert uns jeglicher Zwang.
Aber dem Durstigen sei stets nah mit dem Kruge der Mundschenk;
Nicht allnächtlich, wie heut, ist ihm zu schwärmen vergönnt.

Ü: E. Geibel

ALLES FLIESST

Heraklit (544 – 484 *v. Chr.*)

Der Krieg ist der Vater aller Dinge, der König von allem; die einen macht er zu Göttern, die andern zu Menschen; die einen macht er zu Sklaven, die anderen zu Freien.

Man muß wissen, daß der Krieg etwas Allgemeines ist und daß der Streit zu Recht besteht und daß alles durch Streit und Notwendigkeit entsteht.

Verbindungen gehen ein: Ganzes und Nichtganzes, Übereinstimmendes und Verschiedenes, Einklang und Mißklang; und aus allem wird Eines und aus Einem wird alles.

Das Auseinanderstrebende vereinigt sich, aus dem Verschiedenen ergibt sich die schönste Harmonie und alles entsteht auf dem Wege des Streites.

Gott ist Tag und Nacht, Winter und Sommer, Krieg und Friede, Sättigung und Hunger. Er verwandelt sich wie das Feuer und wird gleich diesem, wenn es sich mit Räucherwerk vermengt, nach dem Duft eines jeglichen benannt.

Die Zeit ist ein spielendes, Brettsteine setzendes Kind; ein Kind ist König.

Denken ist eine allgemeine Fähigkeit. Darum muß man dem Allgemeinen folgen. Aber obwohl die Vernunft (Logos) allgemein ist, leben die meisten Menschen, wie wenn sie eine besondere Denkkraft besäßen.

Zu der das All regierenden Vernunft, mit der sie es fortwährend zu tun haben, setzen sie sich in Widerspruch und das, worauf sie tagtäglich stoßen, erscheint ihnen fremd.

Denn die meisten Menschen denken nicht nach über solche Dinge, auf die sie (alltäglich) stoßen, noch verstehen sie, was sie erfahren haben. Ihnen selber freilich kommt es so vor.

Denken ist die vorzüglichste Eigenschaft und Weisheit ist es, die Wahrheit zu sagen, und der Natur gemäß zu leben, indem man auf sie hinhorcht.

Auge und Ohr sind für die Menschen schlechte Zeugen, wenn sie kein feines Seelenleben haben.

Die Natur liebt es, sich zu verbergen.

Eins ist Weisheit, den Geist zu verstehen, der alles durch alles regiert.

Für Gott ist alles schön und gut und recht; nur die Menschen sind der Meinung, das eine sei recht, das andere unrecht.

Mit Unrecht sagt Homer: „Möchte doch schwinden der Streit aus der Welt der Götter und Menschen!" Dann ginge ja alles zugrunde. Denn es gäbe keine Harmonie, wenn es nicht hohe und tiefe Töne gäbe, und keine lebenden Wesen ohne Weibliches und Männliches, was doch Gegensätze sind.

Sie verstehen es nicht, wie das Verschiedene unter sich übereinstimmt: Es ist eine rückwärts gewandte Harmonie (Zusammenfügung) wie die des Bogens und der Leyer.

Unsichtbare Harmonie ist stärker als sichtbare.

Alles ist in Bewegung und nichts bleibt stehen.

Man kann nicht zweimal in denselben Fluß steigen.

Alle Kreatur weidet unter Gottes Peitschenschlag.

Des Menschen Sinnesart ist sein göttliches Geschick.

Mit der Lust zu kämpfen ist schwer; denn, was sie will, erkauft man um den Preis seiner Seele.

Es ist für die Menschen nicht gut, daß ihnen alles zuteil wird, was sie wollen.

Übermut muß man noch mehr dämpfen als Feuersbrunst.

Wenn das Glück im sinnlichen Genuß bestände, so müßten wir das Vieh glücklich nennen, wenn es Wickenfutter findet.

Der Esel zieht Spreu dem Golde vor.

Edle Menschen erstreben Eines vor allem andern: ewigen Ruhm vor den vergänglichen Dingen. Die Menge aber ist satt wie Herdentiere.

Einer gilt mir für zehntausend, wenn er von edler Art ist.

Für das Gesetz soll das Volk kämpfen wie für seine Mauer.

Ü: H. Diels

Lebensweisheit

Simonides (um 480 v. Chr.)

Treu für immer verbleibt kein Gut uns Sterblichgebornen;
Drum voll göttlichen Sinns sprach der chiotische Greis:
„Gleich wie die Blätter im Wald so sind die Geschlechter der Menschen."
Aber wie wenige nur, die es mit Ohren gehört,
Wahrten im Busen das Wort! Denn jeglichen gängelt die Hoffnung,
Männern und Knaben zugleich wurzelt sie tief in der Brust.
Blüht dem Sterblichen noch holdselig die Blume der Jugend,
Sinnt er mit leichtem Gemüt vieles von nichtiger Art;
Nimmer des Alters gedenkt er alsdann und nimmer des Todes,
Noch in der Fülle der Kraft ist er um Krankheit besorgt.
O leichtfertige Toren, verblendete, die da vergessen,
Wie so beflügelten Schritts Jugend und Leben entfliehn!
Doch du präg es dir ein, und bis du scheidend am Ziel stehst,
Pflege mit treuem Gemüt jeglichen schönen Genuß!

Ü: E. Geibel

Ehegeschick

Antiphon (5. Jh. v. Chr.)

Nimm an, das Leben rücke vor und es begehre nach Ehe und Weib. Mit diesem Tage, mit dieser Nacht beginnt ein neues Geschick, ein neues Dasein. Die Ehe ist für den Menschen ein gewagtes Spiel. Denn, wenn sie unglücklich ausfällt, was soll er dann in dieser Lage anfangen? Es ist schwer, sich zu scheiden und dadurch Freunde sich zu Feinden zu machen, nachdem man die Erwartung gehegt und erregt hatte, gleichgesinnt und gleichgestimmt miteinander zu leben; schwer ist es aber auch, in einem Verhältnis zu verbleiben, von dem man Freude zu gewinnen hoffte und nun Leid erntet. Doch wohlan, wir wollen nicht vom Unglück reden! Es sei der allergünstigste Fall gesetzt. Was gibt es Lieberes für einen Mann als ein Weib nach seinem Herzen? Was ist süßer, zumal für einen jungen Mann? Aber eben dort, wo die Freude wohnt, haust irgendwo in der Nachbarschaft auch das Leid, die Freuden kommen nämlich nicht für sich allein, sondern ihnen folgen Leid und Mühsal ...

Leuchtet es nicht ein, daß ein Weib dem Manne, wenn es nach seinem Herzen ist, ebensoviel Liebesfreuden und Kummer bereitet, als er sich selbst, indem er nun für die Gesundheit, den Erwerb des Lebensunterhalts, die Sittsamkeit und den guten Namen von zwei Personen sorgen muß? Nimm noch an, es werden Kinder geboren: dann ist alles voller Sorgen; die jugendliche Elastizität des Geistes schwindet und die Physiognomie wird eine andere.

Ü: H. Diels

Über die Natur (Auszug)

Empedokles (etwa 500 – 430 v. Chr.)

Nicht gibt es bei den irdischen Dingen ein Entstehen und kein Ende in verderblichem Tode,
Sondern nur Verbindung und Scheidung der verbundenen Stoffe.
Entstehung ist nichts als ein den Menschen geläufiges Wort.

Freilich sprechen sie vom „Werden", so oft aus der Stoffe Verbindung
Etwas ans Licht tritt, sei es ein Mensch oder sei's von der wilden
Tiere Geschlecht, sei's Vogel, sei's Pflanze, und wenn sich die Elemente scheiden,
Alsdann reden sie wieder von unglücksel'ger Vernichtung.
Damit unrecht tun sie; doch auch ich folge dem Brauche.
Toren sind es, zu kurz geraten ist ihr Denken.
Da sie meinen, das, was früher nicht war, könne entstehen,
Oder das was ist, könne dem Tod und der Vertilgung völlig verfallen.
Wie ja aus dem, was nicht ist, nimmermehr etwas entstehen kann,
So ist unerhört und unmöglich, daß vergehe, was ist.
Denn es wird immerdar sein an der Stelle, die ihm angewiesen ist.
Nirgends ist etwas leer noch überflüssig im Weltall.
Nichts im Weltall ist leer; und woher sollt' etwas hinzukommen?
Wie die beiden Kräfte, Liebe und Haß, bisher waren, so werden sie immer
Sein und ich glaube, sie werden in der unendlichen Ewigkeit niemals vergehen.
Zweierlei will ich verkünden: bald wächst aus mehreren Teilen ein Ganzes,
Bald scheidet sich wieder das Eine in mehrere Teile.
Zwiefach ist der irdischen Dinge Entsteh'n und doppelt ihr Vergeh'n;
Eines erzeugt und zerstört aller Dinge Verbindung; das andre
Eben erstarkt, verfliegt, wenn die Stoffe sich wieder trennen.
In unaufhörlichem Wechsel tritt bald in Liebe vereint alles in Eines zusammen,
Bald strebt jegliches vom Hasse entzweit wieder nach Trennung.
Indem also aus Mehrerem Eines pflegt zu erwachsen

Griechische Vasenmalerei, *Silen und Mänaden*, 525 v. Chr.

Und aus dem Zerfall des Einen dann Mehreres wieder hervorgeht,
Gibt es Entstehung und das Wesen der Dinge bleibt nicht gleich;
Aber sofern ihre dauernde Veränderung nimmermehr aufhört,
Bleiben unbewegt die Stoffe im ewigen Kreislauf.

Ü: H. Diels

Philemon und Baucis

Nach den Metamorphosen des Ovid

Wer wüßte nicht, daß sich in jedem Landstrich ein Dorf findet, wo man Fremde verhöhnt und sie, wenn man sich noch nicht zu alt dazu fühlt, mit Steinen bewirft? So hielt man es

auch in dem Dorfe am Fluß, da an einem Hange, den vorgelagerten Hügeln zu, abseits der Häuser, die unten sich zusammendrängten, die Hütte zweier braver, guter alter Leute stand – eines Paares, wie es so einträchtig und gottesfürchtig lange keines gegeben hat.
Die fromme Baucis und ihr Mann Philemon waren Besitzer eines kleinen Fleckchens Erde, einer Ziege und einer Gans, eines Gemüse- und Obstgärtleins mit drei Bäumen, eines Weinstocks an der südlichen Mauer und eines Nußbaums vor der Haustür – nicht zu reden von zwei Seiten halbdurchwachsenen Specks im Verschlag und einer weiteren, angeschnittenen im Rauchfang. Viel an Worten, es aufzuzählen – wenig, gar wenig jedoch zum Leben!
Eines Sommerabends saßen die beiden vor der Tür ihrer Hütte und plauderten über die Tiere und Früchte, als plötzlich vom Dorf herauf Hundegebell und Menschengeschrei erscholl. Wenig später kamen eiligen Schrittes zwei Fremde den Pfad herauf, von denen Würde ausging: ein Alter mit einem schlichten weißen Bart, und hinter ihm ging ein junger Mann, fast noch ein Knabe, der mit vorgehaltenem Umhang die Steine auffing, die ihnen nachgeworfen wurden. Denn Kinder folgten ihnen schreiend den Hang hinauf und warfen Steine, indes ein johlender Haufen Älterer unten am Wege verhielt.
Philemon sprang auf, griff nach seinem Stock und schritt den beiden Fremden entgegen. Er ließ sie vorüber, und als die heraufdrängenden Kinder ihn erblickten, kehrten sie eilends um und stoben den Hang hinunter. Drunten verdoppelte sich das Lärmen, das Kreischen der Frauen und das Gebell der Hunde. Höhnende Männer reckten die Fäuste und tippten mit dem Finger an die Stirn. Doch Philemon zuckte mit betrübtem Gesichte die Achseln und schritt kopfschüttelnd zur Hütte, wo Baucis mit freundlichen Gebärden die Fremden einlud, einzutreten. Die Gäste waren müde und hungrig, sie hatten schmutzige Schuhe und staubige Kleider. Die gute Alte richtete sofort ein Essen, und Philemon half ihr dabei, obgleich es sich eigentlich gehört hätte, daß er die Fremden unterhielte. Allein indes sie Feuer schürte, mußte

er im Garten Endivien schneiden und Pflaumen und Feigen pflücken. Sie wusch und schnitt den geräucherten Speck, nachdem Philemon ihn aus dem Rauchfang geholt hatte. Ein Glück, daß die Gans gestern und heute gelegt hatte – das gab doch wenigstens ein Ei für jeden Gast. Oliven dazu und milden Ziegenkäse, das würde schon den ersten Hunger stillen.

Während Baucis so damit beschäftigt war, das Essen zuzubereiten, sah sie einmal verstohlen zu den Gästen hinüber, und wie sie den alten Weißbart genauer betrachtete – feierlich sinnend, ja würdevoll saß er da! –, meinte sie, er müsse sicher ein vertriebener König sein, der über die Macht nachdenke und Recht, Schuld und Strafe abwäge. Doch das Benehmen des Sohnes paßte nicht dazu. Der redete ins Blaue hinein und benahm sich keineswegs prinzlich. Baucis mußte darüber lachen, fürchtete sich aber doch.

Der alte Vater blickte vergnügt aus seinem Sinnen auf. Es war, als bescheine ein Licht aus seinen Augen den Jungen. Schließlich aber schickte er ihn hinaus und sagte ihm, man werde ihn rufen, sobald das Essen bereit sei. Der Junge setzte sich in die Dämmerung vor die Tür und spielte. Hatte er eine Hirtenflöte? Aber wie – ein solch schönes Spiel hatte Baucis ja noch nie gehört! War er also vielleicht auch kein Prinz, sicher – so meinte sie – war er doch ein Künstler. Da richtete sie ihm einen Platz neben dem alten König auf der Ruhebank, die sie mit frischen Kissen und ihren besten Decken in ein stattliches Lager verwandelte.

Unterdes brachte Philemon die Speckseite wieder in den Rauchfang, aber sie kam ihm mit einem Male groß und schwer vor. Doch er dachte nicht weiter darüber nach, denn er war müde und hatte wohl auch noch viel zu tun. Ein Gast hat Anrecht auf Wein, also stieg er in den Keller hinab und überschlug, ob der geringe Vorrat, den sein irdenes Faß barg, für die beiden durstigen Gäste wohl ausreiche. Da goß er den ganzen Vorrat in eine irdene Schüssel und mischte darin den Wein. Inzwischen war auch Baucis mit der Zubereitung des Essens fertig. Die Gäste ließen – welch Wunder! – sich das Essen schmecken, als hätten sie nie zuvor solch herrliche Speise bekommen. Sie langten zu und aßen mit großem Behagen und gutem Lob für die Hausfrau. Baucis errötete vor Verlegenheit und Freude, Philemon aber sah ihnen verdutzt zu, denn als sein Blick auf die Pflaumen fiel, die er just im Garten gepflückt hatte, war ihm, als seien sie dreimal so groß wie vorher.

Zum dritten Male hatte Philemon die Becher gefüllt, als er mit Schrecken sah, daß sein Mischkrug fast leer war. Was sollte er seinen Gästen nun anbieten? Den letzten Schluck konnte er doch nicht noch mehr verdünnen! So trug er die Becher zum Tisch der Gäste und setzte sie hin, nicht gerade nahe zur Hand. Kaum aber hatte er sich umgedreht, erhob der Junge seinen Becher und sprach: „Zeus, dem Retter, ihm sei der dritte Trunk geweiht!" Mit dem Vater zusammen trank er aus, und krachend stießen beide ihre Becher auf den Tisch.

Philemon griff zitternd nach den Bechern und irrte damit durchs Zimmer, als habe er vergessen, wo sein Krug stand. Der Junge lachte und zeigte ihm unter Scherzen, wo er zu Hause war; und als Philemon sich wider Willen zurechtfand, vernahm er in der Ecke ein seltsam Rieseln und Murmeln, ein Duft von altem, gutem Wein ließ ihn einen Augenblick selig die Augen schließen, und als er wieder aufsah und sich in die Ecke vorbeugte, sah er es vom Grunde der Kanne wie goldenen Lichtstrahl hervorsprudeln.

Kaum wußte er, wie ihm geschah, da waren beide Becher in seinen Händen gefüllt. Vorsichtig trug er den Wunderwein durchs Zimmer und reichte ihn seinen Gästen. Dann nahm er Baucis heimlich beiseite und flüsterte ihr zu: „Frau, in unserem Hause geschehen Wunder. Das bedeutet, daß diese Gäste mehr als Menschen sind. Geh sofort in den Schuppen und schlachte die Gans!"

Doch die Gans war nicht dumm. Sie entwischte durch die Tür ins Zimmer, und als Philemon sie greifen wollte, flog sie schnatternd auf und stieß mit den Flügeln schlagend an das Schilfrohr des Daches, so daß es Gänsedaunen zu schneien begann. Philemon griff nach der Gabel, aber es war, als erriete die Gans seine Absicht, denn sie ließ sich im

gleichen Augenblick herabfallen, gerade auf die Knie des alten Fremden.
Der legte schützend seinen linken Arm um das Tier, hob mit der Rechten einen kurzen Stab und sprach: „Du hast wahr gesprochen, Philemon. Eure Gäste sind wirklich mehr als Menschen! Was ihr aber für sie getan habt, ist schon übergenug. Fromm habt ihr die Gesetze der Gastlichkeit erfüllt, auch ohne ihnen noch eure Gans vorzusetzen!"
Indem er sprach, verwandelte er sich. Sein schlichter weißer Bart ward dunkelblond und kräuselte sich um Kinn und Wangen. Sein Haupthaar, braun und glänzend, wallte vom Scheitel zum kräftigen Nacken herab. Über seinen freundlichen blauen Augen spannten sich dunkel und schwer die Brauen. Aus seinem verschossenen Mantel war ein Purpurgewand geworden, ein Lichtkranz schwebte um den kurzen Stab in seiner Hand. Da sanken die beiden Alten auf die Knie und baten um Vergebung, wenn sie in Unwissenheit falsch gehandelt. Aber der Gott – es war Zeus, von Hermes begleitet – sprach zu ihnen: „Fürchtet nichts! Steht auf und folgt uns!"
Den Pfad hinauf schritten sie hinter den Göttern her, empor zur Höhe des Berges. Da sahen sie, wie sich über der Ebene unter ihnen ein Gewitter zusammenballte, und grelle Blitze zuckten und beleuchteten ab und an die Häuser des Dorfes. Bald war alles in eine dichte Wolkenschicht gehüllt. Sie vernahmen das Brausen des Flusses und standen so lange Zeit. Und als sich das Wetter verzog, wurde es Tag: vor ihren Augen lag kein Dorf mit Äckern und Gärten mehr, sondern weithin dehnte sich ein See, der bis an den Hang hinauf reichte, bis nahe an einen Marmortempel. Dieser Marmortempel aber, ein stolzes und prächtiges Bauwerk, stand an der Stelle ihrer Hütte.
Philemon und Baucis sahen dies und erschraken sehr. Fragend blickten sie auf Zeus, der ermutigend nickte und sprach: „Eure Nachbarn sind nicht tot, aber sie sind stumm. Sie können nun nicht mehr schimpfen und keine Steine mehr werfen. Es sind die stummen Fische, die den See bevölkern! Dort steht euer Haus, das auch mein Haus ist, ein

Tempel des Zeus. Gehet hin und versehet dort meinen Dienst, bis eure Jahre vollendet sind. Viele Fremde werden zu euch kommen. Und nun sagt mir zum Abschied einen letzten Wunsch!"

Da nickte Baucis, und Philemon sprach: „Du weißt, o Herr, wie alt wir sind und wie schön und harmonisch unsere Ehe gewesen ist. Ich kann nicht ohne Baucis leben und Baucis nicht ohne mich. Vergönne uns darum, daß uns derselbe Tag hinnimmt!"

Und so ist es nach Zeus Willen geschehen. Jahre danach, als sie beide an einem Sommerabend vor ihrem Tempel standen, kam vom jenseitigen Ufer des Sees ein Schiff mit Reisenden. Langsam ruderten sie heran und ließen zwischendurch die Ruder sinken, blickten sich um und winkten dem Priester und der Priesterin zu. Mit gelassenen Gebärden winkten und grüßten Philemon und Baucis zurück. Aber als die Reisenden heran und gelandet waren, erblickten sie den alten Priester und die greise Priesterin nicht mehr.

Dort, wo die beiden gestanden und ihnen gewinkt hatten, ragten zwei mächtige Bäume, eine Eiche und eine Linde, ganz dicht beieinander und so gewachsen, daß das hellgrüne Lindenblatt ein fröhliches Licht auf das dunkle Eichenlaub warf. Voller Staunen blickten die Fremden in die Bäume hinauf, und aus dem Staunen wurde Ehrfurcht, als ihrer einer nicht davon abließ, er habe im Rauschen der Blätter deutlich die Namen Philemon und Baucis vernommen.

Und als es einer gesagt hatte, hörten es alle, wennschon nicht gleich deutlich. So ist es auch späteren Besuchern ergangen. Und einer hat schärfere Ohren als der andere, auch für die Stimme der Natur. Doch jeder war in gleichem Maße heilig davon überzeugt, daß nie ein Baumpaar gastfreieren Schatten gespendet habe als diese Eiche und diese Linde, die mit den Namen Philemon und Baucis genannt und gepriesen die Kürze des menschlichen Lebens noch viele Jahrhunderte überdauerten.

Ü: R. Jockel

IN WIRKLICHKEIT WISSEN WIR NICHTS

Zitate und Sentenzen

Gleichwie die Blätter der Bäume, so sind der Menschen Geschlechter.
Heut' läßt der Wind die einen zur Erde wirbeln, die andern Sprossen morgen im grünenden Wald, wenn der Frühling erscheinet.
So sproßt hier auch ein Menschengeschlecht, dort welket das andre.

Homer

Niemand lebet auf Erden, der nicht der Götter bedürfte.

Homer

Besser und edler ist nichts, als wenn einträchtigen Sinnes Mann und Frau verwalten ihr Haus zum Verdrusse der Neider, Ihren Freunden zur Lust; doch am schönsten ist's für sie selber.

Homer

Wenn man Großes vollbringt, allen gefallen ist schwer.

Solon

Auch als gealterter Mann lern' ich des Neuen noch viel.

Solon

Opfre der Hoffnung zuerst, opfre der Hoffnung zuletzt!

Theognis

Gleichwie die Blätter im Wald, so sind die Geschlechter der Menschen.

Simonides

Gott lacht des Menschen, der von heißem Blut.

Äschylos

Des Rauches Schatten gleicht der Mensch.

Äschylos

Das Wort der Wahrheit, einfach ist es immerdar.

Äschylos

Gleich dem Nichts
Acht' ich der sterblichen Menschen Geschlechter.
Wem, wer ward
Mehr vom Glück als des Wahnes Rausch
Und vom Wahn die Ernüchterung?

Sophokles

Die Natur liebt es, sich zu verbergen.

Heraklit

Wenn man das Maß überschreitet, so wird die größte Lust zur Unlust.

Demokrit

Der Geist soll sich gewöhnen, seine Freuden aus sich selbst zu schöpfen.

Demokrit

Auch wenn du allein bist, sage oder tue nichts Schlechtes, sondern lerne mehr als vor andern dich vor dir selbst schämen!

Demokrit

Wer niemand Liebe erweist, kann, wie mir scheint, auch bei niemand Liebe finden.

Demokrit

Dem weisen Manne steht jedes Land offen; denn die Heimat einer edlen Seele ist die ganze Welt.

Demokrit

Man darf wohl die Lust erstreben, die hinter der Anstrengung liegt, aber nicht die, welche davor liegt.

Antisthenes

Wer den Frieden der Seele hat, beunruhigt weder sich selbst noch einen andern.

Epikur

Das gemeinsame Vaterland aller Menschen ist die Welt. Der Weise trät das All in sich selbst und hält sich für einen Bürger der Stadt des Zeus, welche Götter und Menschen in sich schließt.

Musonius Rufus

Wie der Stein, wenn man ihn in die Höhe wirft, seiner Natur nach wieder herabfällt, so strebt auch das Talent, je mehr man es abzuhalten sucht, um so energischer nach der Betätigung, zu der es veran lagt ist.

Musonius Rufus

Des Leides Arzt ist ein vernünftig Wort.
Dies weiß allein die Seele zu bezaubern.
Drum nennen es die Weisesten der Alten
die beste Arznei.

Menandros

Weder Leibeskraft noch Geld machten den Menschen glücklich, sondern rechtschaffene Gesinnung und vielseitige Begabung.

Demokrit

Es werden mehr Menschen durch Übung als durch natürliche Begabung tüchtig.

Demokrit

Das Maß für alle Dinge ist der Mensch, wofern sie sind, dafür, daß sie sind und wofern sie nicht sind, daß sie nicht sind.

Protagoras

Es gibt zwei Arten der Erkenntnis; eine echte und eine unechte. Zur unechten gehört die gesamte sinnliche Wahrnehmung: Gesicht, Gehör, Geruch, Geschmack, Gefühl; die andere ist die echte und von jener zu unterscheiden. Wenn die unechte Erkenntnis den Gegenstand, weil er in der Wahrnehmung zu klein wird, vermittelst des Gesichts, Gehörs, Geruchs, Geschmacks und Gefühls nicht mehr erfassen kann, und man daher feinere Untersuchungen anstellen muß, dann tritt an ihre Stelle die echte Erkenntnis, die im Denken ein feineres Organ besitzt.

Demokrit

In Wirklichkeit wissen wir nichts; denn die Wahrheit liegt in der Tiefe.

Demokrit

Wie viel klüger ist doch das Tier als der Mensch: in seinem Bedürfnis weiß es, wieviel es bedarf. Der Mensch aber, der etwas bedarf, weiß es nicht.

Demokrit

Von den Göttern weiß ich nichts, weder daß es solche gibt, noch daß es keine gibt. Denn manches hindert uns an dieser Erkenntnis: die Unklarheit der Sache und die Kürze des menschlichen Lebens.

Protagoras

Ü: H. Diels

ORPHEUS UND EURYDIKE

Ovids Metamorphosen nacherzählt

Orpheus war – so heißt es – der Sohn eines thrakischen Fürsten und der Muse Kalliope, und er war ein großer Künstler in Dichtung und Gesang. Nachdem er mit Jason und den anderen Argonauten das goldene Vlies erstritten hatte und in die Heimat zurückgekehrt war, erkor er sich das schönste Mädchen des ganzen Landes zur Braut: Eurydike. Aber das Schicksal schlug ihn. Am Hochzeitstage biß eine Natter Eurydike in den Fuß, so daß sie starb.

Nachdem sie bestattet war, übermannte Orpheus die Verzweiflung mit solcher Gewalt, daß er Haus und Heimat verließ und vom Norden bis zum Süden durch das ganze Land Hellas irrte. Allenthalben klagte er sein Leid, doch er fand keinen Trost. Er mußte den Weg des bittersten Leides gehen, den Weg, der vom Kap Tainaron, der südlichsten Spitze des Landes, in die Tiefe der Unterwelt hinabführt.

Orpheus stieg in die Unterwelt hinab, sah das Wasser des Styx matt durch die Nacht leuchten und erblickte am Eingang zum Palaste des Hades den Höllenhund und alle Ungeheuer, die dort hausen. Bleiche Schatten umdrängten ihn, ein Gewimmel wesenloser Schemen. Über das Leid der Gemarterten, die unauslöschliche Sünden mit ewiger Qual büßen, füllte sich sein Herz mit Trauer.

So betrat er den großen Saal und kam zu dem Thron des Hades und der Persephone; vor den Göttern des Totenreiches sang er von der Erde und ihrer Schönheit. Sein Lied wirkte Wunder. Es zauberte ihnen das singende Meer vor Augen, des grünblaues Wasser Marmorfelsen, Inseln und Küsten umspült. Er ließ die hohen Berge des fernen Horizontes aufsteigen: Pelion, Athos, Olymp und Rhodope. In dunkle Schatten hüllt die Kiefer ihre Hänge, auf ihren Gipfeln leuchtet ewiger Schnee. Und über allem das Licht, durchsichtig und unfaßbar leer, doch strahlend vom eigenen gleißenden Leben.

So sehen Hades und Persephone nach dem Willen des Sängers Meer, Berge und Licht. Und sie sehen ein offenes Tal,

eine Wiese, einen fröhlichen Hochzeitszug und inmitten die schöne junge Braut, die schönste und glücklichste aller jungen Frauen mit lieblichem Namen: Eurydike. Mit diesem Namen bricht die singende Stimme ab. Der Sänger steht gesenkten Hauptes, seine Hand berührt die Saiten, Töne klingen auf und ersterben.
Dann erhebt sich seine Stimme noch einmal, leise und eindringlich: „Gebt sie mir zurück, ich habe sie lieb!" Persephone kennt die Schönheit der Erde. Und Hades weiß, was Liebe ist. Man ruft Eurydike. Und Orpheus wird der Befehl, zurückzugehen und sich nicht umzublicken, ob auch die Gattin ihm folge, bis Hermes beide am Tainaron entlasse.
Schwer ist es, Toten voranzuschreiten zum Licht. Man darf nicht an das Leben denken, das hinter uns liegt, denn es gehört uns nicht mehr. Allein in die Zukunft darf man blicken, auf die der Tod seine Hand noch nicht legte. Dort vermag der Geist das Leben nach seinem Willen zu gestalten, da beirrt ihn die Klage der Ermatteten nicht. Doch solche Kraft war dem Orpheus nicht gegeben. Hätte er doch singen können, indem er vorausschritt, nur mit seiner Phantasie das künftige Leben erschaffen! So aber hörte er Eurydike in ihrer Angst hinter sich rufen. Und als er sich umsah, wähnend, er könne ihr mit den Augen helfen, da ergriff Hermes sie sanft bei der Hand und führte sie wieder zurück.
Sieben Tage saß Orpheus am Ufer der Styx, allein Charon weigerte sich, ihn ein zweites Mal in seine Fähre und mit zu den Toten hinüberzunehmen. So kehrte er in seine Heimat zurück. Mit herzloser und lärmender Freude wurde seine Rückkehr gefeiert, eine Welle bacchischen Rausches fuhr über das Volk, und die Mädchen jauchzten unter dem Getöse der Tamburinen und schneidender Flöten, als sei der eigene Bräutigam wiedergekehrt. Orpheus aber zog sich in die Einsamkeit zurück und suchte Zuflucht im unberührten Gebirge Rhodope.
Er wußte um die Macht seines Liedes. In stiller Einsamkeit, inmitten der kahlen Felsen einer Hochfläche schuf er sich seine Welt. Da scharten sich die Bäume, die er rief, um ihn, die Eichen und Linden, die auf den Triften grünen, die

Weiden, die am Wasser wachsen, die Ölbäume aus den tieferen Tälern, die Eschen, die auf den Hängen der Wind rüttelt, die einsamen Zypressen und die Erlen, die einander suchen, die hohen Stämme der Tannen, die Kiefern mit ihren breiten Kronen und all das niedrige Unterholz, das zwischen den hohen Bäumen aufsprießt.

Sie alle standen rings um ihn in einem weiten Kreise; Vögel ließen sich auf ihren Zweigen nieder und lauschten dem Liede des Orpheus. Die Geier und die Adler, die hoch im Gebirge hausen, die kleinen Sänger der Tiefe auch, Nachtigallen, Finken und Drosseln, Möwen und Kormorane vom Meere, die grauen Reiher der Sümpfe – diese alle und noch viele andere kamen und saßen umher.

Der Wald belebte sich mit allerlei Getier. Orpheus sang und sah die zart braun und schwarz gefleckten Rehe im Dämmerlicht zwischen dem überhängenden Laub. Ein Löwe nahte sich langsam und legte sich zu seinen Füßen nieder. Waldesel wagten sich mit ihren Füllen hervor, eine Herde wilder Ziegen sprang von den Felsenklippen herab, Wölfe folgten ihrer Spur.

Keins der Tiere fiel ein anderes an. Denn Orpheus' Lied schuf eine Welt des Friedens. Der Löwe tat dem Bergstier nichts, kein Adler schoß auf die reglos lauschenden Hasen herab, ungerührt sahen die Füchse die Vögel im niedrigen Gehölz. Orpheus dichtete und sang, er sang sein kunstvolles, mächtiges Lied.

Vermochte er durch das Wort seines Liedes auch Eurydike herbeizuholen? Dreimal rief er laut ihren Namen, und aus dem Tal, aus der Tiefe herauf erscholl ein hohles Brausen, das allmählich zu wildem Lärmen anschwoll. Es war nicht ihre Antwort. Nein, von Kymbalen, Tamburinen, Kastagnetten und Flöten schrillten schreiende Töne empor aus dunklem Grunde, und plötzlich erhob sich darüberhin ein Schrei von vielen Frauenstimmen.

Zweige knackten im Walde – die Vögel flatterten kreischend auf, die Tiere flüchteten, und wo bisher der Friede gewaltet, das scheue Wild reglos Orpheus gelauscht hatte – da brach eine zügellose Bande Weiber ein, Reh- und Pantherfelle um

Griechische Malerei, *Sarkophag* (Ausschnitt), Kammergrab von Hagia Triada, 1400 v. Chr.

die nackten Leiber, Bacchantinnen, vom Tanze berauscht, Thyrsosstäbe schwingend. Mit dem stockenden Rhythmus einer rastlos auf- und abschwellenden Woge hub ihr Tanz an und steigerte sich zu rasendem Drehen und krampfigem Schwingen der Hüften und des Leibes – endend im Strecken des erhobenen Arms, im Zucken des ekstatisch aufgeworfenen und wild von den Haaren umflatterten Kopfes.

Als Trophäen trugen sie die ausgerissenen Gliedmaßen eines Bockes oder anderer Tiere, sie bissen ins rohe Fleisch, stürmten mit neuer Beute heran, zerrten das Wild auseinander und bespritzten sich dabei mit Blut. Doch, plötzlich war Stille, die Schreie verstummten, die orgiastische Musik schwieg. Regungslos standen sie, denn sie erblickten Orpheus.

Und Orpheus sang. Er sang das Lied seiner Fahrt in die Unterwelt, seiner Fahrt zu Hades und Persephone und wie Eurydike ihm entschwand. Da fuhr, als er Eurydikes Namen nannte, ein gellender Schrei aus der Bande, ein Thyrsosstab

flog pfeifend durch die Luft, zögerte vor dem Klange der Stimme Orpheus' und taumelte zu Boden. Dann sauste mit hohem Schwung aus dem Hintergrunde hervor ein Stein, der – fast hätte er den Sänger berührt – zurückfuhr und der Anführerin des wilden Haufens ins Gesicht flog.
Da erhoben die Weiber ein furchtbares Geheul, das Dröhnen der Kymbalen und das schrille Pfeifen der Flöten brach wie ein brüllender Gewittersturm von neuem los und über Orpheus hin, so daß seine Stimme darin unterging. Dann traf ein schwerer Kiesel seine linke Schulter, und die Leier entsank seiner Hand. Noch stand er aufrecht inmitten der Brandung der aus allen Richtungen heransausenden Steine, da traf einer seine Schläfe, und Orpheus brach blutend zusammen.
Jauchzend stürzten sich die Weiber auf den Gefallenen, packten ihn und rissen ihn mit unmenschlicher Kraft in Stücke. Dann verschwanden sie ebenso urplötzlich, wie sie gekommen, und führten als Zeichen ihres Sieges Teile vom Körper des Orpheus mit sich hinweg. Allein die Leier lag noch da, von unwürdigem Fuße weggeschleudert, doch unbeschädigt. Und als der Abend nahte, stieg sie auf Apollos Geheiß zum Himmel empor. Seitdem hängt sie dort oben als Sternbild, und ihr Licht singt die Töne der sieben Saiten, den Sterblichen ein ferner Trost für den Verlust des Sängers.

Ü: R. Jockel

Das Fass des Zeus

Babrios

In einem Fasse barg Zeus alle Glücksgüter und gab's dem Menschen, oben drauf den Faßdeckel. Der wollte schleunigst wissen, was da drin wäre. Ihn trieb die Neugier, und den Deckel aufhebend ließ er die Güter zum Olymp emporflattern. Dort schweben sie und meiden nun die Erdnähe. Allein die Hoffnung konnte er noch einfangen, den Deckel drüber stülpend. Und so weilt diese noch immer bei den Menschen und verspricht ihnen ein jedes von den Gütern, die entwischt waren.

Ü: H. Gasse

Der Schatz

Äsop

Ein Landmann, der sein Ende nahen sah, wollte, seine Kinder sollten erfahrene Landwirte werden, rief sie zu sich und sprach: „Meine Kinder, ich scheide nun aus dem Leben. Wenn ihr sucht, was in meinem Weinberg verborgen liegt, werdet ihr alles finden." Die Söhne glaubten nun, es sei dort irgendwo ein Schatz vergraben, und wühlten nach dem Ableben des Vaters die ganze Erde des Weinbergs um und um. Einen Schatz fanden sie nicht, aber der Weinberg, tüchtig umgegraben, brachte vielfältige Frucht.

Ü: H. Gasse

Einigkeit macht stark

Babrios

Als einst ein Mann, steinalt, sein Ende nah glaubte, wollt er den Söhnen einen Wunsch ans Herz legen und rief drum zu sich seine vielen Nachkommen. Ein Bündel dünner Stäbe sollt man auftreiben, verlangte er, und ihm sogleich ans Bett bringen. Und so geschah's. „Mit aller Kraft versucht, Kinder, ob ihr das feste Bündel könnt entzweibrechen." Als sie versagten, riet er: „Stück für Stück nehmen! Vielleicht geht's dann!" Jetzt war's ne Spielerei plötzlich. „Seht, Kinder", sprach er, „seid ihr alle einmütig, dann kann kein einzger, wenn er noch so stark wäre, euch selbst und eure Habe auch nur antasten. Doch wenn der eine so, der andre so dächte, wird jeder mit dem Einzelstab das Los teilen."

Ü: H. Gasse

DAS SEIENDE UND DAS NICHTSEIENDE

Gorgias (etwa 483 – 375 v. Chr.)

Es existiert nichts; und wenn etwas existiert, so kann es der Mensch nicht begreifen; wäre es aber auch begreiflich, so könnte man es doch einem anderen nicht mitteilen oder erklären. Denn, wenn etwas ist, so ist es entweder das Seiende oder das Nichtseiende oder beides. Das Nichtseiende nun ist nicht. Denn wenn das Nichtseiende existierte, so würde es zugleich sein und nicht sein. Es ist aber durchaus sinnlos, daß etwas zugleich sei und nicht sei. Folglich existiert das Nichtseiende nicht.

Aber auch das Seiende ist nicht. Denn wenn es ist, so ist es entweder ewig oder geworden oder beides. Es trifft jedoch keine dieser drei Annahmen zu und somit ist es nicht.

Denn, wenn das Seiende ewig ist, so hat es keinen Anfang. Alles, was wird, hat ja einen Anfang; das Ewige dagegen ist ungeworden und hat keinen. Das Anfangslose ist aber grenzenlos; ist es jedoch grenzenlos, so ist es nirgends. Denn, wenn es irgendwo ist, so muß es etwas außer ihm geben, worin es ist. Und so wäre also das Seiende nicht mehr grenzenlos, da es von etwas anderem umgeben wäre. Denn das Umgebende ist größer als das Umgebene. Es gibt aber nichts, das größer wäre als das Grenzenlose. Also ist das Grenzenlose nirgends. Wenn somit das Seiende ewig ist, so ist es grenzenlos; wenn es grenzenlos ist, so ist es nirgends; und wenn es nirgends ist, so existiert es nicht.

Das Seiende kann jedoch auch nicht geworden sein. Denn, wenn es geworden ist, so ist es nur entweder aus dem Seienden oder aus dem Nichtseienden geworden. Aber es ist weder aus dem Seienden geworden – denn, wenn es ein Seiendes ist, so ist es nicht geworden, sondern es ist schon – noch aus dem Nichtseienden: denn aus dem Nichtseienden kann nichts hervorgehen, da das, was zur Zeugung fähig ist, notwendig an irgendeinem Sein teilhaben muß. Also ist das Seiende auch nicht geworden.

Ebensowenig aber kann es beides zugleich, ewig und geworden, sein. Denn dies hebt sich gegenseitig auf: wenn das Seiende ewig ist, so ist es nicht geworden, und wenn es geworden ist, so ist es nicht ewig.
Wenn also das Seiende weder ewig noch geworden noch beides zugleich ist, so ist es überhaupt nicht.
Aber auch, wenn etwas existiert, ist es für den Menschen unbegreiflich und unerkennbar. Denn wenn das Gedachte nicht existiert, so ist es nicht das Seiende, was gedacht wird. Das, was gedacht wird, existiert aber nicht. Denn wenn das Gedachte existiert, dann existiert alles, was gedacht wird, wie immer man es sich auch vorstellen mag. Dagegen spricht aber die Erfahrung. Denn wenn man sich einen fliegenden Menschen oder Wagen, die auf dem Meere fahren, denkt, so fliegt darum doch nicht gleich ein Mensch oder fahren Wagen auf dem Meere. Also existiert das Gedachte nicht.
Ferner, wenn das, was gedacht wird, existiert, so wird das Nichtseiende nicht gedacht werden, da den Gegensätzen wiederum Gegensätze entsprechen: Das Nichtseiende bildet aber den Gegensatz zum Seienden. Wenn also dem Seienden das Gedachtwerden entspricht, so wird dem Nichtseienden das Nichtgedachtwerden entsprechen. Dies ist aber sinnlos: denn auch eine Skylla und Chimära und noch vieles andere Nichtseiende wird gedacht. Also ist das Gedachte nicht das Seiende. Wie aber das, was man sieht, deswegen sichtbar genannt wird, weil man es sieht, und das, was man hört, deswegen hörbar, weil man es hört, und wie wir nicht das Sichtbare verwerfen, weil man es nicht hört, noch das Hörbare ablehnen, weil man es nicht sieht (denn jede Wahrnehmung muß von dem ihr entsprechenden Sinnesorgan und nicht von einem anderen gemacht werden), so existiert das Denkbare, auch wenn man es nicht mit den Augen sieht oder mit den Ohren hört, weil es von dem ihm entsprechenden Organ erfaßt wird. Wenn sich nun jemand Wagen denkt, die auf dem Meere fahren, so müßte er, auch wenn er es nicht sieht, annehmen, daß es Wagen gibt, die auf dem

Meere fahren. Da dies aber ungereimt ist, wird demnach das Seiende nicht gedacht oder begriffen.
Wenn aber das Seiende auch erkannt würde, so könnte man die Erkenntnis doch keinem anderen mitteilen. Denn wenn das Seiende, das außer uns liegt, sichtbar und hörbar und allgemein wahrnehmbar ist, und davon das Sichtbare nur durch den Gesichtssinn, das Hörbare allein durch das Gehör erfaßt wird, wie kann es dann durch ein anderes Organ mitgeteilt werden? Das Werkzeug der Mitteilung ist das Wort; dieses ist jedoch nicht das, was der Wahrnehmung zugrunde liegt und existiert. Wir teilen also einem anderen Menschen nicht das Seiende mit, sondern ein Wort, das von dem, was zugrunde liegt, verschieden ist. Wie nun das Sichtbare nicht hörbar gemacht werden kann, oder umgekehrt, so ist es auch bei unserem Worte, da das Seiende außer uns liegt. Wenn aber das Wort nicht etwas Seiendes ist, so kann dieses auch einem anderen nicht mitgeteilt werden.
Die Tugend des Mannes besteht in der Befähigung zu politischer Wirksamkeit, wobei er versuchen wird, seinen Freunden zu nützen, seinen Feinden zu schaden und sich selbst vor Nachteil zu bewahren. Auch die Tugend der Frau ist nicht schwer zu bestimmen: sie besteht darin, daß sie das Hauswesen wohl verwahrt, das vorhandene Gut erhält und ihrem Manne gehorcht. Wieder anders ist die Tugend des Kindes, des Mädchens und des Knaben, und wieder die des älteren Mannes, sei es des freien oder sei es des Sklaven. Ja, es gibt noch viele andere Arten von Tugend, so daß es nicht an Stoff fehlt, um über den Begriff der Tugend zu reden. Denn jeder von uns hat in jedem Beruf und jedem Lebensalter für jede Aufgabe seine Tugend und, wie ich meine, auch seine Untugend.

Ü: H. Diels

Man lebt nur einmal

Epikur (341 – 270 *v. Chr.*)

Wir sind einmal geboren; zweimal kann man nicht geboren werden und das Leben muß ein Ende nehmen. Du aber verschiebst das Erfreuliche, obwohl du nicht über das Morgen verfügst. Das Leben aller Menschen verzehrt sich im Zaudern und jeder einzelne von uns stirbt mitten in seiner Geschäftigkeit. Nicht der Jüngling ist glücklich zu preisen, sondern der Greis, der gut gelebt hat. Denn wer noch in frischer Jugendkraft steht, wird vielfach vom Geschick bald in der, bald in jener Richtung umhergetrieben; der Greis dagegen ist im Alter wie in einem Hafen gelandet und hat einen Reichtum, auf den er früher kaum zu hoffen wagte, hinter sicherem Damm geborgen.

Die vier Heilmittel

Epikur (341 – 270 *v. Chr.*)

Immer solltest dir die vier Heilmittel zur Hand sein: Vor Gott braucht man keine Angst zu haben. Der Tod bedeutet Empfindungslosigkeit. Das Gute ist leicht zu beschaffen. Das Schlimme ist leicht zu ertragen.

Liebeswonne

Asklepiades

Süß ist im Sommer ein kühlender Trunk für den Durstenden, süß ist's

Für den Schiffer, zu sehn Frühlingsgestirn nach dem Sturm.
Süßer doch ist's, wenn dasselbe Gewand zwei Liebende zudeckt,
Und der Liebe Genuß beide mit Wonne erfüllt.

Ü: A. Körte

Wählerisch!

Kallimachos (*um* 390 – 240 *v. Chr.*)

Im Gebirg', Erikydes, der Jäger geht jedem Hasen
Eifrig nach und verfolgt jegliche Spur eines Rehs,
Hat seine Lust am Reif und am Schnee, doch spricht zu ihm jemand:
„Da, das Tier ist erlegt, nimm es!" – so nimmt er es nicht.
Grade so ist meine Liebe: Was flieht, das weiß sie zu jagen,
Doch was bequem ihr zur Hand liegt, daran eilt sie vorbei.

Ü: A. Körte

Alles hat zwei Seiten

Chrysippos (*etwa* 278 – 204 *v. Chr.*)

Es gibt nichts Törichteres als die Meinung, es könnte irgendwo Gutes geben, ohne daß es auch Schlimmes gibt, denn da das Gute das Gegenteil vom Schlimmen ist, so bilden beide Gegensätze und können nur gegenseitig voneinander gestützt bestehen. Es gibt ja doch keinen Gegensatz ohne seinen Gegensatz. Denn wie könnte es ein Rechtsgefühl geben, wenn es kein Unrecht gäbe, oder was ist Gerechtigkeit anderes als die Verneinung der Ungerechtigkeit? Wie könnte man verstehen, was Tapferkeit sei, wenn nicht die Feigheit daneben stünde? Wie wäre die Mäßigkeit zu erkennen, außer aus der Unmäßigkeit? Wo bliebe ebenso

Griechische Malerei, *Ein Jüngling, an jeder Hand eine Schnur mit gefangenem Fisch tragend* (Ausschnitt aus einem Wandbild), 16. Jh. v. Chr. Kykladeninsel Thera

die Klugheit, wenn ihr nicht die Unklugheit entgegenstünde? Warum verlangen die Menschen in ihrer Torheit nicht auch noch, daß es Wahrheit gäbe, aber daneben keine Lüge? Denn auf gleiche Art besteht Gutes und Schlimmes, Glück und Unglück, Schmerz und Lust. Sie sind nämlich, wie Platon sagt, mit den entgegengesetzten Enden aneinander gebunden; wenn man eines beseitigt, beseitigt man beide.

Wege zum Glück

Epiktet (50 – 138 *v. Chr.*)

Du bist etwas wertvolles, du bist ein Stückchen von Gott, du trägst einen Teil von ihm in dir. Warum verkennst du nun deinen Adel? Warum weißt du nicht, woher du gekommen bist? Willst du nicht, wenn du issest, daran denken, wer du bist, der da ißt, und wen du ernährst? Bei Verkehr und Gesellschaft, wer du bist, der da mit andern verkehrt und umgeht, bei den Turnübungen, bei der Unterhaltung? Weißt du da nicht, daß es ein Gott ist, den du nährst und den du übst? Einen Gott trägst du in dir, du Unglücklicher und du weißt es nicht!
Bei allem, was dir zustößt, gehe in dich und überlege dir, was für eine Kraft du für diesen Fall in dir hast! Siehst du zum Beispiel ein schönes Weib, so wirst du als Kraft dagegen die Selbstbeherrschung finden. Siehst du dich vor eine schwere Arbeit gestellt, so hast du dafür die Ausdauer. Wirst du beleidigt, so kannst du dem die Langmut entgegensetzen. Wenn du dich in dieser Weise gewöhnst, werden dich die falschen Vorstellungen nicht mit fortreißen.
Verlange nicht, daß das was geschieht, so geschieht wie du es willst, sondern wolle, daß das was geschieht, so geschieht, wie es geschieht und du wirst glücklich sein.

Der rechnende Liebhaber

Agathias

Warum seufzest du, Freund? „Ich liebe." Liebest du würdig?
Eine Schöne? „Sie scheint mir die Vollkommenheit selbst."
Hoffst du? „Zwar ich hoffe; doch wünscht' ich verstohlene Liebe."
Und fliehst dauerndes Band? „Ach, daß der Reichtum ihr fehlt!"
Freund, so liebest du nicht! Wer rechnet, kennet der Liebe
Süßesten Reichtum nicht, den nur die Treue gewährt.

Ü: J. G. Herder

XIV. Rom

Weisheit der Römer

„Was wir waren oder sind, werden wir morgen nicht mehr sein."

Ovid

Die Römer eroberten und organisierten ein Weltreich von bis dahin unbekannter Größe. Bis heute ist vieles vorbildlich, was sie in Recht, Politik und Verwaltung leisteten. Ihre Kultur übernahmen die Römer weitgehend aus den hochentwickelten griechischen Provinzen. Von dort stammende Sklaven waren meist gebildet und wirkten als Lehrer in den Häusern der Aristokratie Roms. Allerdings wurden die religiösen und philosophischen Vorstellungen der Griechen mit eigenen Traditionen und Mythen verschmolzen und teilweise mit neuem Inhalt gefüllt.

Nach dem Tod Alexanders des Großen und dem Zerfall seines Reiches bestimmte der Hellenismus die Kultur des Mittelmeerraumes. Was die Griechen vorher aufgebaut hatten, konnte sich noch mehrere Jahrhunderte lang fast ungestört entfalten. Schon damals legte man Wert auf das klassische Erbe: die Dichtungen Homers und die der griechischen Tragiker genauso wie auf die Philosophie des Sokrates, Platon und Aristoteles. Schließlich aber waren Neuschöpfungen wie Vergils Nationalepos Äneis bekannter als das griechische Vorbild Homers. Und die Satiren des Horaz, Ciceros philosophische Abhandlungen so wie die Geschichtsschreibung eines Livius begründeten neue Formen, die die eigenständige Geisteshaltung der Römer zum Ausdruck brachten.
Noch bis ins hohe Mittelalter und besonders seit der Renaissance erfreute sich die römische Literatur einer über-

ragenden Wertschätzung, die aber um die Mitte des 18. Jahrhunderts mit dem Aufkommen der „klassischen" Kunstanschauung und dem Ideal des „Originalgenies" in ihr Gegenteil umschlug und die römische Kultur als „Schöpfung aus zweiter Hand" abwertete.
Dabei hatten gerade die Römer ihr Wirken weniger national als global verstanden. Anders wäre ihre Sprache, das Latein, wohl kaum zur bestimmenden Kultursprache des Abendlandes geworden. Abgewandelt, und nur einer gelehrten Oberschicht wie den Mönchen und Priestern verständlich, wurde sie die Schriftsprache und bestimmte jahrhundertelang den Gedankenaustausch und Fortschritt der Wissenschaft zwischen den Ländern und Kulturen Europas – vergleichbar nur mit der Bedeutung, die die englische Sprache heute weltweit einnimmt.

Die römische Kultur kann in vier große Abschnitte eingeteilt werden:

1. Die Anfänge der nationalen Zeit, der „res publica" (ca. 240 – 30 v. Chr.), in der der Einfluß des Hellenismus dominierte.

2. Die römische Klassik (30 v. Chr. – 19 n. Chr.) zur Zeit des Kaisers Augustus, nachdem dieser die Republik durch eine Quasimonarchie ersetzt hatte.

3. Die Spätphase der römischen Moderne, von der Regierung des Kaisers Tiberius bis zu der Hadrians (14 – 117 n. Chr.), in der Seneca die geistig führende Persönlichkeit war.

4. Die Spätzeit des römischen Reiches (vom 2. bis 6. Jahrhundert), in der Rom seine zentrale Bedeutung verlor, christliche und andere orientalische, sowie heidnische Strömungen zur Auflösung des römischen Reiches in seiner ursprünglichen Form beitrugen.

Auch wenn sich in der Folgezeit der kulturelle Mittelpunkt nach Norden verschob, blieb römisches Gedankengut unverfälscht lebendig und ist bis heute eine nie versiegende Quelle der Anregung und Vorbild für Formschönheit, beispielsweise in Typographie und Architektur.

Gespräche in Tusculum

(*Cicero* 106 – 43 *v. Chr.*)

Außerdem: das Beste, was du suchst, kann nirgendwo sonst liegen als in dem, was das Beste am Menschen ist. Was ist aber am Menschen besser als ein wacher und gesunder Geist? Also müssen wir seine Güter genießen, wenn wir glückselig sein wollen. Das Gut des Geistes ist aber die Tugend. Also muß in ihr das glückselige Leben beschlossen sein. Von daher ist alles, was schön, edel, großartig ist, wie oben gesagt wurde (doch dies sei nun noch etwas genauer ausgeführt), voll von Freuden. Da es ferner klar ist, daß das glückselige Leben aus dauernder und voller Freude besteht, so ergibt sich, daß es auf der Tugend aufgebaut ist. Aber um nicht nur mit Worten zu berühren, was wir meinen, so seien gewissermaßen die Beweggründe genannt, die uns näher zur Erforschung und Erkenntnis hinführen können. Nehmen wir irgendeinen vortrefflichen Mann, in den höchsten Wissenschaften ausgezeichnet, und stellen uns den für einen Augenblick im Geist und in Gedanken vor. Er muß zuerst von ausgezeichneter Begabung sein. Denn träge Geister begleitet nicht leicht die Tugend. Sodann soll er voll Eifer sein, die Wahrheit zu erforschen. Daraus ergibt sich jene dreifache Frucht des Geistes, die eine in der Erkenntnis der Dinge und der Erklärung der Natur, die zweite in der Sonderung des Wünschbaren und des zu Fliehenden und in den Prinzipien des Lebens, die dritte im Urteil, was aus jeder Sache folgt, was widerspricht, woraus die ganze Kunst des Disputierens und die Wahrheit im Urteilen folgt.

Ü: O. Gigon

Scherz und Spiel

Cicero

Daraus ergibt sich jener Grundsatz – damit wir zum Entwurf des pflichtgemäßen Handelns zurückkehren –, daß alle Begierden einzudämmen und zu beschwichtigen, Aufmerksamkeit und Umsicht wachzurufen sind, damit wir ja nichts unbedachtsam und aufs Geratewohl, unüberlegt und nachlässig ausführen. Denn nicht mit der Bestimmung sind wir von der Natur in die Welt gesetzt worden, daß wir zu Spielerei und Scherz geschaffen zu sein scheinen, vielmehr zu Lebensernst und bestimmten bedeutsameren und größeren Aufgaben. Zwar darf man jenes Spiel und jenen Scherz genießen, aber wie Schlaf und sonstige Entspannung erst dann, wenn wir bedeutsamen und ernsten Aufgaben Genüge getan haben. Und die Art selbst des Scherzens darf nicht ausgelassen und maßlos sein, sondern vornehm und witzig. Wie wir nämlich Knaben nicht jede Freiheit zum Spielen geben, sondern nur eine solche, die Handlungen der Ehrenhaftigkeit nicht fremd ist, so sollte im Scherz selbst irgendein Licht einer rechtschaffenen Gesinnung aufleuchten.

Ü: H. Gunermann

DEM MUTIGEN LÄCHELT DAS GLÜCK!

Vergil

Zitate und Sentenzen I

Reichet die Kraft nicht aus, nun denn, so gereiche das Wagnis immer zum Lob; denn selbst Großes zu wollen ist groß.

Properz

Nützlich ist's, daß die Götter es gibt; drum laßt sie uns glauben.

Ovid

Was frommt, bleibt dunkel.

Ovid

Wie du am Ende deines Lebens wünschest gelebt zu haben, so kannst du jetzt schon leben.

Marc Aurel

Auch das Sterben ist eine von unseren Lebensaufgaben. Begnüge dich damit, auch sie glücklich zu lösen, wenn sie dir gestellt wird.

Marc Aurel

Die Morgenröte ist die Freundin der Musen.

Sprichwort

Da nun einmal nicht geschehen kann, was du willst, so wolle halt, was geschehen kann.

Terenz

Dem frischen Tonkrug gibt für lange die erste Füllung ihren Duft.

Horaz

Wahre Freude ist eine ernste Sache.

Seneca

Eine Krähe hackt der anderen kein Auge aus.

Macrobius

Die Hälfte der Tat ist, den Anfang gemacht zu haben.

Ausonius

Es wohnt ein Gott in uns; wenn er sich regt, erglühen wir.

Ovid

Kann ich den Himmel nicht beugen, so hetz ich die Hölle in Aufruhr.

Vergil

Es dürsten selbst die Quellen.

Cicero

Was wir waren oder sind, werden wir morgen nicht mehr sein.

Ovid

Feuer schüret der Wind und löschet das Feuer auch wieder.

Ovid

Einst und Jetzt

(*Catull* 87 – 54 *v. Chr*)

Einstmals sagtest du wohl, du kennest allein den Catullus,
Lesbia, gegen den Freund tauschest du Jupiter nicht.
Damals hatt ich dich lieb, nicht wie der Pöbel die Dirne,
Nicht mit den Sinnen allein, nein, wie der Vater das Kind.
Nunmehr kenn ich dich erst: drum, wenn auch heißer ich glühe,

Römische Malerei, *Primavera*

Weniger bist du mir wert, kann dich nicht achten wie einst.
Fragst du, warum? Wenn ein liebendes Herz wird betrogen,
so flackert
Wilder die Leidenschaft auf, aber die Liebe erlischt.

Ü: T. Heyse

Zwiespalt

Catull

Hassen muß ich und lieben zugleich. Warum? – wenn ich's
wüßte! Aber ich fühl's, und das Herz möchte zerreißen in mir.

Ü: E. Mörike

Versäume nie!

(*Horaz* 65 – 8 *v. Chr.*)

Siehst du den Sorakte schimmern,
Schneebeladen? Kaum ertragen
Ihre Last gedrückte Wälder,
Und die Ströme hemmt der Frost.

Mildere die Kälte, schichte
Holz auf Holz zur Flamme reichlich,
Geuß auch in sabinsche Krüge
Williger den alten Wein!

Andres überlaß den Göttern,
Die den Kampf der Stürm und Meere
Sänftigen, daß unerschüttert
Ulmen und Cypressen stehn!

Frage nicht, was morgen sein wird,
Zieh Gewinn von jedem Tage,
Und verscheuche nicht die süßen
Musen, Knabe, nicht den Tanz,

Bis das Alter trüb dich heimsucht!
Jetzt versäume nie den Circus,
Und des nächtlichen Geflüsters
Anberaumte Stunde nie! ...

Ü; A. Graf v. Platen

EIN GUTER MENSCH BLEIBT IMMER EIN ANFÄNGER

Martial

Zitate und Sentenzen II

Leben muß man das ganze Leben lang lernen, und was dir vielleicht noch sonderbarer klingt: Jeden Tag muß man sterben lernen.

Seneca

Keiner irrt nur für sich, sondern er ist auch Grund und Urheber vom Irren anderer.

Seneca

Ich sage dir, daß man mit andern soweit nur soll Mitleid haben, daß man später selbst nicht Mitleid braucht.

Plautus

Suche nicht andere, sondern dich selbst zu übertreffen.

Cicero

Wohltaten sind nur in dem Maße willkommen, als man sie noch vergelten zu können meint.

Tacitus

Willst du was gelten? So wage etwas, das Exil oder Kopf kann kosten. Rechtschaffenheit? Man lobt sie – und läßt sie verhungern.

Juvenal

Alles verzeihen die Krittler den Raben und peinigen die Tauben.

Juvenal

Ein Orden und der Galgen werden manchmal auf demselben Wege verdient.

Juvenal

Viel muß man lesen, sagt man, nicht vielerlei.

Plinius Minor

Wer müde ist, sucht Streit.

Seneca

Gut hat gelebt, wer im Verborgenen gelebt hat!

Ovid

Sei, was du zu sein scheinst!

Sprichwort

Schönheit ist eine schweigende Empfehlung.

Publilius Syrus

Ein Talent wird durch Widrigkeiten ans Licht gebracht, während Glück es verhüllt.

Horaz

Wer rasch dem Armen spendet, spendet doppelt.

Piblilius Syrus

An Delia

(*Tibull 60 – 19 v. Chr.*)

Reichtum mögen die andern mit blinkendem Golde sich häufen,
Mögen sie fruchtbares Land nennen ihr eigen weithin –
Mich soll geringer Besitz zu müßigem Leben geleiten,
Wenn nur auf eigenem Herd immer das Feuer mir brennt.
Selbst dann setz ich, ein Bauer, die Reben zur richtigen Jahreszeit,
Äpfel von schwerem Gewicht zieh ich mit glücklicher Hand,
Doch ich verschmäh es auch nicht, mitunter zur Hacke zu greifen
Und mit der Peitsche zu drohn, schreiten die Ochsen zu lahm.
Oft auch macht es mir Freude, ein Schäflein oder ein Zicklein,
Wenn sie die Mutter vergaß, heimwärts zu tragen im Arm.
Wenige Ernte genügt mir vollauf, darf ich nur meine müden
Glieder auf eigenem Bett strecken zu lösender Ruh.
Wie erquickts dann, im Ruhen das Toben der Winde zu hören,
Wenn man im zärtlichen Arm hält die Geliebte dabei!
Oder wenns winterlich schüttet vom Himmel in eiskalten Strömen,
Sich von dem Regen getrost wiegen zu lassen in Schlaf!
Gar nicht verlangts mich nach Ruhm, mein Mädchen – ja, darf ich nur immer
Bei dir sein, mag die Welt träge mich heißen und laß.
Dich will ich schauen einmal, wenn die letzte Stunde gekommen,
Dich will ich halten im Tod noch mit erkaltender Hand.

Ü: Teuffel

Liebeselegie

(*Ovid 43 v. Chr. bis 17 n. Chr.*)

Schwül wars; eben des Tags mittägliche Stunde verflossen:
Über das Ruhebett hin hatt ich die Glieder gestreckt.
Halb stand offen das Fenster, und halb von dem Laden beschattet,
So wie das Licht hinspielt unter die Wipfel im Wald;
Oder wie dämmernder Schein nachschwebt der entfliehenden Sonne,
Oder der sinkenden Nacht, ehe der Tag sich erhebt.
Solch ein gedämpfteres Licht sei schüchternen Mädchen bewilligt,
Wo sich die Scham Zuflucht heimlicher Schatten verheißt.
Siehe! Corinna, sie kam in entgürtetem Untergewande,
Frei das gescheitelte Haar wallend am Nacken hinab.
Schön, wie Semiramis wohl hintrat zu dem purpurnen Brautbett,
Oder wie Lais, dem Wunsch wechselnder Buhlen gesellt.
Zwar nicht viel mißgönnte das dünne Gewand der Begierde:
Sittsam wehrte sie doch, als ich es heftig entriß.
Nun so kämpfend, wie eine, die selbst nicht wünschte zu siegen,
Ward durch eignen Verrath leicht sie, die Schlaue, besiegt.
Als sie dem lüsternen Blick nun frei von Umhüllungen dastand,
Nirgend ein Fehl zu erspähn war an der ganzen Gestalt:
Was für Schultern und Arme zu sehn, zu befühlen gelang mir!
Für die umspannende Hand schienen die Brüste gewölbt.
Glatt der geebnete Bauch, abwärts von dem strebenden Busen,
Schlank und erhaben der Wuchs; Hüften wie jugendlich voll!
Doch, was zähl ich es auf? Untadelig alles erblickt ich,

Drückte die Nackte mir fest gegen den brünstigen Leib.
Wißt Ihr das Übrige nicht? Wir ruhten ermattet vom Spiel aus.
Mittagsstunden, wie die, würden sie oft mir gewährt!

Ü: A. W. v. Schlegel

DIE LÖWEN SIND DEN SCHMETTERLINGEN NICHT LÄSTIG

Martial

Zitate und Sentenzen III

Ein schlechtes Gefäß bricht nicht.

Sprichwort

Kein Tag ist frei von Kummer.

Seneca

Einen Stier kann stemmen, wer ihn als Kalb hochgehoben hat.

Petronius

Wer den Esel nicht prügeln kann, prügelt den Sattel.

Petronius

Wer sagt, was er will, der wird zu hören bekommen, was er nicht will.

Terenz

Wer schüchtern bittet, lehrt Ablehnen.

Seneca

Was wahr, einfach und aufrichtig ist, das ist der Natur des Menschen am gemäßesten.

Cicero

Wenn man schon fallen muß, muß man der Gefahr entgegen gehen.

Tacitus

Das Leben ist kurz, die Kunst ist lang.

Seneca

Der heutige Tag war ganz mein. Niemand hat mir davon genommen. Das Sofa und die Lektüre teilten sich ganz darein.

Seneca

Wenn das Talent es versagt, so macht Entrüstung die Verse.

Juvenal

Ohne Freundschaft gibt es kein Leben.

Cicero

Dasselbe wollen und dasselbe nicht wollen, das erst ist feste Freundschaft.

Sallust

Kein Lügner muß ein gutes Gedächtnis haben.

Quintilian

Verborgene Krankheiten lassen sich nicht heilen.

Maximilian

Was nicht zu heilen ist, soll man wegschneiden, damit die gesunden Teile nicht auch angesteckt werden.

Ovid

Wenn einer auch kein anständiger Mensch ist, kann er doch ein guter Arzt sein.

Seneca

Die Flamme ist dem Rauch am nächsten.

Plautus

VOM GLÜCKSELIGEN LEBEN

(*Seneca* 4 – 65 *n. Chr.*)

Sodann muß man das prüfen, worauf man sich einläßt, und seine Kräfte mit den Gegenständen vergleichen, an die man sich wagen will. Denn immer muß der Bewegende mehr Kraft haben als die Last; Lasten, die größer sind als ihre Träger, müssen sie notwendig zu Boden drücken. Überdies sind manche Geschäfte nicht sowohl groß, als vielmehr folgenreich und machen sehr viel zu schaffen, und dergleichen muß man vermeiden, woraus eine neue und vielfache Beschäftigung entspringen wird. Auch muß man nichts anfangen, wovon der Rücktritt nicht freisteht; nur da muß man Hand anlegen, wo man das Ende entweder herbeiführen oder wenigstens hoffen kann. Was sich während der Arbeit weiter ausdehnt und nicht aufhören will, wo das Ende bestimmt war, das laß gehen.

DIENST UND NEIGUNG

Seneca

Jedenfalls ist auch eine Auswahl der Personen zu treffen und zu fragen, ob sie es wert sind, daß wir ihnen einen Teil unseres Lebens opfern, ob ihnen der Verlust unserer Zeit auch wirklich zugute kommt. Denn manche bringen uns unsere Dienstleistungen noch obendrein in Rechnung, als ob wir ihnen noch zu Dank verpflichtet wären, daß sie sich von uns Dienste erweisen lassen. Athenodorus sagt: er möge nicht einmal zu Tische gehen bei einem, der ihm dafür keinen Dank wisse. Du siehst, glaube ich, ein, daß er noch viel weniger zu solchen gegangen sein würde, die ihrem Tische gleichen Wert wie Freundesdiensten beilegen und die Gänge ihrer Mahlzeit als Geschenke anrechnen, als ob sie andere dadurch ehrten, daß sie Aufwand machten. Nimm ihnen Zeugen und Zuschauer, und ihre Küche wird ihnen kein Vergnügen mehr machen, wenn niemand davon weiß. Auch das ist zu erwägen, ob deine Natur fürs Geschäftsleben oder für ruhiges Studium und Nachdenken geeigneter ist, und dahin mußt du dich neigen, wohin dich die Kraft deines Talents führen wird. Isokrates führte den Ephorus mit Gewalt vom Forum hinweg, weil er glaubte, daß er zur Abfassung von Geschichtswerken tauglicher sei. Erzwungene Geistesarbeit ist wertlos; eine Arbeit, die dir nicht gemäß ist, hat keinen Wert.

Über die Freundschaft

Seneca

Nichts jedoch erquickt den Geist so sehr wie treue und innige Freundschaft. Welch ein Glück ist es, wenn dir Herzen bereitet sind, in denen jedes Geheimnis sicher verborgen ist, deren Mitwisser du weniger zu fürchten hast als dein eigenes, deren Wort deinen Kummer lindert, deren Ausspruch dir Rat bringt, deren Heiterkeit deine Traurigkeit verscheucht, deren Anblick schon dich erfreut! Dazu nun wollen wir solche wählen, die, so viel nur irgend möglich, frei von Leidenschaften sind. Denn die Laster schleichen, springen auf den nächsten Besten über und schaden schon durch Berührung. Wie man daher bei der Pest dafür sorgen muß, daß man sich nicht zu Personen setzt, die schon von der Krankheit ergriffen sind, weil wir da Gefahr laufen und durch das bloße Anhauchen leiden können: so müssen wir uns auch bei der Wahl unserer Freunde Mühe geben, daß wir nur solche nehmen, die so wenig wie möglich mit Lastern behaftet sind. Gesundes mit Krankhaftem zu vermischen, ist der Anfang der Krankheit; doch will ich dir damit nicht die Vorschrift geben, du solltest keinen nachgehen oder an dich ziehen, als einen Weisen; denn wo wirst du den finden, den wir schon so viele Jahrhunderte lang suchen? Der am wenigsten Schlimme muß für den Besten gelten. Du würdest kaum Gelegenheit zu einer glücklichen Wahl finden, wenn du unter lauter Platonen und Xenophonten und jenem Nachwuchs sokratischer Zucht die Guten aufsuchen dürftest, oder wenn dir Catos Zeitalter zu Gebote stünde, das sehr viele hervorbrachte, die wert waren, in Catos Jahrhundert geboren zu sein, aber ebenso auch viele Schlechtere, als zu irgendeiner andern Zeit lebten, und Urheber der größten Schandtaten. Denn beide Klassen von Leuten waren nötig, damit Cato verstanden werden konnte; er mußte ebensowohl treffliche Menschen haben, deren Beifall er sich erwerben konnte, als schlechte, an denen er seine Kraft zu erproben vermochte. Jetzt aber, bei einem solchen Mangel an Guten, wird wohl die Wahl etwas weniger bedenklich sein müssen. Besonders jedoch vermeide man Mürrische, die alles bejammern, denen jede Veranlassung zu Klagen willkommen ist. Mag ein solcher auch beständig sein in Treue und Wohlwollen, als ein stets beunruhigter und alles beseufzender Gefährte ist er doch ein Feind unserer Ruhe.

Ü: Forbiger

LEBENSKUNST

Seneca

Es gibt keine schwierigere Kunst als Leben. Für andere Künste und Wissenschaften gibt es überall zahlreiche Lehrer. Selbst junge Leute glauben sich manche von diesen schon so angeeignet zu haben, um sie auch andere lehren zu können; leben muß man das ganze Leben hindurch, lernen und, worüber du dich vielleicht noch mehr wundern wirst, man muß im ganzen Leben sterben lernen.

Über den Wert der Zeit

Seneca

Mache es so, mein Lucilius: rette dich dir selbst; sammle und erhalte dir die Zeit, die dir bisher entweder geraubt oder entwendet wurde oder entschlüpfte. Überzeuge dich selber, es ist so, wie ich dir schreibe: hier wird uns eine Stunde entrissen, dort eine heimlich entzogen, eine andere entschlüpft unvermerkt. Der schimpflichste Verlust jedoch ist der durch Nachlässigkeit; und wenn du die Sache genauer betrachtest, so verfließt der größte Teil des Lebens den Menschen, indem sie Böses tun, ein großer, indem sie nichts tun, das ganze Leben aber, indem sie immer etwas anderes tun, als was sie eigentlich sollten. Wen kannst du mir nennen, der einigen Wert auf die Zeit legt, der den Tag schätzt, der einsieht, daß er täglich stirbt? Denn darin irren wir, daß wir den Tod nur als etwas Zukünftiges erwarten: er ist zum großen Teile schon vorüber; alles, was von unserem Lebensalter hinter uns liegt, hat der Tod in Händen. Mache es demnach so, mein Lucilius, wie du schreibst, daß du es tust: halte deine Stunden zusammen; du wirst dann weniger von dem Morgen abhängen, wenn du das Heute erfassest. Indem man das Leben verschiebt, eilt es vorüber. Alles, mein Lucilius, ist fremdes Eigentum; nur die Zeit ist unser. Nur diese eine flüchtige und leicht entschlüpfende Sache hat uns die Natur zu eigen gegeben, und doch vertreibt uns daraus, wer da will. Und so groß ist die Torheit der Sterblichen, daß sie das Geringfügigste und Wertloseste, leicht Ersetzbare sich anrechnen lassen, wenn sie es erlangt haben, niemand aber etwas schuldig zu sein glaubt, wenn er Zeit empfangen hat, während doch diese das einzige ist, was nicht einmal der Dankbare wieder erstatten kann. Du wirst vielleicht fragen, was ich selbst tue, der dir diese Lehren gibt. Ich will es dir ganz offen gestehen: was ein verschwenderischer, dabei aber sorgfältiger Mensch tut: die Rechnung über meine Ausgaben stimmt. Ich kann nicht sagen, daß ich nichts vertue, aber ich kann sagen, was ich vertue und warum und wie; ich kann die

Römische Malerei, *Silen, der auf der Leier spielt*, Ausschnitt aus dem Fresko der Villa der Mysterien in Pompeji, ca. 50 v. Chr

Ursachen meiner Armut angeben. Allein es geht mir, wie den meisten, die ohne ihre Schuld in Dürftigkeit geraten sind; alle verzeihen, aber niemand hilft ihnen. Wie also? Ich halte den nicht für arm, dem das wenige, was er etwa noch übrig hat, genügt. Du jedoch, wünsche ich, erhalte dir lieber das Deine und fange bei guter Zeit an. Denn, wie unsere Vorfahren meinten, „zu spät kommt die Sparsamkeit bei der Neige". Nicht bloß das Wenigste nämlich, sondern auch das Schlechteste bleibt auf dem Boden zurück. Lebe wohl.

Ü: Forbiger

Der Ursprung aller Dinge ist klein

Cicero

Zitate und Sentenzen IV

Wenn du klug bist, so mische eines mit dem andern: Hoffe nicht ohne Verzweiflung und verzweifle nicht ohne Hoffnung.

Seneca

Nicht zu wissen, was vor deiner Geburt geschehen ist, heißt immer ein Kind bleiben.

Cicero

Die Philosophie lehrt das Göttliche verehren, das Menschliche lieben.

Seneca

Kein Buch ist so schlecht, daß es nicht irgendwie nützen könnte.

Plinius Minor

Kurz zu sein, strebe ich an und werde dunkel.

Horaz

Das strengste Recht ist oft die größte Ungerechtigkeit.

Terenz

Den Willigen führt das Geschick, den Störrischen schleift es mit.

Seneca

In der Liebe sich entzweien, – die Liebe heißt's erneun.

Terenz

Einen Bösewicht nicht anklagen, ist ratsamer, als ihn lossprechen.

Livius

Liebe verreist wohl einmal, aber sie wandert nicht aus.

Properz

Regsam ist bei Gekränkten der Geist; und erfinderisch wird man im Unglück.

Ovid

Es rät die Begierde zum einen, doch die Vernunft zum andern! Das Bessere seh ich und will es, aber dem Schlechteren folg ich.

Ovid

Er soll entweder trinken oder verschwinden!

Cicero

Lerne großes Glück gut ertragen!

Horaz

Doppelt gibt, wer rasch gibt.

Publilius Syrus

VON GOTT

(*Plinius* 23 – 79 *n. Chr.*)

Ich halte es daher für ein Zeichen menschlicher Schwäche, das Bild und die Gestalt Gottes zu erforschen. Wer auch Gott ist, wenn es noch einen gibt und wo er sich befindet, so ist er ganz Sinn, Gesicht, Gehör, Seele, Geist und ganz er selbst. Aber an unzählige Götter glauben und sogar nach den Tugenden und Lastern der Menschen an einen Gott der Schamhaftigkeit, Eintracht, Klugheit, Hoffnung, Ehre, Milde, Treue, oder (wie Demokrit sagt) an zwei, ein Wesen der Bestrafung und Belohnung, zeugt von einem noch größeren Unverstande. Die gebrechlichen und mühseligen Menschen haben, ihrer Schwachheit eingedenk, die Gottheit in Teile geteilt, damit ein jeder den Teil verehre, dessen er am meisten bedarf. Daher finden wir bei anderen Völkern andere Namen von zahllosen Göttern; auch sind unterirdische Dinge, Krankheiten und viele böse Seuchen in Gattungen geteilt, weil wir sie in zagender Furcht besänftigt wissen möchten.

So hat man auf dem palatinischen Berge einen Tempel des Fiebers, einen Tempel der Laren, einen Altar für die Orbona und für das böse Geschick einen auf dem exquilinischen Hügel eingeweiht. Die Zahl der Götter muß größer als die der Menschen ausfallen, weil ein jeder für sich so viele Götter macht, indem er sich eine Juno oder einen Genius wählt. Wer dem Sterblichen hilft, der ist ihm ein Gott, und das ist der Weg zum ewigen Ruhme. Ihn gingen die berühmtesten Römer, ihn wandelt jetzt im himmlischen Schritte mit seinen Kindern der größte Herrscher unsers Zeitalters, Vespasianus Augustus, als ein Retter in der Not. Das ist die älteste Sitte, daß man sehr verdiente Männer, um sich ihnen dankbar zu erweisen, unter die Götter versetzt. So sind auch die Namen aller übrigen Götter und der obengenannten Gestirne von verdienstvollen Männern entstanden. Wer sollte es nicht natürlich finden, daß es einen Jupiter oder Merkur oder andere, anders benannte gegeben habe und daß ein himm-

lisches Namensverzeichnis existiere? Lächerlich aber ist die Behauptung, daß ein höchstes Wesen sich um die Angelegenheiten der Menschen kümmere. Sollen wir nicht glauben, daß es durch ein so trauriges und vielseitiges Amt entehrt werde? Es ist in der Tat zu bezweifeln und kaum zu entscheiden, ob es dem menschlichen Geschlechte dienlicher sein würde, wenn einige den Göttern keine oder andere ihnen nur eine Verehrung erzeigen, die ihnen zur Schande gereicht. Diese dienen auswärtigen heiligen Gebräuchen, tragen Götter an den Fingern, verdammen wohl gar die Ungeheuer, welche verehrt werden, ersinnen Speiseopfer und behandeln sie tyrannisch, indem sie ihnen nicht einmal ruhigen Schlaf gönnen. Keine Ehen werden eingegangen, keine Kinder gewählt und überhaupt nichts ohne heilige Gebräuche unternommen. Andere betrügen auf dem Capitolio und schwören Meineide beim donnernden Zeus; und ihnen nützen die Schlechtigkeiten, jenen aber bringt ihr heiliges Wesen Strafe.
Zwischen diesen beiden Meinungen erdachten sich jedoch die Sterblichen eine mittlere Gottheit, damit ja die Verwirrung recht vollständig wäre. In der ganzen Welt, an jedem Orte und zu jeder Stunde, wird nämlich von allen Stimmen die Fortuna allein angerufen und genannt; sie allein wird angeklagt, beschuldigt, nur an sie gedacht, nur sie gelobt und getadelt und mit Schimpfen verehrt. Man hält sie für veränderlich, größtenteils aber für blind, für unstet, unbeständig, unsicher, wankelhaft und für eine Gönnerin Unwürdiger. Ihr werden alle Ausgaben, ihr alle Einnahmen zugeschrieben, und in dem Rechnungsbuche der Sterblichen füllt sie allein beide Seiten aus. So sehr sind wir also dem Zufall unterworfen, daß dieser selbst für einen Gott gilt und dieser Gott daher für unzuverlässig gehalten wird.
Andere verwerfen auch diese Ansicht und schreiben alle Begebenheiten ihrem Gestirne und dessen Stande bei der Geburt zu; sie glauben, alles Zukünftige sei von Gott ein für allemal beschlossen, um das übrige kümmere er sich nicht. Diese Meinung fängt an, Eingang zu gewinnen, und die gelehrte, sowie die rohe Menge läuft ihr zu. Daher entstan-

den die Warnungen durch Blitze, die Prophezeiungen der Orakel, die Weissagungen der Haruspices, und um auch das Geringste zu nennen, die Bedeutung des Niesens bei den Auguren und des Anstoßens mit den Füßen. Der göttliche Augustus erzählt, daß ihm an dem Tage, wo ihm ein militärischer Aufstand gefährlich zu werden drohte, der linke Schuh verkehrt angezogen worden sei. Alles dies beweist, daß die Menschen nichts vorher wissen; nur so viel ist gewiß, daß es nichts Gewisses gibt und daß nichts elender und stolzer ist als der Mensch. Denn die übrigen lebenden Geschöpfe sorgen nur für ihre Nahrung, welche ihnen die gütige Natur freiwillig in reichlicher Menge spendet; schon das eine ist allen Gütern vorzuziehen, daß sie über Ruhm, Geld, Ehrfurcht und den Tod nicht nachdenken.

Allein bei alledem dürfen wir aus dem täglichen Leben schließen, daß die Götter sich der menschlichen Angelegenheiten annehmen, daß die Strafen für die Verbrechen von der so sehr beschäftigten Gottheit zwar etwas aufgeschoben, nie aber unterbleiben werden und daß der Mensch darum ihm am nächsten stehend geschaffen sei, um sich mit den Tieren nicht auf einer und derselben Stufe der Niedrigkeit zu befinden. Für die unvollkommene Natur des Menschen ist es hingegen der größte Trost, daß selbst Gott nicht allmächtig ist, denn er kann sich weder den Tod antun, wenn er auch will, was er dem Menschen als das beste Mittel bei den großen Mühseligkeiten des Lebens verliehen hat; noch kann er den Sterblichen die Unsterblichkeit verschaffen oder Tote ins Leben zurückrufen; noch machen, daß, wer gelebt hat, nicht gelebt habe, wer Ehrenstellen bekleidet hat, sie nicht bekleidet habe; noch hat er ein anderes Recht über die Vergangenheit, als sie zu vergessen. Endlich, damit wir auch durch scherzhafte Beweise die Unvollkommenheit Gottes zeigen, kann er nicht machen, daß 2 mal 10 nicht 20 sind, und noch viele ähnliche Dinge. Hieraus geht unleugbar die Macht der Natur hervor, und daß sie das sei, was wir Gott nennen. Diese Abschweifung hielt ich für nicht unpassend, da die unaufhörliche Frage über Gott so allgemein verbreitet ist.

Goldene Mitte

(*Martial* 40 – 104 *n. Chr.*)

Galla, sag doch nein!
Erkämpfte Liebe nur kann mich erfreun.

Galla, hör mal her!
Sträub dich aber nicht zu sehr!

Morgen leben ist zu spät

Martial

„Morgen wird gelebt!"
so sprichst du unentwegt.
O Postumus, sag, wann
kommt hier dies „morgen" an?
Wie lange währt das „morgen"?
Wo ists? Wie zu besorgen?
Ist es bei Parthern und Armeniern verborgen?
Das „morgen" hat vielleicht
des Priamus und Nestor Alter schon erreicht.
Wie teuer ist denn dieses „morgen"?
O sag mirs! – Leben willst du morgen?
Auch heut zu leben ist zu spät.
Wer klug ist, Postumus, hat gestern schon gelebt.

Einsames Mahl

Martial

Dreihundert Gäste ludst du dir zum Mahl ins Haus,
die ich nicht kenne; staunst und schimpfst und fragst mich aus,
warum ich trotz der Ladung nicht gekommen bin:
Fabull, allein zu speisen hab ich nicht im Sinn.

WUNSCH, WAS DAS LEBEN GLÜCKLICH MACHE

Martial

Fruchtreiche Arbeit, Müh und Fleiß,
Ein wohlverdienend frommer Wandel,
Nicht köstlich doch gut Trank und Speis,
Errungner Reichtum ohn Rechtshandel.

Gesund- und freier Geist und Leib,
Behaus- und Kleidung, rein und tüchtig,
Ein freundlich, keusch und kluges Weib,
Ein Ehbett, fröhlich und doch züchtig.

Trostreicher Schlaf, sorglose Nacht
Lieb allen, niemand Leid zufügen,
Ein Herz und Mund, ohn Klag und Pracht,
Mit seinem Stande sich vergnügen.

Gedanken, Freund und Bücher gut,
Was Recht stets lernen oder lehren,
Der Stirn und Zunge gleicher Mut,
Den Tod nicht fürchten noch begehren.

Ü: G. R. Weckherlin

MEIN GESCHMACK

Martial

Was für ein Mädchen ich will und nicht will, fragest du, Flaccus?
Nicht die zu Willige zieht, noch die zu Spröde mich an.
Das, was die Mitte hält und dazwischen lieget, gefällt mir:
Weder hab' ich, was quält, weder, was sättiget, gern.

Ü: A. Berg

Das Herz treibt den Verstand voran

Quintilian

Zitate und Sentenzen V

Auch zeugen wilde Adler keine sanfte Taube.

Horaz

Wir streben immer nach dem Verbotenen und begehren Versagtes.

Ovid

Nicht zeigt der Vogel den Vogelfängern, wie man am besten fängt.

Ovid

Der Blutegel will nicht von der Haut lassen, ehe er sich nicht mit Blut vollgesogen hat.

Horaz

Häßlichkeit des Leibes schändet nicht die Seele, aber eine schöne Seele adelt den Leib.

Seneca

Es tut wohl, einmal über die Stränge zu schlagen.

Horaz

Wir loben die alte Zeit, müssen aber in der jetzigen leben.

Ovid

Die Liebe will erschmeichelt, nicht befohlen sein!

Publilius Syrus

Lieben und vernünftig sein, ist kaum einem Gotte möglich.

Publilius Syrus

In der Liebe muß man Beteuerungen nicht so ernst nehmen.

Publilius Syrus

Die Liebe ist durch kein Kraut zu heilen.

Ovid

Ein Brief errötet nicht.

Cicero

Soviel Sterne am Himmel, soviel Mädchen hat Rom.

Ovid

Ein großer Teil der Freiheit ist ein gut gezogener Magen, der auch eine schlechte Nahrung erträgt.

Seneca

Der unbeschwerte Wanderer wird in der Nähe des Räubers singen.

Juvenal

Nicht den Tod fürchten wir, sondern die Vorstellung des Todes.

Seneca

Dem Liebenden ist nichts schwer.

Cicero

Das Leben ist Widerspruch

(*Marc Aurel* 121 – 180 *n. Chr.*)

Schweife nicht mehr ab! Denn du wirst keine Zeit haben weder deine eigenen Denkwürdigkeiten noch die alten Geschichten der Römer und Griechen, noch die Auszüge aus Schriftstellern durchzulesen, die du für dein Alter zurückgelegt hast. Strebe also zum Ziele, gib leere Hoffnungen auf und komm, solange du es noch kannst, dir selber zur Hilfe, wenn du dich selbst einigermaßen liebhast.

Man sucht Zurückgezogenheit auf dem Lande, am Meeresufer, auf dem Gebirge, und auch du hast die Gewohnheit, dich danach lebhaft zu sehnen. Aber das ist bloß Unwissenheit und Schwachheit, da es dir ja freisteht, zu jeder dir beliebigen Stunde dich in dich selbst zurückzuziehen. Es gibt für den Menschen keine geräuschlosere und ungestörtere Zufluchtsstätte als seine eigene Seele, zumal wenn er in sich selbst solche Eigenschaften hat, bei deren Betrachtung er sogleich vollkommene Ruhe genießt, und diese Ruhe ist meiner Meinung nach nichts anderes als ein gutes Gewissen. Halte recht oft solche stille Einkehr und erneuere so dich selbst. Da mögen dir dann jene kurzen und einfachen Grundsätze gegenwärtig sein, die genügen werden, deine Seele heiter zu stimmen und dich instand zu setzen, mit Ergebenheit die Welt zu ertragen, wohin du zurückkehrst. Denn worüber solltest du auch unwillig sein? Über die Schlechtigkeit der Menschen? Aber sei doch des Grundsatzes eingedenk, daß die vernünftigen Wesen füreinander geboren sind, daß Verträglichkeit ein Teil der Gerechtigkeit ist, daß die Menschen unvorsätzlich sündigen, und dann, daß es so vielen Leuten nichts genützt hat, in Feindschaft, Argwohn, Zank und Haß gelebt zu haben; sie sind gestorben und zu Asche geworden. Höre also endlich auf, dir Sorge zu machen. Aber du bist vielleicht mit dem Lose unzufrieden, das dir infolge der Einrichtung des Weltalls beschieden ist? Da rufe dir diese Alternative ins Gedächtnis: Entweder waltet eine Vorsehung oder der Zusammenstoß von Atomen, oder erinnere dich auch der Beweisgründe, daß diese Welt einem Staat gleich ist. Oder belästigt dich der Zustand deines Körpers? Nun, da beherzige nur, daß der denkende Geist, wenn er sich einmal gesammelt hat und seiner eigenen Kraft bewußt geworden ist, von keinen sanften oder rohen Erregungen unserer Sinnlichkeit beeinflußt wird, und beachte alle die anderen Lehren, die du über Schmerz und Lust gehört und dir als wahr angeeignet hast. Aber vielleicht treibt dich eitle Ruhmsucht hin und her? Da beachte doch, wie schnell alles ins Grab der Vergessenheit sinkt, welcher unermeßliche Abgrund der Zeit vor dir war und nach dir kommen wird, wie nichtig das Lobgetöne ist, wie wandelbar und urteilslos diejenigen sind, die dir Beifall zollen, und wie klein der Kreis, auf den dein Ruhm beschränkt bleibt! Ist ja doch die ganze Erde nur ein Punkt im All, und welch kleiner Winkel auf ihr ist deine Wohnung! Und hier, wieviel sind derer, die dich preisen werden, und von welcher Beschaffenheit sind sie? Denke also endlich daran, dich auf jenes kleine Gebiet zurückzuziehen, das du selbst bist, und vor allem zerstreue dich nicht und widerstrebe nicht, sondern bleibe frei und sieh dir alle Dinge mit furchtlosem Auge an, als Mensch, als Bürger, als sterbliches Wesen. Unter den gebräuchlichsten Wahrheiten aber richte vorzüglich auf folgende zwei dein Augenmerk: erstens, daß die Außendinge mit unserer Seele nicht in Berührung, sondern unbeweglich außerhalb derselben stehen, mithin Störungen deines Seelenfriedens nur aus deiner Einbildung entstehen, und zweitens, daß alles, was du siehst, gar schnell sich verändert und nicht mehr sein wird. Und von wie vielen Veränderungen bist du selbst schon Augenzeuge gewesen! Erwäge ohne Unterlaß: die Welt ist Verwandlung, das Leben ständiger Widerspruch.

Ü: Wittstock

Etruskische Malerei, *Bankettszene*, 1. Hälfte des 5. Jh. v. Chr.

Inschriften

Wandkritzeleien aus Pompeji aus der Zeit des Titus

Heil sei den Liebenden gegönnt!
Tod dem, der keine Liebe kennt!
Zwiefachen Tod wünsch' dem ich still,
Der Liebe gar verbieten will.

Wer immer liebt, nur rasch herein:
Ich schlag' der Venus die Rippen ein
Mit derbem Knüttel und zugleich
Hau' ich die Lend' ihr windelweich.
Ist sie imstand, mir derb und hart
Zu schlagen auf die Brust so zart,
Wird nicht mein Knüttel imstande sein,
Ihr zu schlagen den Schädel ein?

O daß mir doch gestattet wär',
Um deinen Hals die Hände her
Geschlungen stets zu halten und
Zu küssen deinen zarten Mund.
Geh, nun mein Püppchen, und verkünd
All unser Glück dem luft'gen Wind.
Leichtsinnig seid ja von Natur
Ihr Männer alle, glaub es nur.

Oft wenn in Liebeskummer bang
Ich wachte halbe Nächte lang,
(Bis aus dem Aug' die Träne brach,)
Ich bei mir sinnend also sprach:
„Wie manche hochhebt das Geschick
Und dennoch wieder sie zurück
Zur Erde plötzlich stürzend senkt
Und die Gestürzten tritt und kränkt –
So einigt wohl die Wollust schnell
Der Liebenden Leiber. Doch wenn hell
Der Tag erscheint und trennt sie, dann –
Geh' ich allein – was fang' ich an?"

Ich kam, Pompeji anzusehn,
Möcht' augenblicklich wieder gehn.
Nur wieder Rom, mein altes Haus
Zu sehn. (Ich halt' es hier nicht aus.)

Verdammter Wirt, so daß es dir
Doch endlich einmal selbst passier'!
Den Gästen schenkst du Wasser ein,
Du selbst trinkst ungemischten Wein.

Die Thrakerwirtin sagt euch das:
Hier trinkt man Wein zu einem As;
Für ein Zwieas schenkt man hier
Eine bess're Sorte dir;
Gibst du vier As, dann trinkst du fein
Originalfalernerwein.

Wer Verliebte schelten kann,
Binde eher Lüfte an,
Sehe, wie der Wasserquelle
Er ihr Rieseln abbestelle.

Schreib' einer ich und sie liest's: Genug!
Mein ist sie dann nach Recht und Fug.
Doch fordert eine Geld – o nein,
Die habe der Pöbel – die ist nicht mein.

Ein wahres Wunder auf der Welt,
Daß diese Mauer nicht zerfällt,
Die soviel Zeug von Narrenhand
Geschrieben trägt. Du arme Wand!

Römisches Mosaik, *Schilfhütten auf Inselchen an der Mündung des* Nils, Ausschnitt aus einem römischen Fußbodenmosaik mit der Darstellung des Lebens am Nil, 1./2. Jh. n. Chr.

LITERATURVERZEICHNIS

SAMMELWERKE: Das lebendige Wort – Texte aus den Religionen der Völker, hrsg. von Gustav Mensching. Darmstadt 1952. – Götter und Dämonen – Mythen der Völker, hrsg. von Rudolf Jockel, Darmstadt 1953. – Lyrik des Ostens, hrsg. von Wilhelm Gundert, Annemarie Schimmel und Walter Schubring. München 1952. – Sprichwörter der Völker, hrsg. von Karl Rauch, Düsseldorf o. J. – Spruchweisheiten aus Osteuropa, hrsg. von Stefan G. Málek, München 1963. – Alter Gott, höre! Gebete der Welt, hrsg. von Heinz Robert Schlette. München 1961. – Dichtungen der Naturvölker, hrsg. von Eckart v. Sytow. Wien 1935.

ÄGYPTEN: Brunner, Hellmut: Altägyptische Weisheit. Lehren für das Leben. Zürich 1988. – Brunner, Hellmut: Die Weisheitsbücher der Ägypter. Zürich 1991. – Liebe sagen. Lyrik aus dem ägyptischen Altertum, hrsg. von Hannelore Kischkewitz, Leipzig 1973.

ASSYRIEN-BABYLONIEN: Weber, Otto: Die Literatur der Babylonier und Assyrer. Leipzig 1907. – Brockhoff, Victoria: Götter-Dämonen-Menschen. Mythen und Geschichten aus dem Zweistromland. Stuttgart 1987. – Beltz, Walter: Altvorderasiatische Mythologie. Berlin 1978. – Ungnad, Arthur: Die Religion der Babylonier und Assyrer. Jena 1921.

JUDENTUM: Ehrlich ist beschwerlich. Jiddische Spruchweisheiten, hrsg. von Shirleg Kumove. Berlin 1992. – Sendung und Schicksal des Judentums, hrsg. von Nahum Norbert Glatzer. Köln 1969. – Der Born Judas. Legenden, Märchen und Erzählungen, hrsg. von Micha Josef Ben Gorion. Leipzig 1916 - 1922.

ARABER: Arabische und Abessinische Dichtungen, hrsg. von Enno Littmann. Zürich 1958. – Falls, Ewald J. C.: Beduinenlieder der Libyschen Wüste. Kairo 1908. – Fundgruben des Orients, hrsg. von Joseph Hammer-Purgstall. Wien 1810 - 1819. – Hell, Joseph: Die arabische Dichtung. Erlangen 1927. – Jacob, Georg: Der Einfluß des Morgenlandes auf das Abendland. Hannover 1924. – Das Kamel auf der Pilgerfahrt. 1111 arabische Sprichwörter, hrsg. von Wilfried Bonsack. Leipzig und Weimar 1978. – Littmann, Enno: Arabische Märchen. Leipzig 1935. – Littmann, Enno: Morgenländische Spruchweisheit. Leipzig 1937. – Lyrik des Ostens, hrsg. von Wilhelm Gundert, Annemarie Schimmel und Walter Schubring. München 1952. – Rückert, Friedrich: 1001 Alt-Arabische

Sprichwörter. Wiesbaden 1988. – Rückert, Friedrich: Werke. Frankfurt am Main 1988. – Thilo, Martin: Was die Araber sagen. Bonn 1939. – Verse und Sprüche der Araber, hrsg. von Kurt-Heinrich Hansen. Hamburg 1947.

INDIEN: Indische Spruchweisheiten, hrsg. von Roland Beer. Leipzig 1973. – Indische Lebensweisheit und Lebenskunst, hrsg. von Hermann Weller. Stuttgart 1950.

CHINA: Chinesische Geister- und Liebesgeschichten, übersetzt von Martin Buber. Frankfurt am Main 1922. – Chinesische Geisterwelt, hrsg. von Günther Debon und Werner Speiser. Baden-Baden 1957. – Courtois, Michel: Die Chinesische Malerei. Lausanne 1968. – Dschuang-Dsi: Gleichnisse, hrsg. von Walter Salenstein. Erlenbach-Zürich 1920. – Herrmann, Konrad: Reiskörner fallen nicht vom Himmel. Chinesische Sprichwörter. Leipzig/Weimar 1988. – Konfuzius, hrsg. von Lin Yutang. Frankfurt am Main 1957. – Lao-Tse, Tao Tê King. Übersetzt von Victor von Strauß. – Lyrik des Ostens, hrsg. von Wilhelm Gundert, Annemarie Schimmel und Walter Schubring. München 1952. – Reden und Gleichnisse des Tschuang-Tse, übersetzt von Martin Buber, Leipzig 1922. – Schi-King, übersetzt von Friedrich Rückert. Altona 1833. – Schi-King, übersetzt von Victor von Strauß, Heidelberg 1880. – Schwarz, Ernst: So sprach der Weise. Berlin 1981. – Seele Ostasiens, hrsg. von Waldemar Oehlke. Berlin 1941. – Weisheit des Ostens, hrsg. von Christian Diener. München 1975. – Wenn ein Blatt sich bewegt, kann auch der Ast erzittern – Gedanken chinesischer Weiser, hrsg. von Anna von Rottauscher. Wien 1941. – Zündet man Kerzen an, so erhält man Licht – Weisheiten der alten Chinesen, hrsg. von Anna von Rottauscher. Wien 1940.

JAPAN: Geschichten und Erzählungen aus Japan, hrsg. von Paul Haß und Binko Matsuoka. Leipzig o. J. – Ihr gelben Chrysanthemen. Japanische Haiku. Wien o. J. – Japanische Sprichwörter, hrsg. von W. M. Treichlinger. Stuttgart 1950. – Japanische Utas, übersetzt von Otto Hauser. Berlin 1911. – Japanische Volksmärchen, hrsg. von Horst Hammitzsch. Düsseldorf/Köln 1964. – Das Kopfkissenbuch der Hofdame Sei Shonagon. Zürich 1952. – Lyrik des Ostens, hrsg. von Wilhelm Gundert, Annemarie Schimmel und Walter Schubring. München 1952. – Seele Ostasiens, hrsg. von W. Oehlke. Berlin 1941. – Sprichwörter aus Japan, hrsg. von Jürgen Berndt. Berlin 1984. – Sprichwörter der Völker, hrsg. von Karl Rauch. Wiesbaden 1977. – Weisheiten des Ostens, hrsg. von G. von Turnitz. München 1975. – Die Weisheiten Japans. München 1979. – Zen – Der lebendige Buddhismus in Japan, hrsg. von S. Ohasama und A. Faust. Gotha 1925.

AFRIKA: Afrikanische Dichtung, hrsg. von Heinz und Anne-Marie Wiedemann. Frankfurt/Main 1964. – Die Welt ist Wind – Afrikanische Pointen, hrsg. von Janheinz Jahn. München 1962.

HELLAS: Griechische Lebensweisheit und Lebenskunst, hrsg. von Wilhelm Nestle. Stuttgart 1949. – Denker der hellenischen Frühzeit, hrsg. von Kurt Nassauer. Frankfurt am Main 1948. – Griechisch-Römische Lyrik, hrsg. von Hans Kleinstück. Wiesbaden o. J. – Schöne Fabeln des Altertums, hrsg. von Horst Gasse. Leipzig 1955.

ROM: Albrecht, Michael von: Die römische Literatur in Text und Darstellung, 1-5 Stuttgart 1985-1991. – Cicero: Gespräche in Tusculum. München 1970. – Heimeran, Ernst: Antike Weisheit. München 1932. – Hohoff, Curt: Lyrik des Abendlandes. München 1963. – Kleinstück, Hans: Griechisch-Römische Lyrik. Wiesbaden o. J. – Marc Aurel: Selbstbetrachtungen. Leipzig 1969. – Martial: Epigramme. Leipzig 1969. – Otto, A.: Die Sprichwörter und sprichwörtlichen Redensarten der Römer. Leipzig 1890. – Plinius d. Ä.: Historia Naturalis (Auswahl). Nördlingen 1987. – Rüdiger, Horst: Lateinische Gedichte. München 1937. – Seneca: Vom glückseligen Leben. Stuttgart 1956.

Rechtsnachweise

Bild:

Archiv für Kunst und Geschichte GmbH, Berlin, S. 4, 8, 51, 68, 107, 126/127, 298, 353,
Bildarchiv Preußischer Kulturbesitz, Berlin, S. 31, 35, 42, 204/205, 213, 220, 221,
236/237, 311, 319, 340/341, 356

Text:

Die Lehre des Ptahhotep. Aus: *Weisheitsbücher der Ägypter*
© 1998 Artemis & Winkler Verlag, Düsseldorf/Zürich.
Die Geschichte von dem Araberfürsten und seinem Sohn Dijâb. Aus: *Arabische Märchen*.
Ü: Enno Littmann. © Insel Verlag, Frankfurt am Main und Leipzig.
Die Mahnung des Dichters. Aus: *Arabische und Abessinische Dichtungen*.
Ü: Enno Littmann, Manesse Verlag, Zürich 1958.
Das Menschenherz II, Die Perle, Die Schöne und die Häßliche, Überfeinerung und Nichttun.
In: Tschuang-Tse, *Reden und Gleichnisse*.
Manesse Verlag, Zürich 1951.
Tau Tjian. *Beim Lesen des Buches von den Bergen und Meeren*. In: *Lyrik des Ostens*.
© 1965 Carl Hanser Verlag München, Wien.
Der Wurzelgallertedisput. In: *Japanische Volksmärchen*.
Eugen Diederichs Verlag, Düsseldorf/Köln 1964.
Cicero: *Tusculanae disputationes / Gespräche in Tusculum*.
© Artemis & Winkler Verlag, Düsseldorf/Zürich.
Cicero: *Scherz und Spiel*. In: *De officiis / Vom pflichtgemäßen Handeln*.
Redam Verlag, Stuttgart 1976.

Die Deutsche Bibliothek – Cip-Einheitsaufnahme

Weisheiten der Völker: Sprichwörter und Spruchweisheiten,
Märchen und Mythen, Fabeln, Legenden und Poesie
aus dem Orient, Asien, der Südsee, Amerika, Afrika und Europa /
Hrsg.: Karl August Fritz. – Würzburg: Stürtz, 1998
ISBN 3 – 8003 – 0907 – 6

Herausgeber: Karl August Fritz
Covergestaltung und Layout: Monika Götz
Redaktion: Elisabeth Glotzmann
Printed in Italy
ISBN 3 – 8003 – 0907 – 6